高校土木工程专业规划教材

建 设 法 规

主　编　赵　平
副主编　黄　莺　张成中

中国建筑工业出版社

图书在版编目（CIP）数据

建设法规/赵平主编. —北京：中国建筑工业出版社，2015.8（2023.3重印）

高校土木工程专业规划教材

ISBN 978-7-112-18350-0

Ⅰ.①建… Ⅱ.①赵… Ⅲ.①建筑法-中国-高等学校-教材 Ⅳ.①D922.297

中国版本图书馆CIP数据核字（2015）第183996号

本书为高等学校规划教材，共分11章，内容包括：建设工程法规概述、工程建设程序法规、工程建设许可和执业资格法规、城乡规划法规、建设工程发包与承包法规、建设工程勘察设计法规、建设工程监理法规、建设工程安全生产管理法规、建设工程质量管理法规、建设工程合同管理法规及建设工程环境保护法规。

本书可作为土木工程、工程管理等土建类专业的教材，也可供土木工程、工程管理等相关专业的工程技术及管理人员所用。

* * *

责任编辑：王 跃 吉万旺

责任校对：李欣慰 刘梦然

高校土木工程专业规划教材

建设法规

主 编 赵 平

副主编 黄 莺 张成中

*

中国建筑工业出版社出版、发行（北京西郊百万庄）

各地新华书店、建筑书店经销

北京红光制版公司制版

北京建筑工业印刷厂印刷

*

开本：787×1092毫米 1/16 印张：11¾ 字数：283千字

2015年9月第一版 2023年3月第四次印刷

定价：**25.00**元

ISBN 978-7-112-18350-0

（27600）

前　言

《建筑法》、《合同法》、《招标投标法》、《安全生产法》、《建设工程质量管理条例》等法律法规在工程建设、咨询服务等领域被广泛应用，为规范建筑市场秩序发挥了重要作用。为不断完善法律法规，近几年，国家修订了一些法律法规。

本书涵盖了工程建设过程中涉及的主要法律法规，并将近年来住房和城乡建设部颁布的建设工程相关管理条例引入教材，以“卓越工程师教育培养计划”试点院校为契机，促进高等教育面向社会需求培养人才，全面提高工程教育人才培养质量。为此，结合案例帮助学生正确运用建设工程法规，分析判断和处理工程建设中的实际法律问题。

本书由西安建筑科技大学赵平任主编，黄莺、张成中任副主编。长安大学刘春江编写第4、6章，西安建筑科技大学黄莺编写第1、9、11章，西安建筑科技大学赵平编写第2、5章，西安建筑科技大学郭宏竹编写第7章，西安建筑科技大学张成中编写第3、8、10章，全书由赵平、黄莺统稿。

由于编者水平有限，书中不足之处在所难免，敬请广大读者、专家和同行批评指正。

本书编写过程中参考了大量同行出版的文献和资料，在此表示衷心的感谢！由于编者水平有限，书中的错漏之处还请读者批评指正。

编者

2015年7月于西安

目　　录

第 1 章　建设工程法规概述

1.1　建设工程法规的概念

建设工程法规是我国法律体系的重要组成部分，是由国家权力机关或其授权的行政机关制定的，旨在调整国家及其有关机构、企事业单位、社会团体、公民之间，在建设活动或建设行政管理中发生的各种社会关系的法律、法规的统称。它体现国家对城市建设、乡村建设、市政及社会公用事业等各项建设活动进行组织、管理、协调的方针、政策和基本原则。在我国，住房和城乡建设部设有政策法规司，主要负责组织拟定部管各行业方针政策、改革方案并指导实施；组织研究重大的综合性政策问题，起草重要文稿；拟定建设立法规划和计划，组织法律法规和规章的起草、审查、报批；负责建设法规的解释、清理、汇编工作；指导建设行政执法、行政执法监督、行政复议和行政诉讼。

建设工程法规的调整范围包括建设活动中的行政管理关系、经济协作关系和民事关系。

（1）建设活动中的行政管理关系

建设活动中的行政管理关系，是国家及其建设行政主管部门与建设单位、设计单位、施工单及有关单位（如中介服务机构）之间发生的管理与被管理的关系。国家及其建设行政主管部门在行政管理关系中的行政管理职能包括两方面：一方面是规划、组织、指导、协调、服务；另一方面是检查、监督、调节、控制。例如，《中华人民共和国招标投标法》第七条规定："招标投标活动及当事人应当接受依法实施的监督。有关行政督部门依法对招标投标活动实施监督。依法查处招标投标活动中的违法行为。对招标投标活动的行政监督及有关部门的具体职权划分，由国务院规定。"由于招标投标活动的范围比较广，内容也比较复杂，所以《中华人民共和国招标投标法》规定由国务院规定招标投标行政管理部门的职权范围。

（2）建设活动中的经济协作关系

在工程建活动中，参与建设的各方经济主体为了自身生产和生活需要，相互间建立以实现经济利益为目的的协作关系，建设活动中的这种经济协作关系是一种平等、自愿、互利的横向协作关系，一般通过法定的合同形式来确定。例如，在《中华人民共和国建筑法》和《中华人民共和国合同法》中对建设单位、勘察设计单位、施工单位、材料设备供应单位等之间所发生的经济关系进行了界定。

（3）建设活动中的民事法律关系

建设活动中的民事法律关系，是指国家、单位法人和个人之间因从事工程建设活动而产生的民事权利、义务关系。这种权利、义务关系包括财产关系，如建设活动中发生的损害、侵权、赔偿关系；也包括人身关系，如建设活动中自然人基于生命、健康保护、个人发明等而发生的人身关系。如《中华人民共和国物权法》规定了物业管理民事法律关系主要是业主和物业管理者之间的委托合同关系。

1.2 法的表现形式和法律体系的基本构成

1.2.1 法的表现形式

世界各国历史上存在过的法律形式主要包括习惯法、宗教法、判例、规范性法律文件、国际惯例、国际条约等。我国法的形式采用制定法。我国建设工程法规的表现形式主要有宪法、法律、行政法规、部门规章、地方性法规、地方性规章、技术法规、国际公约和国际惯例等。

(1) 宪法

宪法是国家法律体系的基础和核心，是集中体现统治阶级意志、确定国家制度和社会制度的基本原则、规定公民基本权利和义务，具有最高法律效力。

宪法是其他法律的立法依据和基础，其他法律、法规和规范性法律文件的制定都必须服从宪法，不得同宪法相抵触。宪法是国家最高权力的象征。

(2) 法律

法律有广义和狭义两层含义。广义的法律是指包括宪法、全国人民代表大会及其常委会制定的法律、国务院制定的行政法规和地方人大制定的地方法规在内的一切规范性文件；狭义的法律则专指行使立法权的国家机关，即全国人民代表大会及其常务委员会依照立法程序制定的规范性文件。法律在全国范围内施行，其地位和效力仅次于宪法，法律是行政法规、地方性法规、行政规章的立法依据或者基础。

《中华人民共和国立法法》规定，下列事项只能制定法律：（一）国家主权的事项；（二）各级人民代表大会、人民政府、人民法院和人民检察院的产生、组织和职权；（三）民族区域自治制度、特别行政区制度、基层群众自治制度；（四）犯罪和刑罚；（五）对公民政治权利的剥夺、限制人身自由的强制措施和处罚；（六）税种的设立、税率的确定和税收征收管理等税收基本制度；（七）对非国有财产的征收、征用；（八）民事基本制度；（九）基本经济制度以及财政、海关、金融和外贸的基本制度；（十）诉讼和仲裁制度；（十一）必须由全国人民代表大会及其常务委员会制定法律的。

(3) 行政法规

行政法规是指由作为最高国家行政机关的国务院根据宪法和法律在法定职权范围内制定的有关国家行政管理活动方面的规范性文件的总称。从法律效力上讲，行政法规的效力仅次于宪法和法律。

根据国务院《行政法规制定程序暂行条例》的规定，行政法规的名称为条例、规定和决定等，如《建设工程安全生产管理条例》、《国务院关于特大安全事故行政责任追究的规定》、《国务院关于进一步加强安全生产工作的决定》等。

(4) 部门规章

部门规章，是指国务院所属部委根据法律和国务院行政法规、决定、命令，在本部门的权限内，所发布的各种行政性的规范性法律文件，其法律地位和效力低于宪法、法律、行政法规，如《工程勘察和工程设计市场管理规定》、《建筑业企业资质管理规定》等。

(5) 地方性法规

地方性法规包括两个层次：

1）省、自治区、直辖市的人民代表大会及其常务委员会根据本行政区域的具体情况和实际需要，在不与宪法、法律、行政法规相抵触的前提下，制定的仅适用于本行政区域内的规范性法律文件。应报全国人大常务委员会备案。

2）较大的市（指省、自治区的人民政府所在地的市，经济特区所在地的市和经国务院批准的较大的市）的人民代表大会及其常务委员会根据本市的具体情况和实际需要，在不与宪法、法律、行政法规和本省、自治区的地方性法规相抵触的前提下，制定的仅适用于本行政区域内的规范性法律文件。必须报省、自治区的人民代表大会常务委员会批准后施行，并由省、自治区人大常委会报全国人大常务委员会和国务院备案。

自治区的自行条例和单行条例，报全国人民代表大会常务委员会批准后生效；自治州、自治县的自治条例和单行条例，报省、自治区、直辖市的人民代表大会常务委员会批准后实施。

地方性法规一般采用：条例、规则、规定、办法等名称。

（6）地方规章

省、自治区、直辖市的人民政府，省、自治区人民政府所在地的市的人民政府和经国务院批准的较大的市的人民政府，根据法律、行政法规和本行政区的地方性法规制定的规范性法律文件，其法律地位和效力低于宪法、法律、行政法规和地方性法规。

（7）国际条约和国际惯例

国际条约是指两个或者两个以上的国家关于政治、经济、文化、贸易、法律以及军事等方面规定其相互之间权利和义务的各种协议的总称。国际条约也是法的形式，除条约外还包括公约、协定、议定书、宪章、盟约、换文和联合宣言等。

国际惯例是指各种国际裁决机构等判例所确认和体现的国际法规则和在国际交往中形成的一些不成文的习惯。

《中华人民共和国民法通则》第一百四十二条规定："中华人民共和国缔结或者参加的国际条约同中华人民共和国的民事法律有不同规定的，适用国际条约的规定，但中华人民共和国声明保留的条款除外。中华人民共和国法律和中华人民共和国缔结或者参加的国际条约没有规定的，可以适用国际惯例。"

1.2.2 法的效力层级

法的效力层级，是指各种法的形式由于制定的主体、程序、时间、适用范围等不同而具有不同的效力，形成法的效力等级体系。按照《中华人民共和国立法法》（以下简称《立法法》）的规定，我国不同法的效力等级划分如下：

（1）宪法至上

宪法具有最高的法律效力，一切法律、行政法规、地方性法规、自治条例和单行条例、规章都不得同宪法相抵触。

（2）上位法优于下位法

我国法律体系中，法律的效力仅次于宪法而高于其他法的形式。行政法规的法律效力仅次于法律而高于地方性法规和部门规章。地方性法规的效力，高于本级和下级地方政府规章。省、自治区人民政府制定的规章，高于本行政区域内较大的市制定的规章。

自治条例和单行条例依法对法律、行政法规、地方性法规作变通规定的，在本自治地方适用自治条例和单行条例的规定。经济特区法规依法对法律、行政法规、地方性法规作变通规定的，在本经济特区适用经济特区法规的规定。

部门规章之间、部门规章与地方政府规章之间具有同等效力。

(3) 特别法优于一般法

同一机关制定的法律、行政法规、地方性法规、自治条例和单行条例、规章，特别规定与一般规定不一致的，适用特别规定。

(4) 新法优于旧法

同一机关制定的法律、行政法规、地方性法规、自治条例和单行条例、规章，新的规定与旧的规定不一致的，适用新的规定。

(5) 需要由有关机关裁决适用的特殊情况

法律之间对同一事项的新的一般规定与旧的特别规定不一致，不能确定如何适用时，由全国人民代表大会常务委员会裁决。

行政法规之间对同一事项的新的一般规定与旧的特别规定不一致，不能确定如何适用时，由国务院裁决。

地方性法规、规章之间不一致时，由有关机关依照下列规定的权限作出裁决：

1) 同一机关制定的新的一般规定与旧的特别规定不一致时，由制定机关裁决；

2) 地方性法规与部门规章之间对同一事项的规定不一致，不能确定如何适用时，由国务院提出意见，国务院认为应当适用地方性法规的，应当决定在该地方适用地方性法规的规定；认为应当适用部门规章的，应当提请全国人民代表大会常务委员会裁决；

3) 部门规章之间、部门规章与地方政府规章之间对同一事项的规定不一致时，由国务院裁决。

根据授权制定的法规与法律规定不一致，不能确定如何适用时，由全国人民代表大会常务委员会裁决。

(6) 备案和审查

行政法规、地方性法规、自治条例和单行条例、规章应当在公布后的 30 天内，依照《立法法》的有关规定报有关机关备案。

1.2.3 法律体系的基本构成

法律体系，法学中也称为“法的体系”，是指由一国现行的全部法律规范按照不同的部门法构成的有机联系的统一整体。部门法也称为法律部门，是指根据一定标准、原则所制定的同类法律规范的总称。

目前，我国以宪法为统帅，以宪法相关法、民商法等多个法律部门的法律为主干，由法律、行政法规、地方性法规等多个层次的法律规范构成的中国特色社会主义法律体系已经形成，多个层次和多个部门的法律构成了我国法律体系的基本框架。

(1) 宪法及宪法相关法

宪法是国家的根本大法，规定国家的根本任务和根本制度，即社会制度、国家制度的原则和国家政权的组织以及公民的基本权利义务等内容。宪法相关法是与宪法相配套、直接保障宪法实施和国家政权运作等方面的法律规范，包括《全国人民代表大会组织法》、《全国人民代表大会和地方各级人民代表大会选举法》、《地方各级人民代表大会和地方各级人民政府组织法》、《中华人民共和国国务院组织法》、《中华人民共和国民族区域自治法》、

（2）民法商法

民法是调整平等主体的公民之间、法人之间、公民和法人之间的财产关系和人身关系的法律规范，遵循民事主体地位平等、意思自治、公平、诚实信用等基本原则。商法调整商事主体之间的商事关系，遵循民法的基本原则，同时秉承保障商事交易自由、等价有偿、便捷安全等原则。

我国制定了《中华人民共和国民法通则》，对民事商事活动应当遵循的基本规则作出规定，明确了民法的调整对象、基本原则以及民事主体、民事行为、民事权利和民事责任制度；陆续制定了《中华人民共和国合同法》、《中华人民共和国物权法》，建立健全了债权制度和物权制度；制定了《中华人民共和国侵权责任法》，完善了侵权责任制度；制定了《中华人民共和国婚姻法》、《中华人民共和国收养法》、《中华人民共和国继承法》等法律，建立和完善了婚姻家庭制度；制定了涉外民事关系法律适用法，健全了涉外民事关系法律适用制度；制定了《中华人民共和国公司法》、《中华人民共和国合伙企业法》等法律，建立健全了商事主体制度；制定了《中华人民共和国证券法》、《中华人民共和国保险法》等法律，建立健全了商事行为制度。

（3）行政法

行政法是调整行政主体在行使行政职权和接受行政法制监督过程中，与行政相对人、行政法制监督主体之间发生的各种关系，以及行政主体内部发生的各种关系的法律规范的总称，遵循职权法定、程序法定、公正公开、有效监督等原则，既保障行政机关依法行使职权，又注重保障公民、法人和其他组织的权利。

行政法所调整的行政关系，主要包括行政管理关系、行政法制监督关系、行政救济关系、内部行政关系。《中华人民共和国行政处罚法》、《中华人民共和国行政复议法》、《中华人民共和国行政许可法》、《中华人民共和国城乡规划法》、《中华人民共和国城市房地产管理法》、《中华人民共和国建筑法》、《中华人民共和国环境影响评价法》等属于行政法。

（4）经济法

经济法是调整国家从社会整体利益出发，对经济活动实行干预、管理或者调控所产生的社会经济关系的法律规范。经济法为国家对市场经济进行适度干预和宏观调控提供法律手段和制度框架，防止市场经济的自发性和盲目性所导致的弊端。《中华人民共和国统计法》、《中华人民共和国土地管理法》（以下简称《土地管理法》）、《中华人民共和国标准化法》、《中华人民共和国节约能源法》等属于经济法。

（5）社会法

社会法是调整劳动关系、社会保障、社会福利和特殊群体权益保障等方面的法律规范，遵循公平和谐和国家适度干预原则，通过国家和社会积极履行责任，对劳动者、失业者、丧失劳动能力的人以及其他需要扶助的特殊人群的权益提供必要的保障，维护社会公平，促进社会和谐。《中华人民共和国劳动法》、《中华人民共和国安全生产法》、《中华人民共和国劳动合同法》、《中华人民共和国残疾人保障法》等属于社会法。

（6）刑法

刑法是规定犯罪与刑罚的法律规范。它通过规范国家的刑罚权，惩罚犯罪，保护人民，维护社会秩序和公共安全，保障国家安全。《中华人民共和国刑法》是这一法律部门的主要法律。

(7) 诉讼与非诉讼程序法

诉讼与非诉讼程序法是规范解决社会纠纷的诉讼活动与非诉讼活动的法律规范。《中华人民共和国民事诉讼法》、《中华人民共和国刑事诉讼法》、《中华人民共和国行政诉讼法》是我国的三大诉讼程序法，非诉讼程序法主要指《中华人民共和国仲裁法》。

1.3 建设工程法律体系

建设工程法律体系，是指把已经制定的和需要制定的建设工程方面的法律、行政法规、部门规章和地方法规、地方规章有机结合起来，形成的一个相互联系、相互补充、相互协调的完整统一的体系。我国的建设工程法律体系以建设法律为龙头，建设行政法规为主干，地方性法规、建设部门规章和地方政府规章为枝干的一系列建设工程法规彼此联系、相互制约，形成的一个既有横向协调并列关系，又有纵向效力层级关系的法律体系。建设工程法规体系按法的效力层级可以分为建设法律、建设行政法规、建设部门规章、地方建设法规、地方建设规章五个层次。

(1) 建设法律

建设法律由全国人民代表大会及其常委会制定，主要针对建设领域的基本方针、政策，涉及建设领域的根本性、长远性和重大的问题，是建设领域法律体系的最高层次。我国的建设法律主要有《中华人民共和国建筑法》、《中华人民共和国招标投标法》、《中华人民共和国合同法》、《中华人民共和国城乡规划法》等。

(2) 建设行政法规

建设行政法规由国务院制定颁布，一般是对建设法律条款的进一步细化，以便于法律的实施，如《建设工程勘察设计管理条例》、《建设工程质量管理条例》、《建设工程安全生产条例》等。

(3) 建设部门规章

建设部门规章由住房和城乡建设部或国务院其他部门制定并颁布，如七部委联合发布的《工程建设项目施工招标投标办法》、住房和城乡建设部颁布的《建设工程勘察质量管理办法》、《建筑业企业资质管理规定》等。

(4) 地方建设法规

地方建设法规由省、自治区、直辖市人大及其常委会制定并发布的建设方面的法规，包括省会城市和一些较大的城市的市人大及其常委会制定的，报省、自治区人大批准的各种法规，如《陕西省物业管理条例》、《陕西省工伤保险条例》。

(5) 地方建设规章

由省、自治区、直辖市以及省会城市和经国务院批准的较大的市的人民政府制定并颁行的建设方面的规章，如《陕西省建设工程消防监督管理规定》、《陕西省建设工程消防监督管理规定》、《陕西省住房公积金管理工作考核实施办法》。

1.4 建设工程法规的实施

法律的实施，是指法律在社会生活中得到贯彻和实现的活动，是法作用于社会关系的特殊形式，它要求国家机关和公职人员严格执法和司法，也要求一切国家机关、社会组织和个人都必须守法。法的实施包括法的遵守（守法）、法的适用（司法）和法的执行（执法）三个方面。

建设工程法规的实施是国家机关、社会组织、公民在社会生活中有意识地实现建设工程法规地活动，是建设法规在社会生活中的具体适用和实现，亦包括建设工程法规的遵守、适用和执行。

（1）建设工程法规的遵守

法的遵守也称为守法，是指国家机关、社会组织和个人在民事活动中依法行使权利和履行义务的行为。建设工程法规的遵守，是指国家机关、社会组织和个人在建设工程活动中，以建设工程法规为自身行为准则，依法行使权力并履行义务的行为。无论是建设工程的执法部门和执法人员还是建设工程合同的当事人，在进行建设活动中均有遵守我国的各项法律和建设法规的规定。如，未按规定办理工程立项手续或者采取欺骗手段取得项目并开工的；未按规定办理工程项目报建手续的；未取得施工许可证就擅自施工等的行为均应受到处罚。

（2）建设工程法规的适用

法的适用也称为司法，通常指国家司法机关根据法定的职权和法定程序，具体应用法律处理案件的专门活动。司法机关以国家强制力为后盾，依照法定程序行使司法权，运用法律处理案件，因此司法具有国家权威性、国家强制性和严格的程序性。在我国，人民法院和人民检察院是代表国家行使司法权的专门机关，其他任何国家机关、社会组织和个人都不得从事这项工作；司法权包括审判权和检察权，审判权即适用法律处理案件，作出判决和裁定；检察权包括代表国家批准逮捕、提起公诉、不起诉、抗诉等。

建设工程法规的司法，是指人民法院和人民检察院根据法定的职权和法定程序，适用建设工程法规处理建设活动中诉讼案件的专门活动。建设工程领域对违法违规案件的查处、建设工程合同双方争端的解决、重大责任事故的查处等方面均会涉及建设司法。建设工程法规司法包括建设行政司法和专门机关司法。

建设行政司法是指建设行政机关根据法定地权限和程序进行行政调解、行政复议和行政仲裁，以解决相应争议的行政行为。

专门机关司法是指国家司法机关根据法定职权和法定程序，具体应用法律处理案件的专门活动。

（3）建设工程法规的执行

法的执行也称为执法，其含义有广义与狭义之分，广义的执法是指所有国家行政机关、司法机关及其公职人员依照法定职权和法定程序实施法律的活动，包括行政执法和司法；狭义的执法则专门指国家行政机关及其公职人员依法行使管理职权、履行职责、实施法律的活动。

建设法规的执行指建设行政机关及公职人员依照法定职权和程序实施建设法规的活动。建设工程法规的执法是以国家的名义对建设活动进行全面管理的过程，具有国家权威性，其执法主体是国家行政机关及其公职人员，执法主体执行法律的过程也是行使执法权的过程，因此执法也具有国家强制性。建设行政执法具体包括：建设行政决定、建设行政检查、建设行政处罚、建设行政强制执行、行政调解、行政复议和行政仲裁等。如，建设行政处罚包括：警告；罚款；没收违法所得、没收违法建筑物、构筑物和其他设施；责令停业整顿、责令停止执业业务；降低资质等级、吊销资质证书、吊销执业资格证书和其他许可证、执照；法律、行政法规规定的其他行政处罚。

思考题

1. 什么是建设工程法规？建设工程法规在建设活动中主要调整哪些社会关系？
2. 什么是法的形式？法可以分为哪几类？
3. 法的效力层级如何划分？
4. 建设工程法规的实施包括哪些内容？

第2章 工程建设程序法规

2.1 概　　述

2.1.1 工程建设的概念

工程建设是指建筑工程、线路管道和设备安装工程、建筑装修装饰工程等项目的新建、改建、扩建和恢复工程，是形成固定资产的基本生产过程及其相关的各项建设工作的总称。

工程建设是建立和形成固定资产的综合性经济活动，在建设工作中，土木工程产品的生产，即建筑安装工程占主导地位，除此以外还包括勘察设计、土地征购、生产设备机具购置、生产设备联动试车等工作。

工程建设按照其用途，可分为生产性建设和非生产性建设两大类。

2.1.2 工程建设程序的概念

工程建设程序是指项目在建设过程中，各项工作必须遵循的先后顺序，建设程序是对基本建设工作的科学总结，是项目建设过程中所固有的客观规律的集中体现。

土木工程产品的生产，要完成相应的基本建设工作，必须按照符合客观规律要求的特定顺序进行，正确处理建设规划、建设项目决策、勘察、选址、设计、施工、安装、试车，直到竣工验收、交付使用等各个阶段、各个环节之间的关系，达到提高投资效益的目的，这是关系土木工程产品的生产全局的重要问题，也是按照自然规律和经济规律进行管理的根本原则。

工程建设是社会大生产。它有产品体积庞大，建造场所固定，建设周期长，占用资源多的特点。在建设过程中，工程量极大，涉及面很广，内外协作关系复杂，且存在着活动空间有限和后续工作无法提前进行的矛盾。因此，工程建设就必然存在着一个分阶段、按步骤、各项工作按序进行的客观规律，这种规律是不可违反的。如将工程建设的顺序颠倒，就会造成严重的资源浪费和经济损失。所以，世界各国对这一规律都十分重视，都对之进行了认真探索研究，不少国家还将研究成果以法律的形式固定下来，强迫人们在从事工程建设活动时遵守。在总结我国自己的相关经验和借鉴国外立法成果的基础上，我国也制定颁布了不少有关工程建设程序方面的法规。

2.1.3 工程建设程序立法状况

在《中华人民共和国城乡规划法》、《中华人民共和国建筑法》、《中华人民共和国招标投标法》等法律中，虽然没有对工程建设程序列章分述，但其中的一些条款对此问题已有所涉及。例如，在《中华人民共和国建筑法》第七条中规定："建筑工程开工前，建设单位应当按照国家有关规定向工程所在地县级以上人民政府建设行政主管部门申请领取施工许可证"。在行政法规层面，2000年《建设工程质量管理条例》总则第五条规定："从事建设工程活动，必须严格执行基本建设程序，坚持先勘察、后设计、再施工的原则。县级以上人民政府及其有关部门不得超越权限审批建设项目或者擅自简化基本建设程序”。在2000年《建设工程勘察设计管理条例》总则第四条中规定：“从事建设工程勘察、设计活动，应当坚持先勘察、后设计、再施工的原则”。在我国工程建设程序法制化建设过程中，1978年4月由国家计委、国家建委、财政部联合颁发的《关于基本建设程序的若干规定》是一个里程碑式的部门规章。它结合当时的实际情况，比较全面地规定了工程建设的程序环节和步骤，为工程建设程序法制化建设奠定了重要基础。之后，随着我国市场经济体制的逐步发展和决策科学化、管理规范化的逐步加强，国务院有关部委又先后发布了多个规范工程建设程序管理的部门规章。例如，《关于简化基本建设项目审批手续的通知》(1982年)、《关于编制建设前期工作计划的通知》(1982年)、《关于建设项目进行可行性研究的试行管理办法》(1983年)、《关于大型和限额以上固定资产投资项目建议书审批问题的通知》(1988年)、《工程建设项目实施阶段程序管理暂行规定》(1994年)、《工程建设项目报建管理办法》(1994年)等规范性文件。综上所述，我国工程建设程序立法建设已取得了一定成绩，但是因为在法律法规中还没有予以足够重视，加之在建设活动中经常发生违反程序的实际情况，这些都说明，工程建设程序法制化建设还有许多工作有待进行和加强。

2.2 我国的基本建设程序

2.2.1 基本建设程序阶段的划分

按照我国现行工程建设程序法规的规定，结合工程建设的一般规律，我国的工程建设程序可以分为以下几个阶段：项目决策阶段、工程建设准备阶段、工程项目实施阶段、工程竣工验收及后评价阶段。工程项目决策阶段主要包括以下内容：投资机会研究、编制项目建议书、可行性研究、审批立项。工程建设准备阶段主要包括以下几个内容：报规报建、征地与拆迁、工程勘察设计、落实建设资金、招投标确定施工及监理队伍等。工程项目实施阶段主要包括以下内容：施工准备、工程施工、生产准备。工程竣工验收及后评价阶段主要包括以下内容：工程竣工验收、工程质量保修、投资后评价。

2.2.2 基本建设程序各阶段的工作内容

1. 项目决策阶段

(1) 投资机会研究

投资机会研究是指投资主体为寻求有价值的投资机会而对项目的有关背景、资源条件、市场状况等所进行的初步考察和分析。投资机会研究的目的是：分析政治经济环境，寻找投资机会、鉴别投资方向，筛选投资项目，确定预可行性研究范围和辅助研究的关键方面。

(2) 项目建议书

项目建议书是投资主体向国家提出的要求建设某一项目的建设文件，是对工程项目建设的轮廓设想和立项的先导。工程建设项目投资主体按国民经济和社会发展长远规划、行业规划和建设单位所在的城镇规划的要求，根据本单位的发展需要，经过调查、预测、分析，编报项目建议书，主要内容是从客观上来分析项目建设的必要性，看其是否符合国家长远规划的方针和要求；同时初步分析建设的可能性，看其是否具备建设条件，是否值得投资。项目建议书经批准后，须开展可行性研究，但并不表明项目必定上马，项目建议书并非项目最终决策。

（3）可行性研究

项目建议书批准后，建设项目都要在项目建议书的基础上进行可行性研究。可行性研究是运用多种科学手段，对一个建设项目进行技术经济论证的综合性科学。项目投资主体可自行编制可行性研究报告，也可委托具备相应资质的设计、咨询单位编制可行性研究报告。

可行性研究报告是项目决策的依据，通过可行性研究应从多个层面来论证建设项目是否得当，以减少项目投资的盲目性，提高科学性。编制时主要对拟建项目在技术、经济和外部协作条件等方面的可行性，进行全面分析、论证，进行方案比较，推荐最佳方案；可行性研究报告必须有相当的深度和准确性，应按国家规定达到的一定深度和准确性，其投资估算和初步设计概算的差值不得大于10%，否则将对项目进行重新决策。

可行性研究的内容应包括：①建设项目提出的背景、建设的目的及意义；②资源和市场的需要预测及项目的拟建规模；③厂址方案（包括建厂地区与建厂地点）及建厂条件；④设计方案，包括拟采用的工艺方案及主要设备、厂房建筑及公用设施、总图布置及内外运输；⑤环境保护及三废处理；⑥工厂的生产组织管理、劳动定员及人员培训的计划；⑦总投资估算及建厂的实施计划和进度要求；⑧项目的企业经济评价、国民经济评价及资金的筹措方案；⑨项目的综合评价，最终提出具体的可行性建议，或者提出几个可行的方案供决策者参考。

从可行性研究的内容来看，大致可以概括为三个方面。第一是市场研究，这是建设项目前提，主要解决建设项目“必要性”的问题；第二是工艺技术研究，包括厂址、技术、设备和生产组织等，主要解决技术上的“可能性”问题；第三是经济效益研究，它是可行性研究的核心和重点，主要解决建设项目的“合理性”问题。通过以上三个方面的研究，基本上可以对一个建设项目做出全面的评价，消除投资决策中可能出现的各种失误。

由于可行性研究是一项复杂而细致工作，需耗费一定的人力和物力，故一般可分为三个阶段：第一阶段是机会可行性研究，也称为投资机会鉴定，选择建设项目，寻找投资机会；第二阶段是初步可行性研究，在投资机会研究的基础上，进一步较为系统地研究投资机会的可行性；第三阶段是详细可行性研究，也称技术经济可行性研究，该阶段要求对建设项目做出全面的技术经济论证，阐明其技术上的可能性与经济上的合理性，并通过多方案比较，优选出最佳建设方案。

（4）审批立项

项目审批是国家有关部门对可行性研究报告进行审查，如果审查通过即予以立项，正式进入工程项目的建设准备阶段。

2. 工程建设准备阶段

工程建设准备工作在前期项目决策的基础上开展，对后继的实施阶段提供条件。这一阶段主要包括规划、征地、拆迁、报建等主要环节。

（1）规划

拟建工程项目必须符合城市规划或村庄、集镇规划的要求，其工程选址和布局，必须取得城市规划行政主管部门或村、镇规划主管部门的同意、批准。拟建工程项目要依法先后领取城市规划行政主管部门核发的选址意见书、建设用地规划许可证、建设工程规划许可证，才能进行征地、设计、施工等相关建设活动。

（2）征地

《中华人民共和国土地管理法》规定：任何单位和个人进行建设，需要使用土地的，必须依法申请使用国有土地；但是，兴办乡镇企业和村民建设住宅经依法批准使用本集体经济组织农民集体所有的土地的，或者乡（镇）村公共设施和公益事业建设经依法批准使用农民集体所有的土地的除外。国家征收土地的，按照被征收土地的原用途给予补偿。征收耕地的补偿费用包括土地补偿费、安置补助费以及地上附着物和青苗的补偿费。建设单位使用国有土地，应当以出让等有偿使用方式取得；但是，下列建设用地，经县级以上人民政府依法批准，可以划拨方式取得：①国家机关用地和军事用地；②城市基础设施用地和公益事业用地；③国家重点扶持的能源、交通、水利等基础设施用地；④法律、行政法规规定的其他用地。建设单位使用国有土地的，应当按照土地使用权出让等有偿使用合同的约定或者土地使用权划拨批准文件的规定使用土地；确需改变该幅土地建设用途的，应当经有关人民政府土地行政主管部门同意，报原批准用地的人民政府批准。其中，在城市规划区内改变土地用途的，在报批前，应当先经有关城市规划行政主管部门同意。

（3）拆迁

《城市房屋拆迁管理条例》规定：城市房屋拆迁必须符合城市规划，有利于城市旧区改造和生态环境改善，保护文物古迹。拆迁人应当对被拆迁人给予补偿、安置；被拆迁人应当在搬迁期限内完成搬迁。拆迁人与被拆迁人应当就补偿方式和补偿金额、安置用房面积和安置地点、搬迁期限、搬迁过渡方式和过渡期限等事项，订立拆迁补偿安置协议。拆迁租赁房屋的，拆迁人应当与被拆迁人、房屋承租人订立拆迁补偿安置协议。城市房屋拆迁的管理要维护拆迁当事人的合法权益，并保障建设项目顺利进行。

征地和拆迁与国家耕地保护政策以及广大人民群众的切身利益关系密切，影响到国家能否可持续发展，影响到社会是否安全稳定。这些法规在执行过程中，争议较多，尤其是近年来随着人们法律意识、维权意识的提高，市场化程度的提高以及城市化进程的加快，有关强权拆迁、拆迁补偿等方面的问题、矛盾凸显出来。针对这些情况，有关征地与拆迁的法制建设仍需加强。

（4）报建

住房和城乡建设部《工程建设项目报建管理办法》规定：凡在我国境内投资兴建的工程建设项目，都必须实行报建制度，接受当地建筑行政主管部门或其授权机构的监督管理。工程建设项目由建设单位或其代理机构在工程项目可行性研究报告或其他立项文件被批准后，须向当地建设行政主管部门或其授权机构进行报建，交验工程项目立项的批准文件，包括银行出具的资信证明以及批准的建设用地等其他有关文件。

（5）落实建设资金

工程建设资金是否落实到位对项目实施影响很大。在《中华人民共和国建筑法》第八条中规定：申请领取施工许可证，应当具备建设资金已经落实这一条件。所以落实建设资金在建设准备阶段起基础性作用，将影响项目的投资规模、施工进度及将来的投资收益。

3. 建设工程项目实施阶段

（1）工程勘察设计

建设工程勘察，是指根据建设工程的要求，查明、分析、评价建设场地的地质地理环境特征和岩土工程条件，编制建设工程勘察文件的活动。建设工程设计，是指根据建设工程的要求，对建设工程所需的技术、经济、资源、环境等条件进行综合分析、论证，编制建设工程设计文件的活动。在工程建设的各个环节中，勘察是基础。而设计是整个工程建设的灵魂，从事建设工程勘察、设计活动应坚持先勘察，后设计，再施工的原则。搞好这项工作对于节约能源、改善环境、提高经济效益具有重要的意义。

《建设工程勘察设计管理条例》规定：从事建设工程勘察、设计活动，应当坚持先勘察、后设计、再施工的原则。建设工程勘察、设计单位必须依法进行建设工程勘察、设计，严格执行工程建设强制性标准，并对建设工程勘察、设计的质量负责。国家对从事建设工程勘察、设计活动的单位，实行资质管理制度，对从事建设工程勘察、设计活动的专业技术人员，实行执业资格注册管理制度。

我国的工程项目一般多采用两阶段设计，即扩大初步设计（包括编制设计概算）和施工图设计（包括编制施工图预算）。对于技术上复杂而又缺乏设计经验的项目可采用三阶段设计，即初步设计、技术设计（包括编制修正概算）及施工图设计。

初步设计的目的是为了最终确定项目在指定地点和规定期限内进行建设的可能性及合理性，从技术上及经济上对项目做出通盘规划，对建设方案做出基本的技术决定，并通过编制概算确定总的建设费用。

技术设计是对初步设计的补充、修正和深化。在技术设计阶段需要最终确定项目的生产工艺流程和产品方案，校正设备的选型和数量，以及其他的技术决策。根据技术设计可对大型专用设备进行订货。

施工图设计是初步设计或技术设计的具体化，其内容应详细具体，它是组织建筑安装施工、制造非标准设备以及加工各种构配件的依据。在该阶段能通过编制施工图预算，最终确定出工程造价。

（2）工程建设招标投标

工程建设项目包括项目的勘察、设计、施工、监理以及与工程建设有关的重要设备、材料等的采购，一般都要进行招标投标。勘察设计院、施工、监理队伍的选择确定是建设项目实施的必备条件之一，也是工程建设准备阶段工作的重要内容。《中华人民共和国招标投标法》规定：招标项目按照国家有关规定需要履行项目审批手续的，应当先履行审批手续，取得批准。招标人应当有进行招标项目的相应资金或者资金来源已经落实，并应当在招标文件中如实载明。

招标投标是应用技术经济评价方法和市场竞争机制，有组织地通过公开、公平、公正的投标竞争，从众多的投标人中择优选定中标人并与其签订合同，以达到节约投资，同时获得高质量的工程、货物或服务的目的。招标投标活动应当遵循公开、公平、公正和诚实信用的原则。

(3) 施工准备

施工准备工作的基本任务是为拟建工程的施工建立必要的技术和物质条件，统筹安排施工力量和施工现场。施工准备工作也是项目施工承包人搞好目标管理，推行技术经济承包的重要依据。同时施工准备工作还是土建施工和设备安装顺利进行的根本保证。工程项目施工准备工作按其性质及内容通常包括技术准备、物资准备、劳动组织准备、施工现场准备和施工场外准备。

技术准备是施工准备的核心，主要包括以下内容：熟悉、审查施工图纸和有关的设计资料；对拟建工程进行实地勘测和调查，获得有关数据的第一手资料；编制施工图预算和施工预算；编制施工组织设计。物资准备工作主要包括建筑材料的准备；构（配）件和制品的加工准备；建筑安装机具的准备和生产工艺设备的准备。劳动组织准备工作的主要内容有：建立精干的施工队组；向施工队组、工人进行施工组织设计、计划和技术交底；建立健全各项施工管理制度。施工现场准备工作主要包括：做好施工场地的控制网测量；搞好三通一平（路通、水通、电通和平整场地）；做好施工现场的补充勘探；建造生产、办公、生活、居住和储存等临时设施；进行新技术项目的试制和试验；设置施工现场消防、保安设施。施工场外准备工作主要包括：材料的加工和订货；做好分包工作和签订分包合同。

在施工准备工作中，建设单位的主要义务有：办理土地征用、拆迁补偿、平整施工场地等工作；将施工所需水、电、电信线路从施工场地外部接至施工现场；开通施工场地与城乡公共道路的通道以及施工场地内的主要道路，满足施工运输的需要，保证施工期间的畅通；向承包人提供施工场地的工程地质和地下管线资料，对资料的真实准确性负责；办理施工许可证及其他施工所需证件、批件和临时用地、停水、停电、中断道路交通、爆破作业等的申请批准手续（证明承包人自身资质的证件除外）；确定水准点与坐标控制点，以书面形式交给承包人，进行现场交验；组织承包人和设计单位进行图纸会审和设计交底；协调处理施工场地周围地下管线和邻近建筑物、构筑物（包括文物保护建筑）、古树名木的保护工作并承担有关费用。

(4) 工程施工

工程施工是施工队伍具体地配置各种施工要素，将工程设计物化为建设产品的过程，也是投入劳动量最大，所费时间较长的工作。其管理水平的高低，工作质量的好坏对建设项目的质量和所产生的效益起着十分重要的作用。

工程建设施工具有一次性、目标约束性、管理的系统性、生命周期性（要进行全过程管理，施工各阶段任务重点不同）、质量不可逆转性（建筑成品不可破坏性、设备功能不可改变性决定）、建筑产品的特殊性（体量大、投资大、固定性、完成周期长等特点）；项目完成的复杂性（管理因素多、易发安全事故、受自然环境影响明显）等特点。工程施工的质量水平直接决定着固定资产效益的高低，关系着人民群众的生命和财产安全。施工过程中，应加强全面质量管理，加强对施工过程的全面控制。控制包括检查与调节两种职能，检查是为了寻找问题与差距，调节则是针对检查结果提出改进措施。控制的重点是保证工期和质量，降低工程成本。

在施工阶段，建设单位应做好各方面的协调工作，做到计划、设计和施工三者相互衔接，工程内容、资金和物资供应相互配套，为建筑安装施工的顺利进行创造条件。

(5) 生产准备

为了保证项目建成后能及时投产，建设单位在建设阶段应积极做好生产准备工作：如培训生产人员，组织生产职工参加设备的安装和调试，制定生产操作规程，开展与生产有关的试验研究，积累生产技术资料等。

4. 工程竣工验收及后评价阶段

(1) 工程竣工验收

工程项目按照设计文件规定的内容建成，工业项目经负荷试运转能生产出合格产品；非工业项目符合设计要求能正常使用，工程已达到地净、水通、灯亮和暖风设备运转正常；即可根据国家有关规定，评定质量等级，进行交工验收。大型联合企业可以分期分批验收交付使用。验收时应有验收报告及验收资料。验收资料一般应包括：竣工项目一览表，设备清单，工程竣工图，材料及构件的检验合格证明，隐蔽工程验收记录，工程质量事故处理记录，工程定位测量资料等。

工程验收分单项工程验收及整个建设项目验收两种。一个单项工程全部建成可由承发包单位签订交工验收证书，由设计单位报请上级主管部门批准；一个工程项目全部建成达到竣工验收标准，再签署项目交工验收证书，报请上级主管部门批准。重点工程项目有时需报请国家验收，并成立专门的交工验收机构。

竣工验收后，建设单位要及时办理工程竣工决算，分析概算的执行情况，考核基本建设投资的经济效益。

(2) 工程质量保修

工程质量保修，是指对房屋建筑工程竣工验收后在保修期限内出现的质量缺陷，予以修复。所谓质量缺陷，是指房屋建筑工程的质量不符合工程建设强制性标准以及合同的约定。建设工程质量保修制度是国家所确定的重要法规制度，它不仅能促进施工企业加强质量管理意识，维护公共安全和公众利益，而且对保护建设单位或用户的合法权益能够起到重要作用。同时，工程质量保修也是延长建筑产品使用寿命，节约建筑消耗性资源的重要手段。

(3) 项目后评价

项目后评价一般是指项目投资完成之后所进行的评价。它通过对项目实施过程、结果及其影响进行调查研究和全面系统回顾，与项目决策时确定的目标以及技术、经济、环境、社会指标进行对比，找出差别和变化，分析原因，总结经验，汲取教训，得到启示，提出对策建议，通过信息反馈，改善投资管理和决策，达到提高投资效益的目的。

项目后评价是建设工程项目周期的一个重要阶段，是项目管理的重要内容。项目后评价主要服务于投资决策，是出资人对投资活动进行监管的重要手段。项目后评价应坚持独立、科学、公正的原则。项目后评价应以实际情况为基础，对项目建设、运营现实存在的情况、产生的数据进行评价，在这一点上和项目前期的可行性研究不同，可行性研究项目评价是预测性的评价，而后评价是回顾性的评价。项目后评价应站在客观公正的立场上进行，体现尊重事实、坚持科学的态度。

思 考 题

1. 什么是工程建设？什么是工程建设程序？

2. 工程建设程序可划分为哪几个阶段？
3. 可行性研究的目的和程序是什么？
4. 什么是投资机会研究？其目的是什么？
5. 建设工程项目实施阶段包括哪些工作内容？
6. 为什么要进行项目后评价？

第3章　工程建设许可和执业资格法规

3.1　概　　述

工程建设对社会活动和经济建设的重要性是不言而喻的，随着技术进步和生活质量的提高，社会对建设工程的技术水平和质量要求越来越高，使得工程建设过程日趋复杂，远非一般人员所能胜任，只能由掌握一定的工程建设专业知识和具有一定工程建设实践经验的技术人员及其所组建的单位来承担。正是因为如此，世界上绝大多数国家都对从事建设活动主体的资格作了严格的限定，我国也较早地实行了严格的单位职业资格认证制度。《中华人民共和国建筑法》第十二条和第十四条分别规定了建设企业的资质和从事建筑行业的人员的资格。除此之外，我国还颁布了大量的行政法规、部门规章及规范性文件，对相应管理办法做出了具体规定。

3.1.1　建设许可制度的概念

工程建设许可是指建设行政主管部门或者其他有关行政主管部门根据建设单位和从事建设活动的单位、个人的申请，依法准许、变更或终止其从事建筑活动的具体行政行为。建设许可的法律制度基础是2003年第十届全国人民代表大会常务委员会第四次会议通过的《中华人民共和国行政许可法》。工程建设许可制度是国家为了实现对建筑市场的规范管理而实施的一种行政管理手段，是行政许可法在工程建设领域调整社会关系的具体反映和贯彻。根据《建筑法》的规定，建设许可包括了三方面的内容：一是建筑工程施工许可制度；二是从事建设活动单位资质制度；三是从事建设活动的个人资格制度。

3.1.2　建设许可的特点

建设许可主要有以下五方面的特点：

(1) 建设许可实施的主体是建设行政机关，而不是其他行政机关，也不是其他公民、法人或组织。

(2) 建设许可的目的是对建筑工程的开工和从事建筑活动的单位及个人资质、资格实施行政监督管理。

(3) 建设许可是依据建设单位或从事建筑活动的单位和个人的申请而做出的行政行为。申请是许可的必要条件，没有申请就没有许可。

(4) 建设许可的内容是准许相对人从事特定的建设活动，是赋予其从事建设活动的一定权利或资格。这是对普遍禁止的一种解禁，对一般人禁止的行为，对特定人解除解禁就是许可。

(5) 建设许可的有关事项与条件必须依据法律法规的规定进行，不能主观随意设定。

3.1.3　实施建设许可制度的意义

建设许可制度体现了国家对作为一种特殊经济活动的建设活动进行事前控制和全过程

的管理，对建设管理具有非常重要的意义。

(1) 实行建设许可制度有利于国家对基本建设活动进行宏观调控。在市场经济条件下，为了控制和调节竞争，加强宏观调控，就需要建立和完善建设许可制度。只有对申领建筑工程施工许可的法定前置条件，包括建设程序中立项、设计、规划条件和资金条件严格审查，确保建设项目的顺利进行，才能保障国家对基本建设市场的宏观调控，促进市场经济的健康发展。

(2) 实行建设许可制度有利于规范建设市场。实行从事建筑活动的单位资质制度和个人执业资格制度，确立了建筑市场的准入制度，从而规范了建筑市场，确保了从事建筑活动的单位和人员的素质，保证了建设工程质量和安全生产，有利于维护社会经济秩序，保障公民生命财产和国家财产安全。

(3) 实行建设许可制度有利于保护建设单位、从事建筑活动的单位和个人的合法权益。建筑工程施工许可证、从事建设活动的单位资质证书和个人执业资格证书是国家法律确认的一种证书，其合法权益受到国家法律的保护。

3.2 建设工程施工许可制度

3.2.1 概述

建设工程施工许可制度，是指建设工程开始施工以前，由建设行政主管部门依据建设单位的申请，对建设工程是否符合法定的开工条件进行审查，对符合条件的工程发给施工许可证，允许建设单位开工建设的制度。国家规定必须申请领取施工许可证的建筑工程未取得施工许可证，一律不得开工。

我国实行建设工程施工许可制度，就是通过对建设工程应具备的基本条件进行审查，既有利于建设工程的顺利进行，也有利于有关行政主管部门全面了解和掌握建设工程的基本情况，依法及时有效地实施监督和指导，确保建设活动依法有序进行。我国《建筑法》、《建筑工程质量管理条例》、《建设工程安全生产管理条例》及《建筑工程施工许可管理办法》等法律法规对建设工程施工许可制度都有相关的规定。

3.2.2 施工许可证的申领范围

在中华人民共和国境内从事各类房屋建筑及其附属设施的建造、装修装饰和与其配套的线路、管道、设备的安装以及城镇市政基础设施工程的施工，建设单位在开工前应当依照国家有关规定，向工程所在地的县级以上人民政府建设行政主管部门申请领取施工许可证。

下列工程不需要办理施工许可证：

(1) 国务院建设行政主管部门确定的限额以下的小型工程，可以不申请办理施工许可证。

《建筑工程施工许可管理办法》第二条规定，工程投资额在30万元以下或者建筑面积在300平方米以下的建筑工程，可以不申请办理施工许可证。省、自治区、直辖市人民政府建设行政主管部门可以根据当地的实际情况，对限额进行调整，并报国务院建设行政主管部门备案。

(2) 按照国务院规定的权限和程序批准开工报告的建筑工程，不再领取施工许可证。

（3）依法核定作为文物保护的纪念建筑物和古建筑等的修缮工程。

（4）抢险救灾工程、临时性房屋建筑工程和农民自建两层以下（含两层）住宅工程。

（5）军用房屋建筑工程。

3.2.3 施工许可证的申领条件

建设单位申请领取施工许可证，应当具备下列条件，并提交相应的证明文件：

（1）依法应当办理用地批准手续的，已经办理该建筑工程用地批准手续。

（2）在城市、镇规划区的建筑工程，已经取得建设工程规划许可证。

（3）施工场地已经基本具备施工条件，需要征收房屋的，其进度符合施工要求。

（4）已经确定施工企业。按照规定应该招标的工程没有招标，应该公开招标的工程没有公开招标，或者肢解发包工程，以及将工程发包给不具备相应资质条件的，所确定的施工企业无效。

（5）有满足施工需要的施工图纸及技术资料，施工图设计文件已按规定审查合格。

（6）有保证工程质量和安全的具体措施。施工企业编制的施工组织设计中有根据建筑工程特点制定的相应质量、安全技术措施，专业性较强的工程项目编制了专项质量、安全施工组织设计，并按照规定办理了工程质量、安全监督手续。

（7）按照规定应该委托监理的工程已委托监理。

（8）建设资金已经落实。建设工期不足一年的，到位资金原则上不得少于工程合同价的50%；建设工期超过一年的，到位资金原则上不得少于工程合同价的30%。建设单位应当提供银行出具的到位资金证明，有条件的可以实行银行付款保函或者其他第三方担保。

（9）法律、行政法规规定的其他条件。

3.2.4 施工许可证的申领程序

申请办理施工许可证，应当按照下列程序进行：

（1）建设单位向发证机关领取《建筑工程施工许可证申请表》。

（2）建设单位持加盖单位及法定代表人印鉴的《建筑工程施工许可证申请表》，并附相关规定的证明文件，向发证机关提出申请。

（3）发证机关在收到建设单位报送的《建筑工程施工许可证申请表》和所附证明文件后，对于符合条件的，应当自收到申请之日起十五日内颁发施工许可证；对于证明文件不齐全或者失效的，应当限期要求建设单位补正，审批时间可以自证明文件补正齐全后作相应顺延；对于不符合条件的，应当自收到申请之日起十五日内书面通知建设单位，并说明理由。

3.2.5 施工许可证的管理

建设单位申请领取施工许可证的工程名称、地点、规模，应当与依法签订的施工承包合同一致。施工许可证分为正本和副本，正本和副本具有同等法律效力，复印的施工许可证无效。建筑工程在施工过程中，施工许可证应当放置在施工现场备查，且不得伪造和涂改。建设单位或者施工单位发生变更的，应当重新申请领取施工许可证。

（1）施工许可证的废止

建设单位应当自领取施工许可证之日起三个月内开工。因故不能按期开工的，应当在期满前向发证机关申请延期，并说明理由；延期以两次为限，每次不超过三个月。既不开工又不申请延期或者超过延期次数、时限的，施工许可证自行废止。

（2）施工许可证的核验

在建的建筑工程因故中止施工的，建设单位应当自中止施工之日起一个月内向发证机关报告，报告内容包括中止施工的时间、原因、在施部位、维修管理措施等，并按照规定做好建筑工程的维护管理工作。

建筑工程恢复施工时，应当向发证机关报告；中止施工满一年的工程恢复施工前，建设单位应当报发证机关核验施工许可证。

（3）开工报告的重新办理

按照国务院有关规定批准开工报告的建筑工程，因故不能按期开工或者中止施工的，应当及时向批准机关报告情况。因故不能按期开工超过六个月的，应当重新办理开工报告的批准手续。

3.3 工程建设从业单位资质管理

3.3.1 概述

随着我国国民经济的不断发展，建筑市场发展迅速，在国民经济中所占的比重越来越大。建筑工程在建设规模、技术要求和功能定位等方面存在很大的差异，且建设周期长，社会影响广泛，与人民生命财产密切相关。为了维护建筑市场的正常秩序，提高我国工程建设水平，确保工程建设质量，保证人民生命财产安全，国家对从事工程建设活动的单位实行严格的资质审查和市场准入制度。《建筑法》第十三条明确规定："从事建筑活动的建筑施工企业、勘察单位、设计单位和工程监理单位，按照其拥有的注册资本、专业技术人员、技术装备和已完成的建筑工程业绩等资质条件，划分为不同的资质等级，经资质审查合格，取得相应等级的资质证书后，方可在其资质等级许可的范围内从事建筑活动。"

3.3.2 工程总承包企业资质管理制度

工程总承包是指从事工程总承包的企业受业主委托，按照合同约定对工程项目的勘察、设计、采购、施工、试运行（竣工验收）等实行全过程或若干阶段的承包。工程总承包企业对承包工程的质量、安全、工期、造价全面负责。工程总承包是国际上非常重视和推崇的工程承包模式。

1. 工程总承包企业资质等级划分

根据1992年《工程总承包企业资质管理暂行规定》（试行），工程总承包企业按照资质条件分为一、二、三共三级，其中一级工程总承包企业资质应当符合以下条件：

① 近五年内承担过下列建设项目中两个以上工程项目的总承包：

a. 大型工业、能源、交通等建设项目；

b. 15万平方米以上的住宅区建设项目；

c. 投资二亿元以上的公用建设项目。

② 企业自有资金一亿元以上，其中自有流动资金3000万元以上。

③ 企业经理必须具有大专以上文化程度和15年以上从事工程建设管理的经历。企业的总工程师、总经济师、总会计师必须具有相应的高级职称。

④ 企业具有技术经济职称的人员占企业管理人员总数的70%以上，并不得少于500

人。其中，具有工程师、经济师、会计师等中级以上技术经济职称的人员占有职称人员总数的60%以上，并不得少于300人。

⑤ 企业能派出项目管理班子对大型建设项目的工程质量、建设进度、工程造价等进行直接管理及有效的控制。

⑥ 企业年总产值在三亿元以上。

2. 工程总承包企业资质审批

工程总承包企业的资质等级实行分级审批。一级工程总承包企业由住房和城乡建设部审批。二、三级工程总承包企业，属于国务院有关部门的，由国务院有关部门审批，并向企业所在地的省、自治区、直辖市人民政府建设行政主管部门备案；属于地方的，由省、自治区、直辖市人民政府建设行政主管部门审批。申请资质等级的工程总承包企业，应当向审批部门提交下列文件和证件：

① 资质等级申请书；

② 企业章程；

③ 企业法定代表人和技术经济负责人的任职、职称证明；

④ 企业的机构设置和人员统计表；

⑤ 银行出具的资金证明；

⑥ 已承担的具有代表性的总承包建设项目概况；

⑦ 列举本企业两个以上项目管理班子的人员构成、工作职责及开展工作情况；

⑧ 企业所属科研单位和科研人员情况；

⑨ 反映企业年度经营情况的生产、财务、劳动统计报表；

⑩ 企业自有或联合的设计单位情况；

⑪ 以及其他有关文件、证件。

经审查合格的工程总承包企业，由资质审批部门发给《工程总承包企业资质等级证书》。新开办的工程总承包企业暂定资质等级的，两年后由该企业提出申请，由原资质审批部门核定其正式等级。工程总承包企业的资质审批部门对工程总承包企业每隔两年进行一次资质复查，凡达不到原资质等级标准的，按照其实际达到的标准重新核定资质等级。二级以下总承包企业能够达到上一级资质等级标准的，可以根据规定提出升级申请。

3. 工程总承包企业承担业务范围

各级工程总承包企业必须在其资质登记的营业范围内总承包。一级工程总承包企业可以承担本专业及与其资质相适应的其他专业的大型建设项目的总承包；二级工程总承包企业可以承包本专业及与其资质相适应的其他专业的中型建设项目的总承包；三级工程总承包企业可以承担普通中小型工业与民用建设项目的总承包。各级工程总承包企业具体承包工程的范围，由资质审批部门确定。一、二级工程总承包企业可以跨省、自治区、直辖市独立承包工程。跨省、自治区、直辖市承包工程时，应当持有省、自治区、直辖市人民政府建设行政主管部门或者国务院有关主管部门出具的外出承包证明，向当地建设行政主管部门登记备案。

工程总承包企业可以通过投标承揽任务，也可以直接受建设行政主管部门或者建设单位的委托承揽任务；可以实行工程建设全过程的总承包，也可以进行分阶段的承包；可以独立进行总承包，也可以与其他单位联合总承包。工程总承包企业必须按照《资质等级证书》规定的承包范围从事总承包活动，不得无证或者越级总承包工程；工程总承包企业必须依法开展总承包活动，不得采用行贿、回扣等不正当手段获取建设任务；工程总承包企业不得倒手转包建设工程项目。上述所称倒手转包，是指将建设项目转包给其他单位承包，只收取管理费，不派项目管理班子对建设项目进行管理，不承担技术经济责任的行为。工程总承包企业有不当行为的，除按照国家有关规定处理外，由原资质审批部门给予警告、降低资质等级或者吊销《资质等级证书》的处罚。

3.3.3 建筑业企业资质管理制度

建筑业企业，是指从事土木工程、建筑工程、线路管道设备安装工程的新建、扩建、改建等施工活动的企业。为了进一步规范建筑业企业资质管理，住房城乡建设部先后制定了《建筑业企业资质管理规定》、《建筑业企业资质标准》（建市［2014］159号)、《施工总承包企业特级资质标准》（建市［2007］72号）和《建筑业企业资质管理规定和资质标准实施意见》（建市［2015］20号)，并在《建筑业企业资质等级标准》（建建［2001］82号）的基础上，于2007年7月对施工总承包特级资质标准进行了修订，以进一步加强对建筑活动的监督管理，维护公共利益和规范建筑市场秩序，保证建设工程质量安全，促进建筑业的健康发展。

建筑业企业应当按照其拥有的资产、主要人员、已完成的工程业绩和技术装备等条件申请建筑业企业资质，经审查合格，取得建筑业企业资质证书后，方可在资质许可的范围内从事建筑施工活动。国家鼓励取得施工总承包资质的企业拥有独资或者控股的劳务企业。建筑业企业应当加强技术创新和人员培训，使用先进的建造技术、建筑材料，开展绿色施工。

具有法人资格的企业申请建筑业企业资质应具备下列基本条件：①具有满足标准要求的资产；②具有满足标准要求的注册建造师及其他注册人员、工程技术人员、施工现场管理人员和技术工人；③具有满足标准要求的工程业绩；④具有必要的技术装备。其中，注册建造师或其他注册人员是指取得相应的注册证书并在申请资质企业注册的人员；持有岗位证书的施工现场管理人员是指持有国务院有关行业部门认可单位颁发的岗位（培训）证书的施工现场管理人员，或按照相关行业标准规定，通过有关部门或行业协会职业能力评价，取得职业能力评价合格证书的人员；经考核或培训合格的技术工人是指经国务院有关行业部门、地方有关部门以及行业协会考核或培训合格的技术工人。

施工总承包工程应由取得相应施工总承包资质的企业承担。取得施工总承包资质的企业可以对所承接的施工总承包工程内各专业工程全部自行施工，也可以将专业工程依法进行分包。对设有资质的专业工程进行分包时，应分包给具有相应专业承包资质的企业。施工总承包企业将劳务作业分包时，应分包给具有施工劳务资质的企业。设有专业承包资质的专业工程单独发包时，应由取得相应专业承包资质的企业承担。取得专业承包资质的企业可以承接具有施工总承包资质的企业依法分包的专业工程或建设单位依法发包的专业工程。取得专业承包资质的企业应对所承接的专业工程全部自行组织施工，劳务作业可以分包，但应分包给具有施工劳务资质的企业。取得施工劳务资质的企业可以承接具有施工总承包资质或专业承包资质的企业分包的劳务作业。取得施工总承包资质的企业，可以从事资质证书许可范围内的相应工程总承包、工程项目管理等业务。

1. 建筑业企业资质标准

建筑业企业资质分为施工总承包、专业承包和施工劳务三个序列。

（1）施工总承包序列设有 12 个类别，一般分为 4 个等级（特级、一级、二级、三级），分别是：建筑工程施工总承包、公路工程施工总承包、铁路工程施工总承包、港口与航道工程施工总承包、水利水电工程施工总承包、电力工程施工总承包、矿山工程施工总承包、冶金工程施工总承包、石油化工工程施工总承包、市政公用工程施工总承包、通信工程施工总承包、机电工程施工总承包。

（2）专业承包序列设有 36 个类别，一般分为 3 个等级（一级、二级、三级），分别是：地基基础工程专业承包、起重设备安装工程专业承包、预拌混凝土专业承包、电子与智能化工程专业承包、消防设施工程专业承包、防水防腐保温工程专业承包、桥梁工程专业承包资质、隧道工程专业承包、钢结构工程专业承包、模板脚手架专业承包、建筑装修装饰工程专业承包、建筑机电安装工程专业承包、建筑幕墙工程专业承包、古建筑工程专业承包、城市及道路照明工程专业承包、公路路面工程专业承包、公路路基工程专业承包、公路交通工程专业承包、铁路电务工程专业承包、铁路铺轨架梁工程专业承包、铁路电气化工程专业承包、机场场道工程专业承包、民航空管工程及机场弱电系统工程专业承包、机场目视助航工程专业承包、港口与海岸工程专业承包、航道工程专业承包、通航建筑物工程专业承包、港航设备安装及水上交管工程专业承包、水工金属结构制作与安装工程专业承包、水利水电机电安装工程专业承包、河湖整治工程专业承包、输变电工程专业承包、核工程专业承包、海洋石油工程专业承包、环保工程专业承包、特种工程专业承包。

（3）施工劳务序列不分类别和等级。

下面以建筑工程施工总承包资质标准为例加以介绍。

建筑工程施工总承包资质分为特级、一级、二级、三级。其中建筑工程施工总承包资质标准要求如下：

① 企业资产

净资产 1 亿元以上。

② 企业主要人员

a. 建筑工程、机电工程专业一级注册建造师合计不少于 12 人，其中建筑工程专业一级注册建造师不少于 9 人。

b. 技术负责人具有 10 年以上从事工程施工技术管理工作经历，且具有结构专业高级职称；建筑工程相关专业中级以上职称人员不少于 30 人，且结构、给水排水、暖通、电气等专业齐全。

c. 持有岗位证书的施工现场管理人员不少于 50 人，且施工员、质量员、安全员、机械员、造价员、劳务员等人员齐全。

d. 经考核或培训合格的中级工以上技术工人不少于 150 人。

③ 企业工程业绩

近 5 年承担过下列 4 类中的 2 类工程的施工总承包或主体工程承包，工程质量合格：

a. 地上 25 层以上的民用建筑工程 1 项或地上 18～24 层的民用建筑工程 2 项；

b. 高度 100 米以上的构筑物工程 1 项或高度 80～100 米（不含）的构筑物工程 2 项；

c. 建筑面积3万平方米以上的单体工业、民用建筑工程1项或建筑面积2万～3万平方米（不含）的单体工业、民用建筑工程2项；

d. 钢筋混凝土结构单跨30米以上（或钢结构单跨36米以上）的建筑工程1项或钢筋混凝土结构单跨27～30米（不含）（或钢结构单跨30～36米（不含））的建筑工程2项。

2. 建筑业企业资质申请和许可

根据《建筑业企业资质管理规定》、《建筑业企业资质标准》（建市［2014］159号）和《建筑业企业资质管理规定和资质标准实施意见》（建市［2015］20号）规定，企业可以申请一项或多项建筑业企业资质，申请资质数量不受限制，企业首次申请或增项申请资质，应当申请最低等级资质。企业申请建筑业企业资质，应当如实提交以下材料：

① 建筑业企业资质申请表及相应的电子文档；

② 企业营业执照正副本复印件；

③ 企业章程复印件；

④ 企业资产证明文件复印件；

⑤ 企业主要人员证明文件复印件；

⑥ 企业资质标准要求的技术装备的相应证明文件复印件；

⑦ 企业安全生产条件有关材料复印件；

⑧ 按照国家有关规定应提交的其他材料。

施工总承包资质序列特级资质、一级资质及铁路工程施工总承包二级资质，专业承包资质序列公路、水运、水利、铁路、民航方面的专业承包一级资质及铁路、民航方面的专业承包二级资质，涉及多个专业的专业承包一级资质应当向企业工商注册所在地省、自治区、直辖市人民政府住房城乡建设主管部门提出申请（国务院国有资产管理部门直接监管的建筑企业及其下属一层级的企业，可以由国务院国有资产管理部门直接监管的建筑企业向国务院住房城乡建设主管部门提出申请），由国务院住房城乡建设主管部门许可。

施工总承包资质序列二级资质及铁路、通信工程施工总承包三级资质，专业承包资质序列一级资质（不含公路、水运、水利、铁路、民航方面的专业承包一级资质及涉及多个专业的专业承包一级资质），专业承包资质序列二级资质（不含铁路、民航方面的专业承包二级资质），铁路方面专业承包三级资质，特种工程专业承包资质由企业工商注册所在地省、自治区、直辖市人民政府住房城乡建设主管部门许可。

施工总承包资质序列三级资质（不含铁路、通信工程施工总承包三级资质），专业承包资质序列三级资质（不含铁路方面专业承包资质）及预拌混凝土、模板脚手架专业承包资质，施工劳务资质，燃气燃烧器具安装、维修企业资质由企业工商注册所在地设区的市人民政府住房城乡建设主管部门许可。

省、自治区、直辖市人民政府住房城乡建设主管部门应当自受理申请之日起20个工作日内初审完毕，并将初审意见和申请材料报国务院住房城乡建设主管部门。国务院住房城乡建设主管部门应当自省、自治区、直辖市人民政府住房城乡建设主管部门受理申请材料之日起60个工作日内完成审查，公示审查意见，公示时间为10个工作日。其中，涉及公路、水运、水利、通信、铁路、民航等方面资质的，由国务院住房城乡建设主管部门会同国务院有关部门审查。

资质许可机关应当及时将资质许可决定向社会公开，并为公众查询提供便利。建筑业企业资质证书分为正本和副本，由国务院住房城乡建设主管部门统一印制，正、副本具备同等法律效力。资质证书有效期为 5 年。

建筑业企业资质证书有效期届满，企业继续从事建筑施工活动的，应当于资质证书有效期届满 3 个月前，向原资质许可机关提出延续申请。资质许可机关应当在建筑业企业资质证书有效期届满前做出是否准予延续的决定；逾期未做出决定的，视为准予延续。

企业在建筑业企业资质证书有效期内名称、地址、注册资本、法定代表人等发生变更的，应当在工商部门办理变更手续后 1 个月内办理资质证书变更手续。由国务院住房城乡建设主管部门颁发的建筑业企业资质证书的变更，企业应当向企业工商注册所在地省、自治区、直辖市人民政府住房城乡建设主管部门提出变更申请，省、自治区、直辖市人民政府住房城乡建设主管部门应当自受理申请之日起 2 日内将有关变更证明材料报国务院住房城乡建设主管部门，由国务院住房城乡建设主管部门在 2 日内办理变更手续。非由国务院住房城乡建设主管部门颁发的建筑业企业资质证书的变更，由企业工商注册所在地的省、自治区、直辖市人民政府住房城乡建设主管部门或者设区的市人民政府住房城乡建设主管部门依法另行规定。变更结果应当在资质证书变更后 15 日内，报国务院住房城乡建设主管部门备案。涉及公路、水运、水利、通信、铁路、民航等方面的建筑业企业资质证书的变更，办理变更手续的住房城乡建设主管部门应当将建筑业企业资质证书变更情况告知同级有关部门。

3. 建筑业企业承包工程范围

各类建筑业企业的承包工程范围差别很大，如建筑工程施工总承包一级、二级企业承包工程的范围分别如下：

一级资质企业可承担单项合同额 3000 万元以上的下列建筑工程的施工：

① 高度 200 米以下的工业、民用建筑工程；

② 高度 240 米以下的构筑物工程。

二级资质企业可承担下列建筑工程的施工：

① 高度 100 米以下的工业、民用建筑工程；

② 高度 120 米以下的构筑物工程；

③ 建筑面积 4 万平方米以下的单体工业、民用建筑工程；

④ 单跨跨度 39 米以下的建筑工程。

4. 建筑业企业资质管理

国务院住房城乡建设主管部门负责全国建筑业企业资质的统一监督管理，国务院交通运输、水利、工业信息化等有关部门配合国务院住房城乡建设主管部门实施相关资质类别建筑业企业资质的管理工作；省、自治区、直辖市人民政府住房城乡建设主管部门负责本行政区域内建筑业企业资质的统一监督管理，省、自治区、直辖市人民政府交通运输、水利、通信等有关部门配合同级住房城乡建设主管部门实施本行政区域内相关资质类别建筑业企业资质的管理工作。县级以上人民政府住房城乡建设主管部门和其他有关部门应当依照有关法律、法规和相关规定，加强对企业取得建筑业企业资质后是否满足资质标准和市场行为的监督管理。资质许可机关应当推行建筑业企业资质许可电子化，建立建筑业企业资质管理信息系统。

资质许可机关应当建立、健全建筑业企业信用档案管理制度。建筑业企业信用档案应当包括企业基本情况、资质、业绩、工程质量和安全、合同履约、社会投诉和违法行为等情况。企业的信用档案信息按照有关规定向社会公开。取得建筑业企业资质的企业应当按照有关规定，向资质许可机关提供真实、准确、完整的企业信用档案信息。

取得建筑业企业资质证书的企业，应当保持资产、主要人员、技术装备等方面满足相应建筑业企业资质标准要求的条件。企业不再符合相应建筑业企业资质标准要求条件的，县级以上地方人民政府住房城乡建设主管部门、其他有关部门，应当责令其限期改正并向社会公告，整改期限最长不超过3个月；企业整改期间不得申请建筑业企业资质的升级、增项，不能承揽新的工程；逾期仍未达到建筑业企业资质标准要求条件的，资质许可机关可以撤回其建筑业企业资质证书。被撤回建筑业企业资质证书的企业，可以在资质被撤回后3个月内，向资质许可机关提出核定低于原等级同类别资质的申请。

企业违法从事建筑活动的，违法行为发生地的县级以上地方人民政府住房城乡建设主管部门或者其他有关部门应当依法查处，并将违法事实、处理结果或者处理建议及时告知该建筑业企业资质的许可机关。对取得国务院住房城乡建设主管部门颁发的建筑业企业资质证书的企业需要处以停业整顿、降低资质等级、吊销资质证书行政处罚的，县级以上地方人民政府住房城乡建设主管部门或者其他有关部门，应当通过省、自治区、直辖市人民政府住房城乡建设主管部门或者国务院有关部门，将违法事实、处理建议及时报送国务院住房城乡建设主管部门。

住房城乡建设主管部门和其他有关部门的监督检查人员履行监督检查职责时，有权要求被检查企业提供建筑业企业资质证书，企业有关人员的注册执业证书、职称证书、岗位证书和考核或者培训合格证书，有关施工业务的文档，有关质量管理、安全生产管理、合同管理、档案管理、财务管理等企业内部管理制度的文件；可以进入被检查企业进行检查，查阅相关资料；纠正违反有关法律、法规和规定及有关规范和标准的行为。监督检查机关应当将监督检查的处理结果向社会公布。在执法过程中，县级以上人民政府住房城乡建设主管部门及其工作人员，违反相关规定，由其上级行政机关或者监察机关责令改正；对直接负责的主管人员和其他直接责任人员，依法给予行政处分；直接负责的主管人员和其他直接责任人员构成犯罪的，依法追究刑事责任。

3.3.4 勘察设计企业资质管理制度

勘察设计企业是指依照国家规定经批准成立，取得规定部门颁发的资质证书，从事相应的工程勘察、设计、咨询和技术服务的企业。

从事建设工程勘察、工程设计活动的企业，应当按照其拥有的注册资本、专业技术人员、技术装备和勘察设计业绩等条件申请资质，经审查合格，取得建设工程勘察、工程设计资质证书后，方可在资质许可的范围内从事建设工程勘察、工程设计活动。为了加强对建设工程勘察、设计活动的管理，保证建设工程勘察、设计质量，保护人民生命和财产安全，国家对从事建设工程勘察、设计活动的单位，实行资质管理制度。《建设工程勘察设计管理条例》、《建设工程勘察设计资质管理规定》、《建设工程勘察设计资质管理规定实施意见》、《工程勘察资质标准》（建市［2013］9号）、《工程设计资质标准》（建市［2007］86号）等规章制度的颁布实施逐步建立健全了勘察设计企业资质管理制度。

1. 工程勘察设计资质等级划分

工程勘察范围包括建设工程项目的岩土工程、水文地质勘察和工程测量。工程勘察资质分为工程勘察综合资质、工程勘察专业资质和工程勘察劳务资质三个类别。工程勘察综合资质是指包括全部工程勘察专业资质的工程勘察资质。工程勘察专业资质包括：岩土工程专业资质、水文地质勘察专业资质和工程测量专业资质，其中，岩土工程专业资质包括：岩土工程勘察、岩土工程设计、岩土工程物探测试检测监测等岩土工程（分项）专业资质。工程勘察劳务资质包括：工程钻探和凿井。工程勘察综合资质只设甲级。岩土工程、岩土工程设计、岩土工程物探测试检测监测专业资质设甲、乙两个级别；岩土工程勘察、水文地质勘察、工程测量专业资质设甲、乙、丙三个级别。工程勘察劳务资质不分等级。

工程设计资质分为工程设计综合资质、工程设计行业资质、工程设计专业资质和工程设计专项资质。工程设计综合资质是指涵盖21个行业的设计资质；工程设计行业资质是指涵盖某个行业资质标准中的全部设计类型的设计资质；工程设计专业资质是指某个行业资质标准中的某一个专业的设计资质；工程设计专项资质是指为适应和满足行业发展的需求，对已形成产业的专项技术独立进行设计以及设计、施工一体化而设立的资质。工程设计综合资质只设甲级；工程设计行业资质和工程设计专业资质设甲、乙两个级别；根据行业需要，建筑、市政公用、水利、电力（限送变电）、农林和公路行业可设立工程设计丙级资质，建筑工程设计专业资质设丁级。建筑行业根据需要设立建筑工程设计事务所资质。工程设计专项资质可根据行业需要设置等级。

2. 勘察设计企业资质承担业务范围

取得工程勘察综合资质的企业，可以承接各专业（海洋工程勘察除外）、各等级工程勘察业务；取得工程勘察专业资质的企业，可以承接相应等级相应专业的工程勘察业务；取得工程勘察劳务资质的企业，可以承接岩土工程治理、工程钻探、凿井等工程勘察劳务业务。

取得工程设计综合资质的企业，可以承接各行业、各等级的建设工程设计业务；取得工程设计行业资质的企业，可以承接相应行业相应等级的工程设计业务及本行业范围内同级别的相应专业、专项（设计施工一体化资质除外）工程设计业务；取得工程设计专业资质的企业，可以承接本专业相应等级的专业工程设计业务及同级别的相应专项工程设计业务（设计施工一体化资质除外）；取得工程设计专项资质的企业，可以承接本专项相应等级的专项工程设计业务。

3. 工程勘察设计企业资质申请和审批

（1）资质申请条件：

① 凡在中华人民共和国境内，依法取得工商行政管理部门颁发的企业法人营业执照的企业，均可申请建设工程勘察、工程设计资质。依法取得合伙企业营业执照的企业，只可申请建筑工程设计事务所资质。

② 因建设工程勘察未对外开放，资质审批部门不受理外商投资企业（含新成立、改制、重组、合并、并购等）申请建设工程勘察资质。

③ 工程设计综合资质涵盖所有工程设计行业、专业和专项资质。凡具有工程设计综合资质的企业不需单独申请工程设计行业、专业或专项资质证书。

工程设计行业资质涵盖该行业资质标准中的全部设计类型的设计资质。凡具有工程设计某行业资质的企业不需单独申请该行业内的各专业资质证书。

④ 具备建筑工程行业或专业设计资质的企业，可承担相应范围相应等级的建筑装饰工程设计、建筑幕墙工程设计、轻型钢结构工程设计、建筑智能化系统设计、照明工程设计和消防设施工程设计等专项工程设计业务，不需单独申请以上专项工程设计资质。

⑤ 有下列资质情形之一的，资质审批部门按照升级申请办理：

a. 具有工程设计行业、专业、专项乙级资质的企业，申请与其行业、专业、专项资质对应的甲级资质的；

b. 具有工程设计行业乙级资质或专业乙级资质的企业，申请现有资质范围内的一个或多个专业甲级资质的；

c. 具有工程设计某行业或专业甲、乙级资质的企业，其本行业和本专业工程设计内容中包含了某专项工程设计内容，申请相应的专项甲级资质的；

d. 具有丙级、丁级资质的企业，直接申请乙级资质的。

⑥ 新设置的分级别的工程勘察设计资质，自正式设置起，设立两年过渡期。在过渡期内，允许企业根据实际达到的条件申请资质等级，不受最高不超过乙级申请的限制，且申报材料不需提供企业业绩。

⑦ 具有一级及以上施工总承包资质的企业可直接申请同类别或相近类别的工程设计甲级资质。具有一级及以上施工总承包资质的企业申请不同类别的工程设计资质的，应从乙级资质开始申请（不设乙级的除外）。

⑧ 企业的专业技术人员、工程业绩、技术装备等资质条件，均是以独立企业法人为审核单位。企业（集团）的母、子公司在申请资质时，各项指标不得重复计算。

⑨ 允许每个大专院校有一家所属勘察设计企业可以聘请本校在职教师和科研人员作为企业的主要专业技术人员，但是其人数不得大于资质标准中要求的专业技术人员总数的三分之一，且聘期不得少于2年。在职教师和科研人员作为非注册人员考核时，其职称应满足讲师或助理研究员及以上要求，从事相应专业的教学、科研和设计时间10年及以上。

(2) 勘察设计资质审批

申请工程勘察甲级资质、工程设计甲级资质以及涉及铁路、交通、水利、信息产业、民航等方面的工程设计乙级资质的，应当向企业工商注册所在地的省、自治区、直辖市人民政府建设主管部门提出申请。其中，国务院国资委管理的企业应当向国务院建设主管部门提出申请；国务院国资委管理的企业下属一层级的企业申请资质，应当由国务院国资委管理的企业向国务院建设主管部门提出申请。省、自治区、直辖市人民政府建设主管部门应当自受理申请之日起20日内初审完毕，并将初审意见和申请材料报国务院建设主管部门。国务院建设主管部门应当自省、自治区、直辖市人民政府建设主管部门受理申请材料之日起60日内完成审查，公示审查意见，公示时间为10日。其中，涉及铁路、交通、水利、信息产业、民航等方面的工程设计资质，由国务院建设主管部门送国务院有关部门审核，国务院有关部门在20日内审核完毕，并将审核意见送国务院建设主管部门。

工程勘察乙级及以下资质、劳务资质、工程设计乙级（涉及铁路、交通、水利、信息产业、民航等方面的工程设计乙级资质除外）及以下资质许可由省、自治区、直辖市人民政府建设主管部门实施。具体实施程序由省、自治区、直辖市人民政府建设主管部门依法确定。省、自治区、直辖市人民政府建设主管部门应当自作出决定之日起 30 日内，将准予资质许可的决定报国务院建设主管部门备案。

企业首次申请、增项申请工程勘察、工程设计资质，其申请资质等级最高不超过乙级，且不考核企业工程勘察、工程设计业绩。已具备施工资质的企业首次申请同类别或相近类别的工程勘察、工程设计资质的，可以将相应规模的工程总承包业绩作为工程业绩予以申报。其申请资质等级最高不超过其现有施工资质等级。企业合并的，合并后存续或者新设立的企业可以承继合并前各方中较高的资质等级，但应当符合相应的资质标准条件。企业分立的，分立后企业的资质按照资质标准及相关规定的审批程序核定。企业改制的，改制后不再符合资质标准的，应按其实际达到的资质标准及相关规定重新核定；资质条件不发生变化的，按相关规定办理。

对于准予建设工程勘察、设计资质许可的申请，在住房和城乡建设部网站发布公告，并颁发资质证书。建设工程勘察、工程设计资质证书有效期为五年。

4. 勘察设计资质管理

国务院建设主管部门对全国的建设工程勘察、设计资质实施统一的监督管理。国务院铁路、交通、水利、信息产业、民航等有关部门配合国务院建设主管部门对相应的行业资质进行监督管理。县级以上地方人民政府建设主管部门负责对本行政区域内的建设工程勘察、设计资质实施监督管理。县级以上人民政府交通、水利、信息产业等有关部门配合同级建设主管部门对相应的行业资质进行监督管理。

企业应当按照有关规定，向资质许可机关提供真实、准确、完整的企业信用档案信息。企业的信用档案应当包括企业基本情况、业绩、工程质量和安全、合同违约等情况。被投诉举报和处理、行政处罚等情况应当作为不良行为记入其信用档案。企业的信用档案信息按照有关规定向社会公示。

3.3.5 房地产开发企业

房地产开发企业是指按照城市房地产管理法的规定，是以营利为目的，从事房地产开发和经营的企业。2000 年颁行的《房地产开发企业资质管理规定》具体规定了房地产开发企业的资质、审批及其管理。

1. 房地产开发企业资质等级划分

房地产开发企业按照企业条件分为一、二、三、四四个资质等级。其中一级房地产开发企业资质标准如下：

① 从事房地产开发经营 5 年以上；

② 近 3 年房屋建筑面积累计竣工 30 万平方米以上，或者累计完成与此相当的房地产开发投资额；

③ 连续 5 年建筑工程质量合格率达 100%；

④ 上一年房屋建筑施工面积 15 万平方米以上，或者完成与此相当的房地产开发投资额；

⑤ 有职称的建筑、结构、财务、房地产及有关经济类的专业管理人员不少于 40 人，其中具有中级以上职称的管理人员不少于 20 人，持有资格证书的专职会计人员不少于 4 人；

⑥ 工程技术、财务、统计等业务负责人具有相应专业中级以上职称；
⑦ 具有完善的质量保证体系，商品住宅销售中实行了《住宅质量保证书》和《住宅使用说明书》制度；
⑧ 未发生过重大工程质量事故。
2. 房地产开发企业承担业务范围
一级资质的房地产开发企业承担房地产项目的建设规模不受限制，可以在全国范围承揽房地产开发项目。二级资质及二级资质以下的房地产开发企业可以承担建筑面积 25 万平方米以下的开发建设项目，承担业务的具体范围由省、自治区、直辖市人民政府建设行政主管部门确定。各资质等级企业应当在规定的业务范围内从事房地产开发经营业务，不得越级承担任务。
3. 房地产开发企业资质审批
新设立的房地产开发企业应当自领取营业执照之日起 30 日内，持下列文件到房地产开发主管部门备案：①营业执照复印件；②企业章程；③验资证明；④企业法定代表人的身份证明；⑤专业技术人员的资格证书和劳动合同；⑥房地产开发主管部门认为需要出示的其他文件。
申请《暂定资质证书》的条件不得低于四级资质企业的条件。临时聘用或者兼职的管理、技术人员不得计入企业管理、技术人员总数。
房地产开发主管部门应当在收到备案申请后 30 日内向符合条件的企业核发《暂定资质证书》，《暂定资质证书》有效期 1 年。房地产开发主管部门可以视企业经营情况延长《暂定资质证书》有效期，但延长期限不得超过 2 年。自领取《暂定资质证书》之日起 1 年内无开发项目的，《暂定资质证书》有效期不得延长。
房地产开发企业资质等级实行分级审批。一级资质由省、自治区、直辖市人民政府建设行政主管部门初审，报国务院建设行政主管部门审批；二级资质及二级资质以下企业的审批办法由省、自治区、直辖市人民政府建设行政主管部门制定。经资质审查合格的企业，由资质审批部门发给相应等级的资质证书。房地产开发企业应当在《暂定资质证书》有效期满前 1 个月内向房地产开发主管部门申请核定资质等级。房地产开发主管部门应当根据其开发经营业绩核定相应的资质等级。
4. 房地产开发企业资质管理
国务院建设行政主管部门负责全国房地产开发企业的资质管理工作；县级以上地方人民政府房地产开发主管部门负责本行政区域内房地产开发企业的资质管理工作。

企业未取得资质证书从事房地产开发经营的，由县级以上地方人民政府房地产开发主管部门责令限期改正，处 5 万元以上 10 万元以下的罚款；逾期不改正的，由房地产开发主管部门提请工商行政管理部门吊销营业执照。

企业超越资质等级从事房地产开发经营的，由县级以上地方人民政府房地产开发主管部门责令限期改正，处 5 万元以上 10 万元以下的罚款；逾期不改正的，由原资质审批部门吊销资质证书，并提请工商行政管理部门吊销营业执照。企业有下列行为之一的，由原资质审批部门公告资质证书作废，收回证书，并可处以 1 万元以上 3 万元以下的罚款：①隐瞒真实情况、弄虚作假骗取资质证书的；②涂改、出租、出借、转让、出卖资质证书的。

企业开发建设的项目工程质量低劣，发生重大工程质量事故的，由原资质审批部门降低资质等级；情节严重的吊销资质证书，并提请工商行政管理部门吊销营业执照。企业在商品住宅销售中不按照规定发放《住宅质量保证书》和《住宅使用说明书》的，由原资质审批部门予以警告、责令限期改正、降低资质等级，并可处以1万元以上2万元以下的罚款。企业不按照规定办理变更手续的，由原资质审批部门予以警告、责令限期改正，并可处以5000元以上1万元以下的罚款。

3.3.6 工程监理企业资质管理制度

我国自1988年开始，在工程建设领域实行了一项重大的管理体制改革，即推行建设工程监理制度。建设监理作为一项制度已被正式列入《中华人民共和国建筑法》。推行建设工程监理制度的目的是确保工程建设质量和安全，提高工程建设水平，充分发挥投资效益。所谓建设工程监理，是指具有相应资质的工程建设监理单位受建设单位的委托，在监理合同约定的范围内，依据国家有关工程建设的法律、法规、技术规范及工程建设承包合同，对工程建设活动实施专业化的监督管理活动。工程监理企业是指取得监理资质证书，具有法人资格，接受建设单位委托，对建设工程进行监督管理活动的单位。

1. 工程监理企业资质等级划分

工程监理企业资质分为综合资质、专业资质和事务所资质。其中，专业资质按照工程性质和技术特点划分为若干工程类别。综合资质、事务所资质不分级别。专业资质分为甲级、乙级；其中，房屋建筑、水利水电、公路和市政公用专业资质可设立丙级。专业甲级工程监理企业的资质等级标准如下：具有独立法人资格且具有符合国家有关规定的资产；企业技术负责人应为注册监理工程师，并具有15年以上从事工程建设工作的经历或者具有工程类高级职称；注册监理工程师、注册造价工程师、一级注册建造师、一级注册建筑师、一级注册结构工程师或者其他勘察设计注册工程师合计不少于25人次，其中，相应专业注册监理工程师不少于《专业资质注册监理工程师人数配备表》中要求配备的人数，注册造价工程师不少于2人；企业近2年内独立监理过3个以上相应专业的二级工程项目，但是，具有甲级设计资质或一级及以上施工总承包资质的企业申请本专业工程类别甲级资质的除外；企业具有完善的组织结构和质量管理体系，有健全的技术、档案等管理制度；企业具有必要的工程试验检测设备；申请工程监理资质之日前一年内没有相关规定禁止的行为；申请工程监理资质之日前一年内没有因本企业监理责任造成重大质量事故；申请工程监理资质之日前一年内没有因本企业监理责任发生三级以上工程建设重大安全事故或者发生两起以上四级工程建设安全事故。

2. 工程监理企业承担业务范围

从事建设工程监理活动的企业，应当按照规定取得工程监理企业资质，并在工程监理企业资质证书许可的范围内从事工程监理活动。综合资质可以承担所有专业工程类别建设工程项目的工程监理业务；专业甲级资质可承担相应专业工程类别建设工程项目的工程监理业务；专业乙级资质可承担相应专业工程类别二级以下（含二级）建设工程项目的工程监理业务；专业丙级资质可承担相应专业工程类别三级建设工程项目的工程监理业务；事务所资质可承担三级建设工程项目的工程监理业务，但是，国家规定必须实行强制监理的工程除外。

工程监理企业可以开展相应类别建设工程的项目管理、技术咨询等业务。

3. 工程监理资质申请和审批

申请综合资质、专业甲级资质的，应当向企业工商注册所在地的省、自治区、直辖市人民政府建设主管部门提出申请。省、自治区、直辖市人民政府建设主管部门应当自受理申请之日起20日内初审完毕，并将初审意见和申请材料报国务院建设主管部门。国务院建设主管部门应当自省、自治区、直辖市人民政府建设主管部门受理申请材料之日起60日内完成审查，公示审查意见，公示时间为10日。其中，涉及铁路、交通、水利、通信、民航等专业工程监理资质的，由国务院建设主管部门送国务院有关部门审核。国务院有关部门应当在20日内审核完毕，并将审核意见报国务院建设主管部门。国务院建设主管部门根据初审意见审批。

专业乙级、丙级资质和事务所资质由企业所在地省、自治区、直辖市人民政府建设主管部门审批，延续的实施程序由省、自治区、直辖市人民政府建设主管部门依法确定。省、自治区、直辖市人民政府建设主管部门应当自作出决定之日起10日内，将准予资质许可的决定报国务院建设主管部门备案。

对于准予许可的工程监理企业资质申请，由国务院建设主管部门颁发统一印制的工程监理企业资质证书，工程监理企业资质证书的有效期为5年。

4. 工程监理企业资质管理

国务院建设主管部门负责全国工程监理企业资质的统一监督管理工作。国务院铁路、交通、水利、信息产业、民航等有关部门配合国务院建设主管部门实施相关资质类别工程监理企业资质的监督管理工作。

省、自治区、直辖市人民政府建设主管部门负责本行政区域内工程监理企业资质的统一监督管理工作。省、自治区、直辖市人民政府交通、水利、信息产业等有关部门配合同级建设主管部门实施相关资质类别工程监理企业资质的监督管理工作。

工程监理企业应当按照有关规定，向资质许可机关提供真实、准确、完整的工程监理企业的信用档案信息。工程监理企业的信用档案应当包括基本情况、业绩、工程质量和安全、合同违约等情况。被投诉举报和处理、行政处罚等情况应当作为不良行为记入其信用档案。工程监理企业的信用档案信息按照有关规定向社会公示，公众有权查阅。工程监理行业组织应当加强工程监理行业自律管理，鼓励工程监理企业加入工程监理行业组织。

工程监理企业违法从事工程监理活动的，违法行为发生地的县级以上地方人民政府建设主管部门应当依法查处，并将违法事实、处理结果或处理建议及时报告该工程监理企业资质的许可机关。工程监理企业取得工程监理企业资质后不再符合相应资质条件的，资质许可机关根据利害关系人的请求或者依据职权，可以责令其限期改正；逾期不改的，可以撤回其资质。违反相关规定的，资质许可机关或者其上级机关，根据利害关系人的请求或者依据职权，可以撤销工程监理企业资质。工程监理企业也可按照相关规定及时向资质许可机关提出注销资质的申请，交回资质证书，国务院建设主管部门应当办理注销手续，公告其资质证书作废。

县级以上人民政府建设主管部门和其他有关部门应当依照有关法律、法规和本规定，加强对工程监理企业资质的监督管理。建设主管部门履行监督检查职责时，有权要求被检查单位提供工程监理企业资质证书、注册监理工程师注册执业证书，有关工程监理业务的文档，有关质量管理、安全生产管理、档案管理等企业内部管理制度的文件；进入被检查单位进行检查，查阅相关资料；纠正违反有关法律、法规和相关规定及有关规范和标准的行为。监督检查机关应当将监督检查的处理结果向社会公布。

3.3.7 工程造价咨询企业资质管理制度

工程造价咨询服务是指工程造价咨询企业接受委托，对建设项目工程造价的确定与控制提供专业服务，出具工程造价成果文件的活动。工程造价咨询企业，是指接受委托，对建设项目投资、工程造价的确定与控制提供专业咨询服务的企业。为了加强对工程造价咨询企业的管理，提高工程造价咨询工作质量，维护建设市场秩序和社会公共利益，住房和城乡建设部制定了《工程造价咨询企业管理办法》。

1. 工程造价咨询企业资质等级与标准

工程造价咨询企业资质等级分为甲级、乙级。其中甲级工程造价咨询企业资质标准如下：

a. 已取得乙级工程造价咨询企业资质证书满 3 年；

b. 企业出资人中，注册造价工程师人数不低于出资人总人数的 60%，且其出资额不低于企业认缴出资总额的 60%；

c. 技术负责人已取得造价工程师注册证书，并具有工程或工程经济类高级专业技术职称，且从事工程造价专业工作 15 年以上；

d. 专职从事工程造价专业工作的人员（专职专业人员）不少于 20 人，其中，具有工程或者工程经济类中级以上专业技术职称的人员不少于 16 人；取得造价工程师注册证书的人员不少于 10 人，其他人员具有从事工程造价专业工作的经历；

e. 企业与专职专业人员签订劳动合同，且专职专业人员符合国家规定的职业年龄（出资人除外）；

f. 专职专业人员人事档案关系由国家认可的人事代理机构代为管理；

g. 企业注册资本不少于人民币 100 万元；

h. 企业近 3 年工程造价咨询营业收入累计不低于人民币 500 万元；

i. 具有固定的办公场所，人均办公建筑面积不少于 10 平方米；

j. 技术档案管理制度、质量控制制度、财务管理制度齐全；

k. 企业为本单位专职专业人员办理的社会基本养老保险手续齐全；

l. 在申请核定资质等级之日前 3 年内无相关规定禁止的行为。

2. 工程造价咨询企业承担业务范围

工程造价咨询企业应当依法取得工程造价咨询企业资质，并在其资质等级许可的范围内从事工程造价咨询活动，应当遵循独立、客观、公正、诚实信用的原则，不得损害社会公共利益和他人的合法权益，任何单位和个人不得非法干预依法进行的工程造价咨询活动。工程造价咨询企业依法从事工程造价咨询活动，不受行政区域限制。甲级工程造价咨询企业可以从事各类建设项目的工程造价咨询业务；乙级工程造价咨询企业可以从事工程造价 5000 万元人民币以下的各类建设项目的工程造价咨询业务。

工程造价咨询企业可以对建设项目的组织实施进行全过程或者若干阶段的管理和服务。

3. 工程造价咨询资质申请和审批

申请甲级工程造价咨询企业资质的，应当向申请人工商注册所在地省、自治区、直辖市人民政府建设主管部门或者国务院有关专业部门提出申请。省、自治区、直辖市人民政府建设主管部门、国务院有关专业部门应当自受理申请材料之日起20日内审查完毕，并将初审意见和全部申请材料报国务院建设主管部门；国务院建设主管部门应当自受理之日起20日内作出决定。

申请乙级工程造价咨询企业资质的，由省、自治区、直辖市人民政府建设主管部门审查决定。其中，申请有关专业乙级工程造价咨询企业资质的，由省、自治区、直辖市人民政府建设主管部门商同级有关专业部门审查决定。乙级工程造价咨询企业资质许可的实施程序由省、自治区、直辖市人民政府建设主管部门依法确定。省、自治区、直辖市人民政府建设主管部门应当自作出决定之日起30日内，将准予资质许可的决定报国务院建设主管部门备案。

新申请工程造价咨询企业资质的，其资质等级按照资质标准有关规定核定为乙级，设暂定期一年。暂定期届满需继续从事工程造价咨询活动的，应当在暂定期届满30日前，向资质许可机关申请换发资质证书。符合乙级资质条件的，由资质许可机关换发资质证书。

工程造价咨询企业资质有效期为3年。

4. 工程造价咨询企业资质管理

国务院建设主管部门负责全国工程造价咨询企业的统一监督管理工作，省、自治区、直辖市人民政府建设主管部门负责本行政区域内工程造价咨询企业的监督管理工作，有关专业部门负责对本专业工程造价咨询企业实施监督管理。工程造价咨询行业组织应当加强行业自律管理，鼓励工程造价咨询企业加入工程造价咨询行业组织。

工程造价咨询企业应当按照有关规定，向资质许可机关提供真实、准确、完整的工程造价咨询企业信用档案信息。工程造价咨询企业信用档案应当包括工程造价咨询企业的基本情况、业绩、良好行为、不良行为等内容。违法行为、被投诉举报处理、行政处罚等情况应当作为工程造价咨询企业的不良记录记入其信用档案。任何单位和个人有权查阅信用档案。

工程造价咨询企业设立分支机构的，应当自领取分支机构营业执照之日起30日内，持下列材料到分支机构工商注册所在地省、自治区、直辖市人民政府建设主管部门备案；省、自治区、直辖市人民政府建设主管部门应当在接受备案之日起20日内，报国务院建设主管部门备案。工程造价咨询企业跨省、自治区、直辖市承接工程造价咨询业务的，应当自承接业务之日起30日内到建设工程所在地省、自治区、直辖市人民政府建设主管部门备案。

工程造价咨询企业取得工程造价咨询企业资质后，不再符合相应资质条件或违反相关规定的，资质许可机关或者其上级机关，根据利害关系人的请求或者依据职权，可以责令其限期改正；逾期不改的，可以撤回其资质，也可以撤销工程造价咨询企业资质。

县级以上地方人民政府建设主管部门和有关专业部门应当依照有关法律、法规和本办法的规定，对工程造价咨询企业从事工程造价咨询业务的活动实施监督检查。监督检查机关履行监督检查职责时，有权要求被检查单位提供工程造价咨询企业资质证书、造价工程师注册证书，有关工程造价咨询业务的文档，有关技术档案管理制度、质量控制制度、财务管理制度的文件；进入被检查单位进行检查，查阅工程造价咨询成果文件以及工程造价咨询合同等相关资料；纠正违反有关法律、法规和本办法及执业规程规定的行为。监督检查机关应当将监督检查的处理结果向社会公布。资质许可机关违反相关规定的，由其上级行政主管部门或者监察机关责令改正，对直接负责的主管人员和其他直接责任人员依法给予处分；构成犯罪的，依法追究刑事责任。

3.4 工程建设专业技术人员执业资格制度

3.4.1 概述

在技术要求较高的行业实行专业技术人员执业资格制度，在发达国家已有100多年的历史，现已成为国际惯例。执业资格制度是指具有一定专业学历、资历的从事建设活动的专业技术人员，通过考试和注册确定其执业的技术资格，获得相应建设工程文件签字权的一种制度。

对从事建筑活动的专业技术人员实施执业资格制度是十分必要的，其主要体现在以下几个方面：

（1）是深化我国建设事业管理体制改革的需要

改革开放以来，我国建设事业迅速发展，各项改革不断深化，有关法律、法规和管理规章不断完善。我国较早对从事建设活动的单位实行了资质审查制度，为促进建设事业健康发展发挥了一定作用。这种制度只是从总体上管住了单位的资格，但对专业技术人员的个人技术资格缺乏定量的评定，专业技术人员的责、权、利不明确，常常出现高资质单位承接的任务，由低水平的专业技术人员来完成的现象，影响了建设工程质量和投资效益的提高。实行专业技术人员执业资格制度有利于克服上述种种问题，保证建设工程由具有相应资格的专业技术人员完成设计、施工、监理任务。

（2）是整顿和规范建筑市场秩序、保证工程质量安全的重要举措

建立专业技术人员执业资格制度后，一旦工程项目发生重大安全事故或出现违法违规行为，不仅可以依法追究有关单位的责任，还可以依法追究负责该项目的注册建筑师、结构工程师、建造师的责任，视其情节予以停止执业、吊销执业资格证书和注册证书等处罚，使质量安全事故和违法违规行为的责任追究到人。目前，我国工程建设专业技术队伍的人员素质和管理水平参差不齐，专业理论水平和文化程度总体偏低。今后，企业聘任经考试并取得执业资格的专业技术人员担任工程建设工作，有助于促进其素质和管理水平的提高，有利于保证工程项目的顺利实施。

（3）是促使我国工程建设领域与国际惯例接轨、开拓国际建筑市场的需要

我国已加入世贸组织，当前不仅要积极应对国外承包商进入我国，同时还要认真贯彻中央关于“走出去”的发展战略，把握机遇，积极组织开拓国际建筑市场。我国建筑业从业人数约占全世界建筑业从业人数的25%，但对外工程承包额却仅占国际建筑市场的1.3%。原因固然很多，但缺乏高素质的施工管理人员是重要原因。建立专业技术人员执业资格制度后，将为我国开拓国际建筑市场、增强对外工程承包能力有所帮助。

3.4.2 注册结构工程师

注册结构工程师，是指取得中华人民共和国注册结构工程师执业资格证书和注册证

书，从事房屋结构、桥梁结构及塔架结构等工程设计及相关业务的专业技术人员。注册结构工程师分为一级注册结构工程师和二级注册结构工程师。

1997 年，建设部、人事部联合发布了《注册结构工程师执业资格制度暂行规定》，对注册结构工程师的执业资格等问题做出了规定。

住房和城乡建设部、人力资源和社会保障部和省、自治区、直辖市人民政府建设行政主管部门、人力资源行政主管部门对注册结构工程师的考试、注册和执业实施指导、监督和管理。全国注册结构工程师管理委员会由住房和城乡建设部、人力资源和社会保障部和国务院有关部门的代表及工程设计专家组成。省、自治区、直辖市可成立相应的注册结构工程师管理委员会。各级注册结构工程师管理委员会可依照相关规定及住房和城乡建设部、人力资源和社会保障部有关规定，负责或参与注册结构工程师的考试和注册等具体工作。

(1) 注册结构工程师的考试

注册结构工程师考试实行全国统一大纲、统一命题、统一组织的办法，原则上每年举行一次。住房和城乡建设部负责组织有关专家拟定考试大纲、组织命题，编写培训教材、组织考前培训等工作；人力资源和社会保障部负责组织有关专家审定考试大纲和试题，会同有关部门组织考试并负责考务等工作。

一级注册结构工程师资格考试由基础考试和专业考试两部分组成。通过基础考试的人员，从事结构工程设计或相关业务满规定年限，方可申请参加专业考试，其目的是测试考生是否已具备按国家法律和设计规范进行结构工程设计，以保证工程安全可靠和经济合理的能力。二级注册结构工程师只考专业课。

注册结构工程师资格考试合格者，由省、自治区、直辖市人事（职改）部门颁发人力资源和社会保障部统一印制、加盖住房和城乡建设部和人力资源和社会保障部印章的中华人民共和国注册结构工程师执业资格证书。

(2) 注册结构工程师的注册

注册建筑师实行注册执业管理制度，取得注册结构工程师执业资格证书者，要从事结构工程设计业务的，须申请注册。取得执业资格证书人员，必须经过注册方可以注册结构工程师的名义执业。

① 不予注册的情形

对不具备完全民事行为能力的申请人；因受刑事处罚，自处罚完毕之日起至申请注册之日止不满 5 年的申请人；因在结构工程设计或相关业务中犯有错误受到行政处罚或者撤职以上行政处分，自处罚、处分决定之日起至申请注册之日止不满 2 年的申请人；受吊销注册结构工程师注册证书处罚，自处罚决定之日起至申请注册之日止不满 5 年的申请人；建设部和国务院有关部门规定不予注册的其他情形的不予注册。

② 注册的程序、机构

各级注册结构工程师管理委员会按照职责分工应将准予注册的注册结构工程师名单报同级建设行政主管部门备案。

准予注册的申请人，分别由全国注册结构工程师管理委员会和省、自治区、直辖市注册结构工程师管理委员会核发由住房和城乡建设部统一制作的注册结构工程师注册证书。注册结构工程师注册有效期为 2 年；有效期届满需要继续注册的，应当在期满前 30 日内办理注册手续。

（3）注册结构工程师的执业

注册结构工程师执行业务，应当加入一个勘察设计单位。注册结构工程师执行业务，由勘察设计单位统一接受委托并统一收费。因结构设计质量造成的经济损失，由勘察设计单位承担赔偿责任，勘察设计单位有权向签字的注册结构工程师追偿。注册结构工程师的执业范围包括：结构工程设计；结构工程设计技术咨询；建筑物、构筑物、工程设施等调查和鉴定；对本人主持设计的项目进行施工指导和监督；建设部和国务院有关部门规定的其他业务。一级注册结构工程师的执业范围不受工程规模及工程复杂程度的限制。

（4）注册结构工程师的权利和义务

① 注册结构工程师的权利

注册结构工程师有权以注册结构工程师的名义执行注册结构工程师业务，非注册结构工程师不得以注册结构工程师的名义执行注册结构工程师业务；国家规定的一定跨度、高度等以上的结构工程设计，应当由注册结构工程师主持设计；任何单位和个人修改注册结构工程师的设计图纸，应当征得该注册结构工程师同意，但是因特殊情况不能征得该注册结构工程师同意的除外。

② 注册结构工程师的义务

注册结构工程师应当履行的义务有：遵守法律、法规和职业道德，维护社会公众利益；保证工程设计的质量，并在其负责的设计图纸上签字盖章；保守在执业中知悉的单位和个人的秘密；不得同时受聘于两个以上勘察设计单位执行业务；不得准许他人以本人名义执行业务。注册结构工程师按规定接受必要的继续教育，定期进行业务和法规培训，并作为重新注册的依据。

3.4.3 注册建筑师

1995年国务院发布的《中华人民共和国注册建筑师条例》和2008年住房和城乡建设部发布的《中华人民共和国注册建筑师条例实施细则》，对注册建筑师执业资格作了具体规定。

注册建筑师，是指经考试、特许、考核认定取得中华人民共和国注册建筑师执业资格证书，或者经资格互认方式取得建筑师互认资格证书，并按照规定注册，取得中华人民共和国注册建筑师注册证书和中华人民共和国注册建筑师执业印章，从事建筑设计及相关业务活动的专业技术人员。注册建筑师分为一级注册建筑师和二级注册建筑师。

国务院建设主管部门、人事主管部门按职责分工对全国注册建筑师考试、注册、执业和继续教育实施指导和监督。省、自治区、直辖市人民政府建设主管部门、人事主管部门按职责分工对本行政区域内注册建筑师考试、注册、执业和继续教育实施指导和监督。全国注册建筑师管理委员会负责注册建筑师考试、一级注册建筑师注册、制定颁布注册建筑师有关标准以及相关国际交流等具体工作。省、自治区、直辖市注册建筑师管理委员会负责本行政区域内注册建筑师考试、注册以及协助全国注册建筑师管理委员会选派专家等具体工作。注册建筑师可以组建注册建筑师协会，维护会员的合法权益。

（1）注册建筑师的考试

注册建筑师考试分为一级注册建筑师考试和二级注册建筑师考试。注册建筑师考试实行全国统一考试，每年进行一次。注册建筑师考试由全国注册建筑师管理委员会统一部署，省、自治区、直辖市注册建筑师管理委员会组织实施。参加一级、二级注册建造师考试均需满足一定条件。

(2) 注册建筑师的注册

① 不予注册的情形

注册建筑师实行注册执业管理制度。取得执业资格证书或者互认资格证书的人员，必须经过注册方可以注册建筑师的名义执业。

对不具有完全民事行为能力的申请人；因受刑事处罚，自刑罚执行完毕之日起至申请注册之日止不满5年的申请人；因在建筑设计或者相关业务中犯有错误受行政处罚或者撤职以上行政处分，自处罚、处分决定之日起至申请注册之日止不满2年的申请人；受吊销注册建筑师证书的行政处罚，自处罚决定之日起至申请注册之日止不满5年的申请人或有国务院规定不予注册的其他情形的不予注册。

② 注册的程序、机构

注册建筑师考试合格，取得相应的注册建筑师资格的，可以申请注册。一级注册建筑师的注册，由全国注册建筑师管理委员会负责；二级注册建筑师的注册，由省、自治区、直辖市注册建筑师管理委员会负责。

全国注册建筑师管理委员会应当将准予注册的一级注册建筑师名单报国务院建设行政主管部门备案；省、自治区、直辖市注册建筑师管理委员会应当将准予注册的二级注册建筑师名单报省、自治区、直辖市人民政府建设行政主管部门备案。

注册建筑师注册的有效期为2年。有效期届满需要继续注册的，应当在期满前30日内办理注册手续。

(3) 注册建筑师的执业

取得资格证书的人员，应当受聘于中华人民共和国境内的一个建设工程勘察、设计、施工、监理、招标代理、造价咨询、施工图审查、城乡规划编制等单位，经注册后方可从事相应的执业活动。从事建筑工程设计执业活动的，应当受聘并注册于中华人民共和国境内一个具有工程设计资质的单位。

注册建筑师的执业范围具体为：

① 建筑设计；

② 建筑设计技术咨询；

③ 建筑物调查与鉴定；

④ 对本人主持设计的项目进行施工指导和监督；

⑤ 国务院建设主管部门规定的其他业务。

一级注册建筑师的执业范围不受工程项目规模和工程复杂程度的限制。二级注册建筑师的执业范围只限于承担工程设计资质标准中建设项目设计规模划分表中规定的小型规模的项目。注册建筑师的执业范围不得超越其聘用单位的业务范围。注册建筑师的执业范围与其聘用单位的业务范围不符时，个人执业范围服从聘用单位的业务范围。注册建筑师执行业务，由建筑设计单位统一接受委托并统一收费。因设计质量造成的经济损失，由建筑设计单位承担赔偿责任，建筑设计单位有权向签字的注册建筑师追偿。

(4) 注册建筑师的权利和义务

① 注册建筑师的权利

专有名称权。注册建筑师有权以注册建筑师的名义执行注册建筑师业务。非注册建筑师不得以注册建筑师的名义执行注册建筑师业务。二级注册建筑师不得以一级注册建筑师的名义执行业务，也不得超越国家规定的二级注册建筑师的执业范围执行业务。

设计文件签字权。国家规定的一定跨度、跨径和高度以上的房屋建筑，应当由注册建筑师进行设计。

独立设计权。任何单位和个人修改注册建筑师的设计图纸，应当征得该注册建筑师同意；但是，因特殊情况不能征得该注册建筑师同意的除外。

② 注册建筑师的义务

注册建筑师应当履行义务有：遵守法律、法规和职业道德，维护社会公共利益；保证建筑设计的质量，并在其负责的设计图纸上签字；保守在执业中知悉的单位和个人的秘密；不得同时受聘于二个以上建筑设计单位执行业务；不得准许他人以本人名义执行业务。

（5）注册建筑师的责任

注册建筑师应当承担法律责任的情形有：隐瞒有关情况或者提供虚假材料申请注册的；以欺骗、贿赂等不正当手段取得注册证书和执业印章的；未受聘并注册于中华人民共和国境内一个具有工程设计资质的单位，从事建筑工程设计执业活动的；未办理变更注册而继续执业的；涂改、倒卖、出租、出借或者以其他形式非法转让执业资格证书、互认资格证书、注册证书和执业印章的；注册建筑师或者其聘用单位未按照要求提供注册建筑师信用档案信息的；聘用单位为申请人提供虚假注册材料的。

3.4.4 注册建造师

注册建造师，是指通过考核认定或考试合格取得中华人民共和国建造师资格证书，并按照规定注册，取得中华人民共和国建造师注册证书和执业印章，担任施工单位项目负责人及从事相关活动的专业技术人员。根据住房和城乡建设部自 2007 年 3 月 1 日起施行《注册建造师管理规定》，未取得注册证书和执业印章的，不得担任大中型建设工程项目的施工单位项目负责人，不得以注册建造师的名义从事相关活动。

注册建造师分为一级注册建造师和二级注册建造师。

（1）注册建造师的考试

一级建造师执业资格实行统一大纲、统一命题、统一组织的考试制度，由人力资源和社会保障部、住房和城乡建设部共同组织实施，原则上每年举行一次考试。住房和城乡建设部负责编制一级建造师执业资格考试大纲和组织命题工作，统一规划建造师执业资格的培训等有关工作。二级建造师执业资格实行全国统一大纲，各省、自治区、直辖市命题并组织考试的制度。住房和城乡建设部负责拟定二级建造师执业资格考试大纲，人力资源和社会保障部负责审定考试大纲。一级建造师执业资格考试考试内容分为综合知识与能力和专业知识与能力两部分。其中，专业知识与能力部分的考试，按照建设工程的专业要求进行，具体专业划分由建设部另行规定。报考人员要符合有关文件规定的相应条件。一级、二级建造师执业资格考试合格人员，分别获得《中华人民共和国一级建造师执业资格证书》、《中华人民共和国二级建造师执业资格证书》，《中华人民共和国一级建造师执业资格证书》在全国范围内有效、《中华人民共和国二级建造师执业资格证书》在所在行政区域内有效。

(2) 注册建造师的注册

注册建造师实行注册执业管理制度，取得资格证书的人员，经过注册方能以注册建造师的名义执业。

① 注册的条件

申请初始注册时应当具备的条件有：经考核认定或考试合格取得资格证书；受聘于一个相关单位；达到继续教育要求。

② 不予注册的情形

对不具有完全民事行为能力的申请人；申请在两个或者两个以上单位注册的申请人；未达到注册建造师继续教育要求的申请人；受到刑事处罚，刑事处罚尚未执行完毕的申请人；因执业活动受到刑事处罚，自刑事处罚执行完毕之日起至申请注册之日止不满5年的申请人；因前项规定以外的原因受到刑事处罚，自处罚决定之日起至申请注册之日止不满3年的申请人；被吊销注册证书，自处罚决定之日起至申请注册之日止不满2年的申请人；在申请注册之日前3年内担任项目经理期间，所负责项目发生过重大质量和安全事故的申请人；申请人的聘用单位不符合注册单位要求的申请人；年龄超过65周岁的申请人或法律、法规规定不予注册的其他情形不予注册。

③ 注册的程序、机构

取得一级建造师资格证书并受聘于一个建设工程勘察、设计、施工、监理、招标代理、造价咨询等单位的人员，应当通过聘用单位向单位工商注册所在地的省、自治区、直辖市人民政府建设主管部门提出注册申请。取得二级建造师资格证书的人员申请注册，由省、自治区、直辖市人民政府建设主管部门负责受理和审批，具体审批程序由省、自治区、直辖市人民政府建设主管部门依法确定。

注册证书和执业印章是注册建造师的执业凭证，由注册建造师本人保管、使用。注册证书与执业印章有效期为3年。一级注册建造师的注册证书由国务院建设主管部门统一印制，执业印章由国务院建设主管部门统一样式，省、自治区、直辖市人民政府建设主管部门组织制作。

对申请变更注册、延续注册的，省、自治区、直辖市人民政府建设主管部门应当自受理申请之日起5日内审查完毕。国务院建设主管部门应当自收到省、自治区、直辖市人民政府建设主管部门上报材料之日起，10日内审批完毕并作出书面决定。有关部门在收到国务院建设主管部门移送的申请材料后，应当在5日内审核完毕，并将审核意见送国务院建设主管部门。

(3) 注册建造师的执业

取得资格证书的人员应当受聘于一个具有建设工程勘察、设计、施工、监理、招标代理、造价咨询等一项或者多项资质的单位，经注册后方可从事相应的执业活动。担任施工单位项目负责人的，应当受聘并注册于一个具有施工资质的企业。

注册建造师可以从事建设工程项目总承包管理或施工管理，建设工程项目管理服务，建设工程技术经济咨询，以及法律、行政法规和国务院建设主管部门规定的其他业务。建设工程施工活动中形成的有关工程施工管理文件，应当由注册建造师签字并加盖执业印章。施工单位签署质量合格的文件上，必须有注册建造师的签字盖章。

注册建造师的具体执业范围按照《注册建造师执业工程规模标准》执行。大中型工程项目负责人必须由本专业注册建造师担任，一级注册建造师可担任大中小型工程项目负责人，二级注册建造师可担任中小型工程项目负责人。注册建造师不得同时在两个及两个以上的建设工程项目上担任施工单位项目负责人。

（4）注册建造师的权利和义务

① 注册建造师的权利

注册建造师享有的权利有：使用注册建造师名称的权利；在规定范围内从事执业活动的权利；在本人执业活动中形成的文件上签字并加盖执业印章的权利；保管和使用本人注册证书、执业印章的权利；对本人执业活动进行解释和辩护的权利；接受继续教育的权利；获得相应的劳动报酬的权利；对侵犯本人权利的行为进行申述的权利。

② 注册建造师的义务

注册建造师应当履行的义务有：遵守法律、法规和有关管理规定，恪守职业道德；执行技术标准、规范和规程；保证执业成果的质量，并承担相应责任；接受继续教育，努力提高执业水准；保守在执业中知悉的国家秘密和他人的商业、技术等秘密；与当事人有利害关系的，应当主动回避；协助注册管理机关完成相关工作。

（5）注册建造师的责任

注册建筑师应当承担法律责任的情形有：以欺骗、贿赂等不正当手段取得注册证书的；未取得注册证书和执业印章，担任大中型建设工程项目施工单位项目负责人，或者以注册建造师的名义从事相关活动的；未办理变更注册而继续执业的；注册建造师或者其聘用单位未按照要求提供注册建造师信用档案信息的；聘用单位为申请人提供虚假注册材料的情形。

3.4.5 注册造价工程师

注册造价工程师，是指通过全国造价工程师执业资格统一考试或者资格认定、资格互认，取得中华人民共和国造价工程师执业资格，并按照规定注册，取得中华人民共和国造价工程师注册执业证书和执业印章，从事工程造价活动的专业人员。未取得注册证书和执业印章的人员，不得以注册造价工程师的名义从事工程造价活动。

自 2007 年 3 月 1 日起施行的《注册造价工程师管理办法》规定，国务院建设主管部门对全国注册造价工程师的注册、执业活动实施统一监督管理；国务院铁路、交通、水利、信息产业等有关部门按照国务院规定的职责分工，对有关专业注册造价工程师的注册、执业活动实施监督管理。省、自治区、直辖市人民政府建设主管部门对本行政区域内注册造价工程师的注册、执业活动实施监督管理。

（1）注册造价工程师的考试

1996 年，依据《造价工程师执业资格制度暂行规定》，国家开始实施造价工程师执业资格制度。1998 年 1 月，人事部、建设部下发了《人事部、建设部关于实施造价工程师执业资格考试有关问题的通知》，并于当年在全国首次实施了造价工程师执业资格考试。

考试工作由人力资源和社会保障部、住房和城乡建设部共同负责，日常工作由住房和城乡建设部标准定额司承担，具体考务工作委托人力资源和社会保障部人事考试中心组织实施。造价工程师执业资格考试实行全国统一大纲、统一命题、统一组织的办法。原则上每年举行一次。

（2）注册造价工程师的注册

注册造价工程师实行注册执业管理制度。取得执业资格的人员，经过注册方能以注册造价工程师的名义执业。对于已取得执业资格并受聘于一个工程造价咨询企业或者工程建设领域的建设、勘察设计、施工、招标代理、工程监理、工程造价管理等单位的人员申请的注册，一般是许可的。

① 不予注册的情形

对不具有完全民事行为能力的申请人；申请在两个或者两个以上单位注册的申请人；未达到造价工程师继续教育合格标准的申请人；前一个注册期内工作业绩达不到规定标准或未办理暂停执业手续而脱离工程造价业务岗位的申请人；受刑事处罚，刑事处罚尚未执行完毕的申请人；因工程造价业务活动受刑事处罚，自刑事处罚执行完毕之日起至申请注册之日止不满5年的申请人；因前项规定以外原因受刑事处罚，自处罚决定之日起至申请注册之日止不满3年的申请人；被吊销注册证书，自被处罚决定之日起至申请注册之日止不满3年的申请人；以欺骗、贿赂等不正当手段获准注册被撤销，自被撤销注册之日起至申请注册之日止不满3年的申请人；法律、法规规定不予注册的其他情形，不予注册。

② 注册的程序、机构

取得执业资格的人员申请注册的，应当向聘用单位工商注册所在地的省、自治区、直辖市人民政府建设主管部门或者国务院有关部门提出注册申请。取得资格证书的人员，可自资格证书签发之日起1年内申请初始注册。逾期未申请者，须符合继续教育的要求后方可申请初始注册。初始注册的有效期为4年。

(3) 注册造价工程师的执业

注册造价工程师执业范围包括：建设项目建议书、可行性研究投资估算的编制和审核，项目经济评价，工程概、预、结算、竣工结（决）算的编制和审核；工程量清单、标底（或者控制价）、投标报价的编制和审核，工程合同价款的签订及变更、调整，工程款支付与工程索赔费用的计算；建设项目管理过程中设计方案的优化、限额设计等工程造价分析与控制，工程保险理赔的核查；工程经济纠纷的鉴定。

注册造价工程师应当在本人承担的工程造价成果文件上签字并盖章。修改经注册造价工程师签字盖章的工程造价成果文件，应当由签字盖章的注册造价工程师本人进行；注册造价工程师本人因特殊情况不能进行修改的，应当由其他注册造价工程师修改，并签字盖章；修改工程造价成果文件的注册造价工程师对修改部分承担相应的法律责任。

(4) 注册造价工程师的权利和义务

① 注册造价工程师的权利

注册造价工程师享有使用注册造价工程师名称的权利；依法独立执行工程造价业务的权利；在本人执业活动中形成的工程造价成果文件上签字并加盖执业印章的权利；发起设立工程造价咨询企业的权利；保管和使用本人的注册证书和执业印章的权利；参加继续教育的权利。

② 注册造价工程师的义务

注册造价工程师应当履行的义务有：遵守法律、法规、有关管理规定，恪守职业道德；保证执业活动成果的质量；接受继续教育，提高执业水平；执行工程造价计价标准和计价方法；与当事人有利害关系的，应当主动回避；保守在执业中知悉的国家秘密和他人的商业、技术秘密。

（5）注册造价工程师的责任

注册造价工程师应当承担法律责任的情形有：隐瞒有关情况或者提供虚假材料申请造价工程师注册的；聘用单位为申请人提供虚假注册材料的；以欺骗、贿赂等不正当手段取得造价工程师注册的；未经注册而以注册造价工程师的名义从事工程造价活动的；未办理变更注册而继续执业的。

3.4.6 注册监理工程师

注册监理工程师，是指经考试取得中华人民共和国监理工程师资格证书（以下简称资格证书），并按照规定注册，取得中华人民共和国注册监理工程师注册执业证书（以下简称注册证书）和执业印章，从事工程监理及相关业务活动的专业技术人员。

根据建设部 2005 年 12 月 31 日第 83 次常务会议讨论通过，并自 2006 年 4 月 1 日起施行的《注册监理工程师管理规定》，未取得注册证书和执业印章的人员，不得以注册监理工程师的名义从事工程监理及相关业务活动。

国务院建设主管部门对全国注册监理工程师的注册、执业活动实施统一监督管理。县级以上地方人民政府建设主管部门对本行政区域内的注册监理工程师的注册、执业活动实施监督管理。

（1）注册监理工程师的考试

监理工程师执业资格考试实行全国统一大纲、统一命题、统一组织的办法，每年举行一次。报名参加注册监理工程师执业资格考试的人员必须具备工程技术或工程经济专业大专或大专以上学历，并具有高级专业技术职务或取得中级专业技术职务后从事工程设计、施工管理或工程监理等工程实践满 3 年，还要获得所在单位的推荐。

住房和城乡建设部和人力资源和社会保障部共同负责全国监理工程师执业资格制度的政策制定、组织协调、资格考试和监督管理工作。住房和城乡建设部负责组织拟定考试科目，编写考试大纲、培训教材和命题工作，统一规划和组织考前培训。人力资源和社会保障部负责审定考试科目、考试大纲和试题，组织实施各项考务工作；会同住房和城乡建设部对考试进行检查、监督、指导和确定考试合格标准。

监理工程师执业资格考试合格者，由各省、自治区、直辖市人事（职改）部门颁发人力资源和社会保障部统一印制，人力资源和社会保障部和住房和城乡建设部共同用印的《中华人民共和国监理工程师执业资格证书》，该证书在全国范围有效。

（2）注册监理工程师的注册

注册监理工程师实行注册执业管理制度。取得资格证书的人员，经过注册方能以注册监理工程师的名义执业。

注册监理工程师依据其所学专业、工作经历、工程业绩，按照《工程监理企业资质管理规定》划分的工程类别，按专业注册。每人最多可以申请两个专业注册。

取得资格证书的人员申请注册，由省、自治区、直辖市人民政府建设主管部门初审，国务院建设主管部门审批。取得资格证书并受聘于一个建设工程勘察、设计、施工、监理、招标代理、造价咨询等单位的人员，应当通过聘用单位向单位工商注册所在地的省、自治区、直辖市人民政府建设主管部门提出注册申请；省、自治区、直辖市人民政府建设主管部门受理后提出初审意见，并将初审意见和全部申报材料报国务院建设主管部门审批；符合条件的，由国务院建设主管部门核发注册证书和执业印章。

取得中华人民共和国监理工程师执业资格证书的申请人，应自证书签发之日起 3 年内提出初始注册申请。逾期未申请者，须符合近 3 年继续教育要求后方可申请初始注册。注册证书和执业印章是注册监理工程师的执业凭证，由注册监理工程师本人保管、使用。注册证书和执业印章的有效期为 3 年。

申请人有下列情形之一的，不予初始注册、延续注册或者变更注册：不具有完全民事行为能力的；刑事处罚尚未执行完毕或者因从事工程监理或者相关业务受到刑事处罚，自刑事处罚执行完毕之日起至申请注册之日止不满 2 年的；未达到监理工程师继续教育要求的；在两个或者两个以上单位申请注册的；以虚假的职称证书参加考试并取得资格证书的；年龄超过 65 周岁的；法律、法规规定不予注册的其他情形。

(3) 注册监理工程师的执业

取得资格证书的人员，应当受聘于一个具有建设工程勘察、设计、施工、监理、招标代理、造价咨询等一项或者多项资质的单位，经注册后方可从事相应的执业活动。从事工程监理执业活动的，应当受聘并注册于一个具有工程监理资质的单位，由所在单位接受委托并统一收费。

监理工程师可以从事工程监理、工程经济与技术咨询、工程招标与采购咨询、工程项目管理服务以及国务院有关部门规定的其他业务。工程监理活动中形成的监理文件由注册监理工程师按照规定签字盖章后方可生效。修改经注册监理工程师签字盖章的工程监理文件，应当由该注册监理工程师进行；因特殊情况，该注册监理工程师不能进行修改的，应当由其他注册监理工程师修改，并签字、加盖执业印章，对修改部分承担责任。因工程监理事故及相关业务造成的经济损失，聘用单位应当承担赔偿责任；聘用单位承担赔偿责任后，可依法向负有过错的注册监理工程师追偿。

(4) 注册监理工程师的权利和义务

① 注册监理工程师的权利

注册监理工程师享有的权利使用注册监理工程师称谓的权利；在规定范围内从事执业活动的权利；依据本人能力从事相应的执业活动的权利；保管和使用本人的注册证书和执业印章的权利；对本人执业活动进行解释和辩护的权利；接受继续教育的权利；获得相应的劳动报酬的权利；对侵犯本人权利的行为进行申诉的权利。

② 注册监理工程师的义务

注册监理工程师应当履行的义务有：遵守法律、法规和有关管理规定；履行管理职责，执行技术标准、规范和规程；保证执业活动成果的质量，并承担相应责任；接受继续教育，努力提高执业水准；在本人执业活动所形成的工程监理文件上签字、加盖执业印章；保守在执业中知悉的国家秘密和他人的商业、技术秘密；不得涂改、倒卖、出租、出借或者以其他形式非法转让注册证书或者执业印章；不得同时在两个或者两个以上单位受聘或者执业；在规定的执业范围和聘用单位业务范围内从事执业活动；协助注册管理机构完成相关工作。

(5) 注册监理工程师的责任

注册监理工程师应当承担法律责任的情形有：隐瞒有关情况或者提供虚假材料申请注册的；以欺骗、贿赂等不正当手段取得注册证书的；未经注册，擅自以注册监理工程师的名义从事工程监理及相关业务活动的；未办理变更注册仍执业的；以个人名义承接业务的；涂改、倒卖、出租、出借或者以其他形式非法转让注册证书或者执业印章的；泄露执业中应当保守的秘密并造成严重后果的；超出规定执业范围或者聘用单位业务范围从事执业活动的；弄虚作假提供执业活动成果的；同时受聘于两个或者两个以上的单位，从事执业活动的；其他违反法律、法规、规章的行为。

思 考 题

1. 什么是工程建设许可？建设许可有哪些特点？

2. 什么是建设工程施工许可制度？施工许可证的申领应具备哪些条件？

3. 工程总承包企业资质等级如何划分？工程总承包企业承担业务范围如何划分？

4. 建筑业企业资质等级如何划分？申请建筑业企业资质应具备哪些基本条件？

5. 工程勘察设计资质等级如何划分？工程勘察设计企业承担业务范围如何划分？

6. 工程监理企业资质等级如何划分？工程监理企业承担业务范围如何划分？

7. 工程质量检测机构资质等级如何划分？工程质量检测机构承担业务范围如何划分？

8. 什么是注册结构工程师？注册结构工程师的执业范围如何划分？注册结构工程师有哪些权利和义务？

9. 什么是注册建造师？注册建造师的执业范围如何划分？注册建造师有哪些权利和义务？

10. 什么是注册监理工程师？注册监理工程师的执业范围如何划分？注册监理工程师有哪些权利和义务？

第4章 城乡规划法规

4.1 概 述

4.1.1 立法进程

为了确定城市规模和发展方向，实现城市的经济和社会发展目标，合理制定城市规划和进行城市建设，适应社会主义现代化建设的需要，我国于1989年12月26日经第七届全国人大第十一次常委会审议通过了《中华人民共和国城市规划法》，该法于1990年4月1日起施行，我国城市规划和建设步入法制化轨道。与此同时，为了加强村庄、集镇的规划建设管理，改善村庄、集镇的生产、生活环境，促进农村经济和社会发展，国务院第三次常务会议于1993年通过《村庄和集镇规划建设管理条例》，该条例于1993年11月1日起施行，我国城市和村镇规划建设的"一法一条例"法规格局形成。

我国经济社会的迅速发展和城市化进程的加快，为城乡规划工作提出新要求，原有的以"一法一条例"为基础的城乡规划管理体制已经不能适应发展需要。在此背景下，为了加强城乡规划管理，协调城乡空间布局，改善人居环境，促进城乡经济社会全面协调可持续发展，我国于2007年10月28日经第十届全国人大第三十次常委会审议通过《中华人民共和国城乡规划法》（以下简称《城乡规划法》），该法自2008年1月1日起施行，同时《中华人民共和国城市规划法》废止，标志着我国进入城乡一体化规划管理时代。

4.1.2 城乡规划的相关概念和分类

《城乡规划法》第二条规定，制定和实施城乡规划，在规划区内进行建设活动，必须遵守本法。

城乡规划是指对一定时期内城乡的经济和社会发展、土地利用、空间布局以及各项建设的综合部署、具体安排和实施措施。

规划区是指城市、镇和村庄的建成区以及因城乡建设和发展需要，必须实行规划控制的区域。规划区的具体范围由有关人民政府在组织编制的城市总体规划、镇总体规划、乡规划和村庄规划中，根据城乡经济社会发展水平和统筹城乡发展的需要划定。

依据《城乡规划法》，城乡规划包括城镇体系规划、城市规划、镇规划、乡规划和村庄规划。城乡规划是由城镇体系规划、城市规划、镇规划、乡规划和村庄规划组成的一个规划体系，体现了一级政府、一级规划、一级事权，下位规划不得违反上位规划的原则，调整的是城市、镇、村庄等居民点之间的相互关系，不是覆盖全部国土面积的规划。

（1）城镇体系规划

城镇体系规划，是指一定地域范围内，以区域生产力合理布局和城镇职能分工为依据，确定不同人口规模等级和职能分工的城镇分布和发展规划。依据《城乡规划法》第十二条、第十三条规定，不要求省、市、县三级政府都编制独立的城镇体系规划，仅要求编制全国和省域两级城镇体系规划。全国城镇体系规划应综合考虑全国城镇与乡村，东部、中部、西部的协调发展，包括全国城镇空间布局，国家重大基础设施布局等重要内容，用于指导省域城镇体系规划、城市总体规划的编制。省域城镇体系规划的内容包括省域城镇空间布局和规模控制，省域内重大基础设施的布局，为保护生态环境、资源等需要严格控制的区域，用于指导省域内城市总体规划、镇总体规划的编制。

（2）城市规划

城市规划，是指对一定时期内城市的经济和社会发展、土地利用、空间布局以及各项建设的综合部署、具体安排和实施措施。城市规划在指导城市有序发展、提高建设和管理水平等方面发挥着重要的先导和统筹作用。

城市规划分为总体规划和详细规划，城市详细规划分为控制性详细规划和修建性详细规划。

1）城市总体规划

城市总体规划，是对一定时期内城市的性质、发展目标、发展规模、土地利用、空间布局以及各项建设的综合部署、具体安排和实施措施，是引导和调控城市建设，保护和管理城市空间资源的重要依据和手段。

2）城市详细规划

城市详细规划，是指以城市的总体规划为依据，对一定时期内城市的局部地区的土地利用、空间布局和建设用地所作的具体安排和设计。

城市控制性详细规划，是指以城市的总体规划为依据，确定城市建设地区的土地使用性质和使用强度的控制指标、道路和工程管线控制性位置以及空间环境控制的规划要求。控制性详细规划是引导和控制城镇建设发展最直接的法定依据，是具体落实城市总体规划各项战略部署、原则要求和规划内容的关键环节。

城市修建性详细规划，是指以城市的总体规划或控制性详细规划为依据，制定用以指导城市各项建筑和工程设施及其施工的规划设计。修建性详细规划是具体的、操作性的规划，对于城市内当前要进行建设的地区，应当编制修建性详细规划。

（3）镇规划

镇的规划分为总体规划和详细规划，镇的详细规划分为控制性详细规划和修建性详细规划。

1）镇的总体规划

镇的总体规划，是指对一定时期内镇的性质、发展目标、发展规模、土地利用、空间布局以及各项建设的综合部署、具体安排和实施措施。镇的总体规划是管制镇的空间资源开发、保护生态环境和历史文化遗产、创造良好生活环境的重要手段。

2）镇的详细规划

镇的详细规划，是指以镇的总体规划为依据，对一定时期内镇的局部地区的土地利用、空间布局和建设用地所作的具体安排和设计。

镇的控制性详细规划，即以镇的总体规划为依据，确定镇内建设地区的土地使用性质和使用强度的控制指标、道路和工程管线控制性位置以及空间环境控制的规划要求。

镇的修建性详细规划，是指以镇的总体规划和控制性详细规划为依据，制定的用以指导镇内各项建筑及其工程设施和施工的规划设计。

（4）乡规划和村庄规划

乡规划、村庄规划，分别是指对一定时期内乡、村庄的经济和社会发展、土地利用、空间布局以及各项建设的综合部署、具体安排和实施措施。乡规划、村庄规划，由于其规划范围较小、建设活动形式单一，因此，《城乡规划法》没有对乡规划、村庄规划进行总体规划和详细规划的分类。

乡规划和村庄规划是做好农村地区各项建设工作的先导和基础，是各项建设管理工作的基本依据，对改变农村落后面貌、规范乡村无序建设，推进社会主义新农村建设事业具有重要的意义。

4.2 城乡规划的制定

4.2.1 城镇体系规划的编制和审批

按照城乡统筹规划和政府事权与城镇体系规划层次对应的原则，我国城镇体系规划分为全国城镇体系规划和省域城镇体系规划。全国城镇体系规划由国务院城乡规划主管部门会同国务院有关部门组织编制，报国务院审批。全国城镇体系规划是统筹安排全国城镇发展和城镇发展布局的宏观性、战略性的法定规划，是引导城镇化健康发展的重要依据，对省域城镇体系规划、城市总体规划的编制起着指导作用。

省域城镇体系规划是合理配置和保护利用空间资源、统筹全省（自治区）城镇空间布局、综合安排基础设施和公共设施建设、促进省域内各级各类城镇协调发展的综合性规划，内容应当包括城镇空间布局和规模控制，重大基础设施的布局，为保护生态环境、资源等需要严格控制的区域，由省、自治区人民政府组织编制并报国务院审批。省域城镇体系规划的编制主体为省、自治区人民政府，不包括直辖市人民政府，因为直辖市人民政府编制的是城市总体规划，不涉及省域城镇体系规划的问题。

4.2.2 城市规划的编制和审批

城市总体规划由城市人民政府组织编制，具体组织编制程序为：第一，有关城市人民政府在拟编制城市总体规划之前，应就原规划执行情况、修编的理由、范围，书面报告规划审批机关，经规划审批机关同意后，方可编制规划。第二，组织编制城市总体规划纲要，并提请审查。第三，依据国务院城乡规划主管部门或者省、自治区城乡规划主管部门提出的审查意见，组织编制城市总体规划。第四，城市总体规划报送审批前，须经本级人民代表大会常务委员会审议，审议意见和根据审议意见修改城市总体规划的情况应随上报审查的规划一并报送。组织编制机关还应当依法将城市总体规划草案予以公告，采取论证会、听证会或者其他方式征求专家和公众的意见，并在报送审批的材料中附意见采纳情况及理由。第五，规划上报审批机关后，由审批机关授权有关城乡规划主管部门负责组织相关部门和专家进行审查。在审批机关审批规划时，有关部门及专家组的审查意见将作为重要的参考依据。

城市总体规划采取分级审批制度，直辖市的城市总体规划由直辖市人民政府报国务院审批，省、自治区人民政府所在地的城市以及国务院确定的城市的总体规划，由省、自治区人民政府审查同意后，报国务院审批；其他城市的总体规划，由城市人民政府报省、自治区人民政府审批。

城市控制性详细规划由城市人民政府依据城市总体规划组织编制，其审批程序是城乡规划主管部门组织编制完成后，报本级人民政府批准。为防止城乡规划主管部门在编制过程中，违反城市总体规划或者任意改变城市总体规划确定的各项指标，《城乡规划法》规定，本级人民政府在批准控制性详细规划后，还应当同时报本级人民代表大会常务委员会和上一级人民政府备案。

4.2.3 镇规划的编制和审批

镇总体规划包括县人民政府所在地镇的规划和其他镇的规划。县人民政府所在地镇的总体规划应按照省域城镇体系规划以及所在市的城市总体规划提出的要求，对县域镇、乡和所辖村庄的合理发展与空间布局、基础设施和社会公共服务设施的配置等内容提出引导和调控措施。县人民政府所在地镇的总体规划包括县域村镇体系和县城区两层规划内容。

（1）县域村镇体系规划。主要内容包括综合评价县域的发展条件；制定县域城乡统筹发展战略，确定县域产业发展空间布局；预测县域人口规模，确定城镇化战略；划定县域空间管制分区，确定空间管制策略；确定县域镇村体系布局，明确重点发展的中心镇；制定重点城镇与重点区域的发展策略；确定必须制定规划的乡和村庄的区域，确定村庄布局基本原则和分类管理策略；统筹配置区域基础设施和社会公共服务设施，制定包括交通、给水、排水、电力、邮政、通信、教科文卫、历史文化资源保护、环境保护、防灾减灾、防疫等专项规划。

（2）县城区规划。主要内容包括分析确定县城性质、职能和发展目标，预测县城人口规模；划定规划区、确定县城建设用地规模；划定禁止建设区、限制建设区和适宜建设区，制定空间管制措施；确定各类用地的空间布局，确定绿地系统、河湖水系、历史文化、地方传统特色等的保护内容、要求，划定各类保护范围，提出保护措施；确定交通、给水、排水、供电、邮政、通信、燃气、供热等基础设施和公共服务设施的建设目标和总体布局；确定综合防灾和公共安全保障体系的规划原则、建设方针和措施；确定空间发展时序，提出规划实施步骤、措施和政策建议。

县人民政府所在地镇以外的其他镇的总体规划包括镇域规划和镇区规划两个层次。

（1）镇域规划。主要内容包括提出镇的发展战略和发展目标，确定镇域产业发展空间布局；预测镇域人口规模；明确规划强制性内容，划定镇域空间管制分区，确定空间管制要求；确定镇区性质、职能及规模，明确镇区建设用地标准与规划区范围；确定镇村体系布局，统筹配置基础设施和公共设施；提出实施规划的措施和有关建议。

（2）镇区规划。主要内容包括确定规划区内各类用地布局；确定规划区内道路网络，对规划区内的基础设施和公共服务设施进行规划安排；建立环境卫生系统和综合防灾减灾系统；确定规划区内生态环境保护与优化目标，提出污染控制与治理措施；划定河、湖、库、渠和湿地等地表水体保护和控制范围；确定历史文化保护及地方传统特色保护的内容及要求。

县人民政府所在地镇的总体规划由县人民政府组织编制，而不是由县人民政府所在地镇的人民政府组织编制。县人民政府组织编制的镇总体规划应报上一级人民政府批准，即设区的市人民政府。其他镇的总体规划则由镇人民政府组织编制，报上一级人民政府批准，即县人民政府，包括不设区的市人民政府。

镇控制性详细规划由不同的编制主体组织编制，县人民政府所在地镇的控制性详细规划由县城乡规划主管部门组织编制，其他镇的控制性详细规划则由镇人民政府组织编制。

镇控制性详细规划由县级人民政府审批，县城乡规划主管部门组织编制的县人民政府所在地镇控制性详细规划还应报本级人大常委会和上一级人民政府备案。

4.2.4 乡规划、村庄规划的编制和审批

县级以上地方人民政府根据本地农村经济社会发展水平，按照因地制宜、切实可行的原则，确定应当制定乡规划、村庄规划的区域。应当制定乡规划和村庄规划的区域，由乡、镇人民政府组织编制乡规划和村规划。乡规划、村庄规划应报上一级人民政府审批。村庄规划涉及土地使用等问题，关系村民的切身利益，同时，村民也是规划实施的主体，因此《城乡规划法》规定村庄规划在报送审批前，应当经村民会议或者村民代表会议讨论同意。

4.2.5 近期规划的编制和审批

城市、县、镇人民政府应当根据城市总体规划、镇总体规划、土地利用总体规划和年度计划以及国民经济和社会发展规划，制定近期建设规划，规划期限为五年。近期建设规划是城市总体规划、镇总体规划的分阶段实施安排和行动计划，是落实城市、镇总体规划的重要步骤。近期建设规划应当以重要基础设施、公共服务设施和中低收入居民住房建设以及生态环境保护为重点内容，明确近期建设的时序、发展方向和空间布局。

近期建设规划具体由城乡规划主管部门组织编制，经专家论证后报城市人民政府审批。城市人民政府批准近期建设规划前，必须征求同级人大常委会的意见。批准后的近期建设规划应当报总体规划审批机关备案，其中国务院审批总体规划的城市，报住房和城乡建设部备案。

4.3 城乡规划的实施

城乡的建设和发展要根据本地区经济社会的发展水平进行，既要考虑经济社会发展对城市扩大和土地利用的需要，又要从土地、水、能源供给和环境支持的可能出发，量力而行。同时，城市的建设和发展既要保证城市经济社会长期稳定健康发展，又要高度重视生态资源环境保护，做到发展与保护并举，经济效益、社会效益和生态效益同步提高。因此地方各级人民政府应当根据当地经济社会发展水平，量力而行，尊重群众意愿，有计划、分步骤地组织实施城乡规划。

4.3.1 城乡规划实施的指导原则

城市的建设和发展，应当优先安排基础设施以及公共服务设施的建设，妥善处理新区开发与旧区改建的关系，统筹兼顾进城务工人员生活和周边农村经济社会发展、村民生产与生活的需要。城市基础设施作为城市生产、生活最基本的承载体，是城市经济和社会各项事业发展的重要基础；城市公共服务设施能为城市居民的社会生活、经济生活和文化生活创造条件，优先安排城市基础设施及公共服务设施建设，有利于促进城市经济增长、维护生态平衡，推动社会和谐发展。同时，在城市旧区改建过程中，应当避免大拆大建，坚持逐步更新完善、注意历史文化遗产保护和城市特色维护的原则；在城市新区开发的过程中，要注意配套设施的完善和建设，特别要着重处理好各类开发区与城市主城区之间的关系，防止盲目建设和重复建设。

镇的建设和发展，应当结合农村经济社会发展和产业结构调整，优先安排供水、排水、供电、供气、道路、通信、广播电视等基础设施和学校、卫生院、文化站、幼儿园、福利院等公共服务设施的建设，为周边农村提供服务。镇的发展与建设要立足当地资源条件、环境优势、人文特色等，有利于促进农业结构的调整，推动产业结构的优化升级，要优先安排基础设施和科教文卫等公共服务设施，逐步构筑城乡一体的公共服务网络，促进基础设施向周边农村延伸、公共服务向周边农村覆盖、现代文明向周边农村辐射，从而构建农村发展的良好平台。

乡、村庄的建设和发展，应当因地制宜、节约用地，发挥村民自治组织的作用，引导村民合理进行建设，改善农村生产、生活条件。乡村的发展和建设，要有利于改善农村的生产和生活条件，要顺应当地农村经济社会发展趋势，节约用地，体现出地方特色和农村特色。要尊重村民意愿，发挥村民自治组织的作用。

4.3.2　城市区域开发和建设

城市新区的开发和建设，是指随着城市经济与社会的发展，为满足城市建设的需要，按照城市总体规划的部署，在城市现有建成区以外的地段，进行集中成片、综合配套的开发建设活动。城市新区的开发和建设，应当合理确定建设规模和时序，充分利用现有市政基础设施和公共服务设施，严格保护自然资源和生态环境，体现地方特色。城市新区的开发和建设应纳入城市的统一规划和管理，应当根据土地、水等资源承载能力，社会经济发展状况，以及自然生态环境和历史文化资源保护要求，合理确定各项交通设施的布局，合理配套建设各类公共服务设施和市政基础设施，充分保护城市的传统特色，防止破坏现有的历史文化遗存。在城市总体规划、镇总体规划确定的建设用地范围以外，不得设立各类开发区和城市新区。

旧城区的改建，应当保护历史文化遗产和传统风貌，合理确定拆迁和建设规模，有计划地对危房集中、基础设施落后等地段进行改建。在城市旧区的规划建设中，要结合城市新区的发展，对旧区功能逐步进行调整，同时增加交通、居住、各类基础设施和公共服务设施用地，促使城市旧区的功能结构逐步完善；重点做好公共交通系统、改善旧区道路、完善自行车交通和步行交通系统、公共停车设施等交通设施的安排，从根本上解决交通问题；要高度重视完善和增建市政基础设施，根据人民群众的生活需求，加强环境保护和旧城保护，加强基础设施、公共服务设施、公共绿地和日常健身场所的建设，以促进城市旧区人居环境的功能改善；要高度关注历史格局、传统风貌、历史文化街区和各级文物的保护，采取渐进式有机更新的方式，防止大拆大建。

城乡建设和发展，应当依法保护和合理利用风景名胜资源，统筹安排风景名胜区及周边乡、镇、村庄的建设。国家对风景名胜资源的保护十分重视，国务院于 2006 年颁布实施了《风景名胜区条例》，对风景名胜区的保护和开发利用作出了具体规定。城乡建设和发展过程中，应当依照该条例的有关规定对风景名胜资源进行保护和合理开发利用，并要注意安排风景名胜区周边乡、镇、村庄的建设，使之与风景名胜区的保护目标相协调，《城乡规划法》对风景名胜区的规划、建设和管理仅作衔接性的规定。

城市地下空间的开发和利用，应当与经济和技术发展水平相适应，遵循统筹安排、综合开发、合理利用的原则，充分考虑防灾减灾、人民防空和通信等需要，并符合城市规划，履行规划审批手续。加强地下空间的合理开发和统筹利用，是坚持节约用地、集约用地、实现可持续发展的重要途径。

4.3.3 建设用地规划许可制度

按照国家规定需要有关部门批准或者核准的建设项目，以划拨方式提供国有土地使用权的，建设单位在报送有关部门批准或者核准前，应当向城乡规划主管部门申请核发选址意见书，其他建设项目则不需要申请选址意见书。在城市、镇规划区内以划拨方式提供国有土地使用权的建设项目，经有关部门批准、核准、备案，并取得城市、县人民政府城乡规划主管部门核发的建设项目选址意见书后，建设单位方可向城市、县人民政府城乡规划主管部门申请建设用地规划许可证。建设单位只有在取得建设用地规划许可证，明确建设用地范围及界线之后，方可向县级以上地方人民政府土地主管部门申请用地，经县级以上人民政府审批后，由土地主管部门划拨土地。

在城市、镇规划区内以出让方式提供国有土地使用权的，在国有土地使用权出让前，城市、县人民政府城乡规划主管部门应当依据控制性详细规划，提出出让地块的位置、使用性质、开发强度等规划条件，作为国有土地使用权出让合同的组成部分。未确定规划条件的地块，不得出让国有土地使用权。以出让方式取得国有土地使用权的建设项目，在签订国有土地使用权出让合同后，建设单位应当持建设项目的批准、核准、备案文件和国有土地使用权出让合同，向城市、县人民政府城乡规划主管部门领取建设用地规划许可证。城市、县人民政府城乡规划主管部门不得在建设用地规划许可证中，擅自改变作为国有土地使用权出让合同组成部分的规划条件。规划条件未纳入国有土地使用权出让合同的，该国有土地使用权出让合同无效；对未取得建设用地规划许可证的建设单位批准用地的，由县级以上人民政府撤销有关批准文件；占用土地的，应当及时退回；给当事人造成损失的，应当依法给予赔偿。

在城市、镇规划区内进行建筑物、构筑物、道路、管线和其他工程建设的，建设单位或者个人应当向城市、县人民政府城乡规划主管部门或者省、自治区、直辖市人民政府确定的镇人民政府申请办理建设工程规划许可证。申请办理建设工程规划许可证，应当提交使用土地的有关证明文件、建设工程设计方案等材料。需要建设单位编制修建性详细规划的建设项目，还应当提交修建性详细规划。对符合控制性详细规划和规划条件的，由城市、县人民政府城乡规划主管部门或者省、自治区、直辖市人民政府确定的镇人民政府核发建设工程规划许可证。城市、县人民政府城乡规划主管部门或者省、自治区、直辖市人民政府确定的镇人民政府应当依法将经审定的修建性详细规划、建设工程设计方案的总平面图予以公布。

在乡、村庄规划区内进行乡镇企业、乡村公共设施和公益事业建设的，建设单位或者个人应当向乡、镇人民政府提出申请，由乡、镇人民政府报城市、县人民政府城乡规划主管部门核发乡村建设规划许可证。在乡、村庄规划区内使用原有宅基地进行农村村民住宅建设的规划管理办法，由省、自治区、直辖市制定。在乡、村庄规划区内进行乡镇企业、乡村公共设施和公益事业建设以及农村村民住宅建设，不得占用农用地；确需占用农用地的，应当依照《土地管理法》有关规定办理农用地转用审批手续后，由城市、县人民政府城乡规划主管部门核发乡村建设规划许可证。建设单位或者个人在取得乡村建设规划许可证后，方可办理用地审批手续。

城乡规划主管部门不得在城乡规划确定的建设用地范围以外作出规划许可。

4.4 城乡规划的监督管理

我国实行城乡规划的两级监督管理体制，国务院城乡规划主管部门负责全国的城乡规划管理工作，县级以上地方人民政府城乡规划主管部门负责本行政区域内的城乡规划管理工作。同时，地方各级人民政府应当向本级人民代表大会常务委员会或者乡、镇人民代表大会报告城乡规划的实施情况，并接受监督。

县级以上人民政府城乡规划主管部门对城乡规划的实施情况进行监督检查，有权采取以下措施：

（1）要求有关单位和人员提供与监督事项有关的文件、资料，并进行复制；

（2）要求有关单位和人员就监督事项涉及的问题作出解释和说明，并根据需要进入现场进行勘测；

（3）责令有关单位和人员停止违反有关城乡规划的法律、法规的行为。

城乡规划主管部门的工作人员履行规定的监督检查职责前，应当出示执法证件。被监督检查的单位和人员应当予以配合，不得妨碍和阻挠依法进行的监督检查活动。监督检查情况和处理结果应当依法公开，供公众查阅和监督。城乡规划主管部门在查处违反本法规定的行为时，发现国家机关工作人员违法应当给予行政处分，并向其任免机关或者监察机关提出处分建议。依照本法规定应当给予行政处罚，而有关城乡规划主管部门不给予行政处罚的，上级人民政府城乡规划主管部门有权责令其作出行政处罚决定或者建议有关人民政府责令其给予行政处罚。城乡规划主管部门违反本法规定作出行政许可的，上级人民政府城乡规划主管部门有权责令其撤销或者直接撤销该行政许可。因撤销行政许可给当事人合法权益造成损失的，应当依法给予赔偿。

思 考 题

1. 城乡规划包括哪些具体的规划？
2. 城市规划的镇规划划分为哪些规划？
3. 城市规划的编制主体和审批权限如何划分？
4. 建设用地规划许可制度有哪些重要规定？
5. 我国城乡规划的监管主体和权限如何划分？

第 5 章　建设工程发包与承包法规

5.1　发包与承包概述

5.1.1　建设工程发包与承包的概念

发包与承包构成发包、承包经济活动的不可分割的两个方面、两种行为。

建设工程的发包，是指建筑工程的建设单位（或总承包单位）将建筑工程任务（勘察、设计、施工等）的全部或一部分通过招标或其他方式，交付给具有从事建筑活动的法定从业资格的单位完成，并按约定支付报酬的行为。其中，建设单位是以建筑工程所有者的身份委托他人完成勘察、设计、施工、安装等工作并支付报酬的公民、法人或其他组织，是发包人，又称甲方。

建设工程的承包，是指具有从事建筑活动的法定从业资格的单位，通过投标或其他方式，承揽建筑工程任务，并按约定取得报酬的行为。以建筑工程勘察、设计、施工、安装者的身份向建设单位承包，有义务完成发包人交给的建筑工程勘察、设计、施工、安装等工作，并有权获得报酬的企业是承包人，又称乙方。

建设工程发包、承包制度，是建筑业适应市场经济的产物。建筑工程勘察、设计、施工、安装单位要通过参加市场竞争来承揽建设工程项目。这样，可以激发企业活力，改变计划经济体制下建筑活动僵化的体制，有利于建筑业健康发展，有利于建筑市场的活跃和繁荣。

5.1.2　建设工程发包与承包的方式

建设工程发包方式有两种：直接发包和招标发包。建设工程依法实行招标发包，对于不适合招标发包的可以直接发包。建设工程直接发包是发包方与承包方直接进行协商，以约定工程建设的价格、工期和其他条件的交易方式。《工程建设项目施工招标投标办法》第十二条规定，下列工程项目可以不进行招投标而直接发包：

① 涉及国家安全、国家秘密、抢险救灾或者属于利用扶贫资金实行以工代赈需要使用农民工等特殊情况；

② 项目总投资额或单项合同不足一定数额的；

③ 工程项目的施工，主要技术要采用特定的专利或专有技术的；

④ 在建工程追加的附属小型工程或主体加层工程，原中标人仍具备承包能力的；

⑤ 施工企业自建自用且在该施工企业资质等级允许业务范围内的工程；

⑥ 国家规定的其他情形。

招标发包的方式有两种：公开招标和邀请招标。建设工程招标发包，是指发包方根据招标法的规定事先制定招标文件，明确其承包工程的性质、内容、工期、质量等情况和要求，由愿意承包的单位递送标书，再由发包方从中择优选择工程承包方的交易方式。

建设工程承包方式即建设工程承包发包双方之间经济关系的形式。建设工程承包方式按不同的划分标准可进行不同的分类：按承包的范围和内容可以分为全过程承包、阶段承包和专项承包；按承包合同类型和计价方法，可分为总价合同、单价合同和成本加酬金合同；按承包中相互结合的关系，可分为总承包、分包、联合承包。

5.1.3 建设工程发包与承包的原则

建设工程发包、承包活动是一项特殊的商品交易活动，同时又是一项重要的法律活动，因此，承发包双方必须共同遵循交易活动的一些基本原则，依法进行，才能确保活动的顺利、高效、公平地进行。《建筑法》将这些基本原则以法律的形式作了如下规定：

① 承发包双方依法订立书面合同和全面履行合同义务的原则

这是国际通行的原则。这里所称的书面合同是指建筑工程承包合同。由于建筑工程承包合同所涉及的内容特别复杂，合同履行期较长，为便于明确各自的权利与义务，减少纷争，《建筑法》和《合同法》都明确规定，建筑工程承包合同应当采用书面形式。这包括建筑工程合同的订立、合同条款的变更，均应采用书面形式。全部或者部分使用国有资金投资或者国家融资的建筑工程应当采用国家发布的建设工程示范合同文本。订立建筑工程合同时，应当以发包单位发出的招标文件和中标通知书规定的承包范围、工期、质量和价款等实质性内容为依据；非招标工程应当以当事人双方协商达成的一致意见为依据订立合同。

承发包双方应根据建筑工程承包合同约定的时间、地点、方式、内容及标准等要求，全面、准确地履行合同义务。一旦发生不按照合同约定履行义务的情况，违约方将依法承担违约责任。

② 建设工程发包、承包实行以招标、投标为主，直接发包为辅的原则

工程发包可以分为招标发包与直接发包两种形式。招标发包是一种科学先进的发包方式，也是国际通用的形式，受到社会和国家的重视。因此，《建筑法》规定：建筑工程依法实行招标发包，对不适于招标发包的可以直接发包。由于我国已于2000年1月1日起，开始实施《中华人民共和国招标投标法》，因此，对于符合该法要求招标范围的建筑工程，必须依照《招标投标法》实行招标发包。招标投标活动，应该遵循公开、公正、公平的原则，择优选择承包单位。

③ 禁止承发包双方采取不正当竞争手段的原则

发包单位及其工作人员在建筑工程发包中不得收受贿赂、回扣或者索取其他好处。承包单位及其工作人员不得利用向发包单位及其他工作人员行贿、提供回扣或者给予其他好处等不正当手段承揽工程。

5.1.4 建设工程发包与承包的一般规定

（1）建设工程发包与承包合同必须采用书面形式；

（2）建设工程承发包中，禁止行贿受贿；

（3）承包单位必须具有相应资格；

（4）提倡总承包、禁止肢解分包。全过程承包，即从项目可行性研究开始，到勘察、设计、施工、验收、交付使用为止的建设项目全过程承包，这样的工程俗称“交钥匙工程”；设计、施工总承包，即从勘察、设计，到竣工验收为止的总承包；施工总承包，即对工程施工全过程进行总承包。

5.2 招标投标概述

5.2.1 招标投标的概念及其产生和发展

1. 招标投标的概念及其理论基础

对招标投标的界定有两种不同的方式，第一种是将其视为一个整体，一个完整的交易行为，英语中的“Bidding”一词就表示这一完整的交易过程，汉语中并没有这样的表述。第二种是将招标与投标分开界定，作为相互独立的两个行为，这是目前较为普遍的一种表述方式。

我国的招标投标法把招标和投标理解为交易过程的两个方面。首先，招标投标是一个完整的过程，应该对它有一个整体的定义；而后，对招标和投标分别进行界定，这样才能对招标投标有一个全面的理解。

所谓招标投标，就是在市场经济条件下，进行工程项目的发包与承包、大宗货物的买卖，以及服务项目的购买与提供这些活动采取的一种交易方式。这种方式不同于一般的买卖行为的独特性在于由多个卖方提供自己的条件，由购买者在同一时间内选择条件最优者作为最终的提供方。其中，招标是指买方对工程建设以及与工程建设相关的货物和服务事先制订采购的条件和要求，以公开发布或邀请的方式将这些信息传达给投标人，最后招标人按照公开规定的程序和条件确定中标人的行为；而投标则是由有意愿的投标人响应招标人的要求参加投标竞争的行为。

在这种交易方式下，通常是由采购方作为招标人，通过发布招标公告或向一定数量的承包商、供货商发出邀请等方式发出采购信息，列出所需采购项目的数量、质量、技术要求、交货期或竣工期，以及对承包商或供应商的资质要求等采购条件，由各有意的承包商或供应商作为投标人，向招标人提出拟提供的工程、货物或服务的报价及其他响应招标要求的条件，参加投标竞争。经招标人对各投标人的报价及其他条件进行审查比较后，从中选择最优的投标方作为中标者，并与其签订采购合同。

招标投标制度的理论基础是博弈论。博弈论是使用严谨的数学模型研究冲突对抗条件下最优决策问题的理论。招标投标的整个过程可以看成是招标人与投标人、投标人与投标人之间的博弈过程。根据博弈论的观点，局中人为了最大化自己的利益，选择各自的策略而最终达到均衡。招标人的目标是选择最优的投标人，却能使交易成本最低。而投标人的目标与此相对，那就是从众多竞争者中脱颖而出成为中标者，并且要求较高的成交价格。招标过程中，招标人无法从投标人的书面资料中完全了解投标人的信息。投标人的可信度取决于投标人的诚信情况，也受招标人的定标标准和方法制约。由此可见，招标人和投标人之间是不完全信息博弈。正常情况下，各投标人也无法得知各自的投标情况，即使投标文件提交时间有早晚之分，但投标截止时间是统一的。因此，各投标人之间进行的是不完全信息下的静态博弈。但只有有效的外部规则与约束，才能使博弈顺利地进行，从而达到合理配置资源的目的。

2. 招标投标的标的

招标投标的标的，就是招标人和投标人权利和义务共同指向的对象。招标投标的标的包括工程、货物、服务三类。

① 工程。指建设工程，包括建筑物和构筑物的新建、改建、扩建及其相关的装修、拆除、修缮等。建设领域中所指的工程一般包括施工工程和安装工程两类，以施工工程为主。在我国的招标投标实践中，工程招标应用最为普遍。

② 货物。指与工程建设有关的货物，是构成工程不可分割的组成部分，且为实现工程基本功能所必需的设备、材料等。已经成为成品的建筑产品已不具有工程的性质，而是作为一种特殊的货物存在。招标投标制度起源于货物的招标，直到现在货物仍是最主要的招标投标的标的，主要表现在如下两点：第一，世界上大多数国家的招标投标制度都是由政府采购法规范的，而政府采购的对象主要是货物；第二，在工程的招标投标中，材料、设备的采购能占到工程造价的60%左右。

③ 服务。是与工程建设有关的服务，指为完成工程所需的勘察、设计、监理等服务。

随着社会的进步、社会经济的发展以及我国社会主义市场经济体制的建立和完善，市场竞争日趋激烈，因此，招标投标的运用范畴不断有所延伸。招标标的从过去单一的实物形态项目转向全方位的实物形态、知识形态项目甚至产权的转让，如新产品开发、设备改造、科研课题、勘察设计、城市规划、科技咨询、项目监理、中介服务、承包租赁、国有土地使用权出让、不良资产转让等方面。在一些国家和地区，招标投标的运用已经超出商品交易的范围，涉足于国民经济发展中的许多方面。

3. 招标投标的产生

招标投标作为一种交易方式，其产生与商品经济的发展有紧密的联系。在早期的商品经济时期，个别买主为了获得更多的利润，在交易时会邀请多个买主与他接触，选出质量和价格比较理想的成交对象，这是招标投标的最初形式。比较规范的招标投标活动首次出现于较大规模的投资项目。19世纪上半叶，自由资本主义有了很大发展，机器大生产的应用在生产方式上为买方经济提供了条件，同时，专业化分工的发展也达到了前所未有的高度。现代的招标投标方式由此产生。

从历史上看，招标投标制度一般都起源于政府采购。其原因主要有以下两点：一是政府采购的规模较大，政府也可以将各部门分散的采购集中起来；二是政府的采购需要给供应商平等的竞争机会，政府的采购也需要监督，招标投标制度能够较好地实现这一目的。因此，法制国家一般都要求通过招标的方式进行政府采购，也往往在政府采购中规定招标投标的程序。

招标投标是成熟商品经济的产物，而我国的商品经济发展缓慢，故招标投标制度在我国起步较晚。1902年张之洞创办的湖北制革厂，五家营造商参加开标比价，张同升以1270.1两白银开价中标，并签订了以质量保证、施工工期、付款办法为主要内容的承包合同。这是目前可查的我国最早的招标投标活动。此后，由于商品经济发展滞后，招标投标活动也得不到很好的发展。直到改革开放后，市场经济的起步使招标投标制度又有了新的发展。

4. 招标投标在我国的发展

1979年我国土木建筑企业最先参与国际市场竞争，以招标方式在中东、亚洲、非洲和港澳地区开展国际承包工程业务，取得了国际工程投标的经验与信誉。国务院在1980年10月颁布了《关于开展和保护社会主义竞争的暂行规定》，指出“对一些适宜于承包的生产建设项目和经营项目，可以试行招标、投标的办法”。1980年世界银行提供给我国的第一笔贷款项目，就以国际竞争性招标方式开展其项目采购与建设活动。此后，招标投标活动在我国获得了广泛的推广。1981年国内建筑业的招标活动首先在深圳试行，进而推广到全国各地。1985年，国务院成立中国机电设备招标中心，并在主要城市建立招标机构，招标投标工作正式纳入政府职能。自此，招标投标活动在各个行业广泛应用起来。

在《招标投标法》颁布以前，各个行业的招标投标制度都是各自发展，不同行业的招标投标的规定有所不同，发展和完善程度也有所不同。其中，建设工程领域对招标制度的发展最为显著，其发展脉络大致如下：

20世纪80年代，我国招标投标经历了试行—推广—兴起的发展过程，招标投标还处于社会主义计划经济体制下的一种探索。80年代中期，招标管理机构在全国各地相继成立，有关招标投标方面的法规建设开始起步。1984年11月20日，国家计委、建设部发布《建设工程招投标暂行规定》，提出改变行政手段，大力推行工程招标承包制。在制度的初创时期，招标方式主要以议标为主，这种招标方式很大程度上违背了招标投标的宗旨，不能充分发挥市场的作用。招标投标在很大程度上还流于形式，招标的公正性得不到有效监督，工程大多形成私下交易，暗箱操作。

20世纪90年代，全国各地普遍加强对建设工程招标投标活动的监管工作，招标方式逐渐从议标为主转变为以邀请招标为主，全国的建设工期招标投标管理体系基本形成，为完善我国的招标投标制度打下了坚实的基础。

2000年1月1日，《中华人民共和国招标投标法》正式施行，招标投标进入了一个新的发展阶段。招标投标体系不断完善，招标投标制度在各地方得到了进一步的推广。2011年11月30日国务院第183次常务会议通过《中华人民共和国招标投标法实施条例》，自2012年2月1日起施行。

5.2.2 招标投标法概述

1. 招标投标法的概念及立法现状

招标投标法是调整在招标投标活动中产生的社会关系的法律规范的总称。狭义的招标投标法指《中华人民共和国招标投标法》，由第九届全国人大常委会第十一次会议于1999年8月30日通过，自2000年1月1日起施行。

广义的招标投标法包括所有调整招标投标活动的法律规范。涉及招标投标内容的法律主要有：①《中华人民共和国反垄断法》(2007)，例如第三十四条规定，行政机关和法律、法规授权的具有管理公共事务职能的组织不得滥用行政权力，以设定歧视性资质要求、评审标准或者不依法发布信息等方式，排斥或者限制外地经营者参加本地的招标投标活动；②《中华人民共和国政府采购法》(2002)，政府采购主要采用招标投标的方式，应按照招标投标法的规定进行采购活动；③《中华人民共和国合同法》(1999)，招标投标的过程也可以看作是一个交易合同的缔结过程，必然要受到相关法律的约束；④《中华人民共和国建筑法》(1997)，建设工程的发包与承包主要采用招标投标的方式，其具体的操作必然要按照招标投标法进行；⑤《中华人民共和国公证法》(2005)，对招标投标活动进行公证有利于保证活动的真实与合法性，提高其可信度。

涉及招标投标内容的行政法规主要有：①《建设工程勘察设计管理条例》(2000)；②《工程建设项目招标范围和规模标准规定》(2000)；③《建设工程质量管理条例》

(2000)；④《国家重点建设项目管理规定》(1996)。

涉及招标投标的部门规章主要有：①《经营性公路建设项目投资人招标投标管理规定》(2007)；②《工程建设项目货物招标投标办法》(2005)；③《工程建设项目勘察设计招标投标管理办法》(2003)；④《工程建设项目施工招标投标办法》(2003)；⑤《评标专家和评标专家库管理暂行办法》(2003)；⑥《建筑工程设计招标投标管理办法》(2000)。

另外，还有各地方法规和规章，对招标投标的具体活动细节进行了规定。

2008年3月21日，住房和城乡建设部发布了《建筑工程方案设计招标投标管理办法》。该部门规章的目的是为了规范建筑工程方案设计招标投标活动，提高建筑工程方案设计质量，体现公平有序竞争。工程方案设计作为建设项目的初始阶段，其优劣将直接影响到整个建筑产品的效用。通过招标投标这一市场机制的运用，可以有效降低因为设计本身所产生的建筑成本的浪费。这是国务院机构改革后发布的第一条有关招标投标事宜的法规文件。同时，这也标志着我国的招标投标法律体系正在向更为完善的方向发展。

2. 招标投标法的调整对象

① 民事关系。招标投标的目的在于选择中标人，并与之签订合同。因此，招标投标是当事人双方经过要约和承诺两阶段订立合同的一种竞争程序，其特点是在合同订立过程中引入竞争机制，使合同订立更有效率。由此可见，招标投标活动是一种民事法律行为，民事关系是招标投标法最主要的调整对象。招标投标中的民事关系主要发生在招标人与投标人之间，也会发生在招标人与招标代理人、招标人与评标委员会、投标人与投标人之间。在这些民事关系中，一方违反招标投标的规定，给对方造成损失的，应承担相应的民事赔偿责任。

② 行政关系。招标投标虽然是一种民事行为，但这种行为需要行政主管部门的监督，由此将产生相应的行政关系。这种行政关系主要发生在行政管理部门与招标人、投标人之间，也可能发生在行政管理部门与招标代理人、评标委员会之间。如果各民事主体违反招标投标法的规定，行政管理部门有权进行行政处罚，如没收财产、罚款、取消资格等。

3. 招标投标法的立法宗旨

制定《招标投标法》的根本目的是完善社会主义市场经济体制。市场经济的一个重要特点，就是要充分利用竞争机制的作用，使市场主体在平等条件下公平竞争，优胜劣汰，实现资源的优化配置。而招标这种择优竞争的采购方式完全符合市场经济的以上要求，它通过事先公布采购条件和要求，众多的供应商和承包商按照同等条件进行竞争，招标人按照规定程序从中选择供应方的这一系列程序，真正实现了“公开、公平、公正”的市场竞争原则。

从上述根本目的出发，《招标投标法》的直接立法目的有以下四点：

第一，规范招标投标活动。改革开放以来，我国的招标投标活动得到了长足的发展，发挥的作用也日趋明显。但是，当前招标投标活动仍存在一些问题，如：推行招标投标的力度不够，规避招标；招标投标程序不规范，做法不统一，不少项目有招标之名而无招标之实；政企不分，对招标投标活动的行政干预过多；行政监管部门职责不清，在一定程度上助长了地方保护主义。因此，依法规范招标投标活动，是《招标投标法》的主要立法宗旨之一。

第二，提高经济效益。招标的最大特点是通过集中采购，让大量的供应商和承包商进行竞争，以较低的价格获得最优的货物、工程或服务。我国从20世纪80年代初开始引入招标投标制度，先后在利用国外贷款、机电设备进口、建设工程发包、出口商品配额分配等领域推行，取得了良好的经济效益和社会效益。因此，制定《招标投标法》，依法推行招投标制度，对于保障国有资金的有效使用，提高投资效益，有着极为重要的意义。

第三，保证项目质量。由于招标的特点是公开、公平和公正，将采购活动置于透明的环境中，使工程、设备等采购项目的质量得到了保证。从我国近些年的工程质量事故看，大多是因为招标投标制度执行差，搞内幕交易，违规操作，使无资质或资质不够的施工企业承包工程，造成建设工程质量下降，事故不断发生。因此，通过推行招标投标，选择真正符合要求的供货商、承包商，使项目的质量得以保证，是制定《招标投标法》的主要目的之一。

第四，保护国家利益、社会公共利益和招标投标活动当事人的合法权益。无论是规范招标投标活动，还是提高经济效益，或保证项目质量，最终目的都是为了保护国家利益、社会公共利益，保护招标投标活动当事人的合法权益。也只有在招标投标得以规范，经济效益得以提高，项目质量得以保证的条件下，国家利益、社会公共利益和当事人的合法权益才能得以维护。因此，保护国家利益、社会公共利益和当事人的合法权益，是《招标投标法》最直接的立法目的。

4. 招标投标的原则

《招标投标法》第五条规定，招标投标活动应当遵循公开、公平、公正和诚实信用的原则。这是招标投标活动应该遵循的基本原则。从《招标投标法》中还可以提炼出其他四项原则，即合法原则、强制与自愿相结合的原则、开放性原则和行政监督原则。

① 公开、公平、公正和诚实信用的原则

所谓公开原则，就是要求招标投标活动具有较高的透明度，实行招标信息、招标程序、评标标准和程序以及中标结果公开，使每一个投标人获得同等的信息，知悉招标的一切条件和要求。透明度高、规范性强的交易程序具有可预测性，使投标人可以事先计算出他们参加招标投标活动的代价和风险，从而提出具有竞争性的价格。公开原则，还有助于防止招标人做出不正当的行为或决策，从而增强潜在投标人参与竞争的信心。

公平原则，就是要求在招标投标活动中，双方当事人的权利和义务对等，合情合理。同时，对于招标人和投标人之间的关系来说，双方在交易过程中地位平等，不歧视任何一方，任何一方不得向另一方提出不合理要求。此外，投标人也不能通过不正当竞争的手段参与竞争。

公正原则，就是要求招标人对每一个投标人应该一视同仁，给予所有投标人平等的机会，评标时按照事先公布的程序和标准对待所有投标人。对投标文件截止日期以后送达的投标文件应拒收，与投标人有利害关系的人员不得成为评标人。

诚实信用原则，这是民事活动的基本原则。招标投标当事人应以诚实的态度形成权利、履行义务，以维持双方的利益均衡，以及自身利益与社会利益的均衡。在当事人之间的利益关系中，诚信原则要求尊重他人利益，以对待自己事务的态度对待他人事务，保证彼此的利益均衡。在当事人与社会的利益关系中，诚信原则要求当事人不得通过自己的活动损害第三人和社会的利益，必须在法律范围内以符合社会经济目的的方式行使自己的权利。从这一原则出发，《招标投标法》规定了不得规避招标、串通投标、泄露标底、骗取中标、非法律允许的转包合同等诸多义务，要求当事人遵守，并规定了相应的罚则。

② 合法原则

所谓合法原则，是指凡是在中国境内进行的招标投标活动，不论招标主体的性质、招标采购项目的性质如何，都适用《招标投标法》的有关规定。具体而言，从主体上说，包括政府机构、国有企事业单位、集体企业、私人企业、外商投资企业以及其他非法人组织等的招标；从项目资金来源上说，包括利用国有资金、国际组织或外国政府贷款及援助资金、企业自有资金、商业性或政策性贷款、政府机关或事业单位列入财政预算的消费性资金进行的招标；从采购对象上说，包括工程、货物、服务的招标采购，且不论采购金额或投资额的大小。也就是说，只要是在我国境内进行的招标投标活动，都必须遵循《招标投标法》中规定的程序。

对于使用国际组织或外国政府贷款及援助资金项目，《招标投标法》同时规定："使用国际组织或者外国政府贷款、援助的资金项目进行招标，贷款方、资金提供方对招标投标的具体条件和程序有不同规定的，可以适用其规定，但违背中华人民共和国的社会公共利益的除外。"这是《招标投标法》为了解决因国际金融组织、外国政府招标程序与国内招标程序的差异而产生的问题，所作的特殊规定。

③ 强制与自愿相结合原则

所谓强制与自愿相结合原则，是指法律强制规定范围内的项目必须采取招标方式进行交易，而强制招标范围以外的项目采取何种交易方式、何种招标方式都由当事人依法自愿决定。

《招标投标法》第三条规定：在中华人民共和国境内进行下列工程建设项目包括项目的勘查、设计、施工、监理以及与工程建设有关的重要设备、材料等的采购，必须进行招标：大型基础设施、公用事业等关系社会公共利益、公众安全的项目；全部或者部分使用国有资金投资或者国家融资的项目；使用国际组织或者外国政府贷款、援助资金的项目。

从各国的情况看，由于政府及公共部门的资金主要来源于税收，因此，这些国家在政府采购领域、公共投资领域普遍推行招标投标制，要求政府投资项目、私人投资的基础设施项目必须实行竞争性招标，否则得不到财政资金的支持或审批部门的批准。我国是以公有制为基础的社会主义国家，建设资金主要来源于国有资金，必须发挥最佳的经济效益。通过立法，把使用国有资金进行的建设项目纳入强制招标的范围，是切实保护国有资产的法律保障。

强制招标范围以外的项目可以不采用招标投标这一采购方式。我国《政府采购法》在确定招标作为政府采购的主要采购方式的同时，还规定了竞争性谈判、单一来源采购和询价等采购方式。《招标投标法》第六十六条规定："涉及国家安全、国家秘密、抢险救灾或者属于利用扶贫资金实行以工代赈、需要使用农民工等特殊情况，不适宜进行招标的项目，按照国家规定可以不进行招标。"

④ 开放性原则

《招标投标法》第六条规定："依法必须进行招标的项目，其招标投标活动不受地区或者部门的限制。任何单位和个人不得违法限制或者排斥本地、本系统以外的法人或者其他组织参加投标，不得以任何方式非法干涉招标投标活动。"

从我国近几年的招标投标的实行情况看，部门或地方保护非法干涉招标的现象较为普遍，严重扰乱了正常的市场经济秩序。例如：向项目业主或招标委员会打招呼，或者暗示推荐本地承包单位；为自己下属单位能承担工程，采取一对一定向议标方式；在资格审查上网开一面，暗中保护本地企业；人为地将标段划分得很小，使外地大型企业无法竞标；招标后又重新划出标段，指定分包给本地和本系统企业；虽不限制外地或外系统的企业参加投标，但强制其与本地企业组成联合体投标，或在评标时给予本地企业相当幅度的优惠，以使其中标等。

在市场经济体制下，经济活动要遵循价值规律的要求，通过价格杠杆和竞争机制的作用，把资源配置到效率高的部门去。招标作为市场经济的产物，其最核心的作用就是通过充分竞争，使生产要素在不同部门、地区之间自由流动和组合，从而满足招标人获得质优价廉工程、货物和服务的要求。因此，一个统一、开放、竞争的市场，不存在任何形式的限制、垄断或干涉，是招标发挥作用的外部环境和前提条件。

⑤ 行政监督原则

《招标投标法》第七条规定："招标投标活动及其当事人应当接受依法实施的监督。有关行政监督部门依法对招标投标活动实施监督，依法查处招标投标活动中的违法行为。"

由于《招标投标法》规定的强制招标制度，主要针对关系社会公共利益、公众安全的基础设施和公用事业项目，利用国有资金或国际组织、外国政府贷款及援助资金进行的项目等。由于这些项目关系国计民生，政府必须对其进行必要的监控，招标投标活动便是其中重要的一个环节。同时，强制招标制度的建立，使当事人在招标和不招标之间没有自治的权利，即赋予当事人一项强制性的义务，必须主动、自觉接受监督。

5.3 建设工程招标

5.3.1 建设工程招标概述

1. 建设工程招标的种类

① 建设工程总承包招标

建设项目总承包招标又称为建设工程全过程招标，指从项目建议书开始，包括可行性研究报告、勘察设计、材料设备采购、施工、生产试车，直到竣工投产、交付使用整个过程进行招标。

② 建设工程勘察、设计招标

建设工程勘察设计招标指招标人就拟建项目的勘察设计任务发布公告，吸引勘察设计单位参加竞争，经招标人审查获得投标资格的勘察设计单位按照招标条件的要求，在规定的时间内填报标书，招标人从中择优完成勘察设计任务。

工程设计招标通常只对设计方案进行招标，并把设计阶段划分为方案设计阶段、初步设计阶段和施工图设计阶段。一些大型复杂工程，甚至只进行概念设计招标，但为了保证设计思想能够顺利贯彻于设计的各个阶段，一般由中标单位实施技术设计或施工图设计，而不进行另外的招标。

③ 建设工程施工招标

建设工程施工招标，指招标人就拟建的工程发布公告或邀请，以法定方式吸引施工单位参加竞争，招标人从中选择条件优越者完成工程建设任务。

④ 建设工程监理招标

建设工程监理招标，指招标人为了委托监理任务的完成，以法定方式吸引监理单位参加竞争，招标人从中选择条件优越者的法律行为。

监理招标的标的是“监理服务”，与工程项目建设中其他各类招标的最大区别表现为监理单位不承担物质生产任务，只是受招标人委托对生产建设过程提供监督、管理、协调和咨询等服务。鉴于标的具有的特殊性，招标人选择中标人主要基于能力的选择，而不是一味考虑报价的高低。

⑤ 建设工程材料设备采购招标

建设工程材料设备采购招标，指招标人就拟购买的材料设备发布公告或者邀请，以法定方式吸引建设工程材料设备供应商参加竞争，招标人从中选择条件优越者的法律行为。

2. 招标人的条件

招标人是招标活动的发起人，是招标活动的主体。《招标投标法》第十二条第二款规定：“招标人具有编制招标文件和组织评标能力，是指招标人具有与招标项目规模和复杂程度相适应的技术、经济等方面的专业人员。”《招标投标法》第八条规定：“招标人是依照本法规定提出招标项目、进行招标的法人或者其他组织。”。根据《中华人民共和国民法通则》第三十六条的规定，法人是指具有民事权利能力和民事行为能力，依法享有民事权利并承担民事义务的组织，包括企业法人、机关法人、事业单位法人和社会团体法人。法人应具备以下条件：①必须依法成立。这一条件具有双重含义，一是其设立必须合理，设立目的和宗旨要符合国家和社会公共利益的要求，组织机构、设立方式、经营范围、经营方式等要符合法律规定；二是法人成立的审核和登记程序必须符合法律的要求。②有必要的财产或经费。这是作为法人的社会组织能够独立参加经济活动，享有民事权利和承担民事义务的物质基础。③有自己的名称、组织机构和场所。法人的名称是其拥有独立于其成员的人格之人格的标志，也是其商誉的载体，应包括所在地、责任形式、经营范围等内容，以便于交易人联系和识别。法人组织机构的健全是其开展正常生活的必要条件，应包括权力机关、执行机关和监察机关等，互相制约、互相配合，使法人的意思能够正确执行。法人必须拥有自己的场所，以便与各方面进行联系，开展业务活动。④能够独立承担民事责任。在经济活动中发生纠纷或争议时，法人能以自己的名义起诉或应诉，并以自己的财产作为自己债务的担保手段。

其他组织，指不具备法人条件的组织。主要包括：法人的分支机构、不具备法人资格的联营体、合伙企业、个体工商户等。

除了以上的条件，招标人必须提出招标项目，进行招标。其中，“提出招标”是指根据《招标投标法》的有关规定，提出和确定拟招标的项目，办理有关审批手续，落实项目的资金来源等。“进行招标”是指提出招标方案，确定招标方式，编制招标文件，审查投标人资格，组建评标委员会，决定中标人，订立书面合同等。

3. 招标前的准备

《招标投标法》第九条规定：“招标项目按照国家有关规定需要履行项目审批手续的，应当先履行审批手续，取得批准。招标人应当有进行招标项目的相应资金或者资金来源已经落实，并应当在招标文件中如实载明。”

第一，按照国家规定需履行审批手续的招标项目，应当先履行审批手续。强制招标的项目大都需要经过国务院、国务院有关部门或省市有关部门的审批。此外，对于那些不属于强制招标项目的范围，但需要政府协调建设和生产条件的项目，或者国家限制发展的项目，也要按照有关规定进行审批。从我国推行招标投标的情况看，一些地方或部门在未履行报批手续或报批后尚未批准的情况下，即开始发售标书；或者先施工后招标。这是违反法定程序的行为，一旦项目不被批准，会造成不必要的资源浪费。根据《中华人民共和国民法通则》中“无效的民事行为，从行为开始起就没有法律约束力”的规定，投标企业和中标企业的利益都得不到保障。

第二，招标人应当有进行招标项目的相应资金或者资金来源已经落实，并在招标文件中如实载明。由于一些项目的建设周期较长，合同的履行期限也较长。在实际中经常发生的情况是，合同执行过程中，由于资金无法到位，施工企业或供货企业无法按时收到价款，有时还要先行垫付资金，导致合同无法顺利履行。有的招标人利用“买方市场”的优势，在没有建设资金或资金尚未落实的情况下，发布招标公告，要求投标方带资施工，严重损害了投标方的利益，并扰乱了市场经济秩序。

5.3.2 建设工程招标方式

1. 公开招标

公开招标，又称无限竞争性招标，指招标人以招标公告的方式邀请不特定的法人或其他组织投标。这是一种由招标人按照法定程序，在公开出版物上发布或以其他公开方式发布招标公告，所有符合条件的承包商都可以平等参加投标竞争，从中择优选择中标者的招标方式。

公开招标的优点主要有以下三点：

① 有效地防止腐败现象。公开招标要求招标的全过程应当公开、公平、公正，并且要求的程度较高，与其他招标方式相比，具有较高的操作透明性。

② 能够较好地达到经济性的效果。公开招标允许所有符合条件的投标人参加投标，能够让最具有竞争力、条件最优厚的潜在投标人参加投标，达到了经济的目的。

③ 为竞争者提供均等的机会。这与公开招标本质上是无限竞争性招标有关，对所有潜在投标人发布公告，提供公平竞争的机会。这种公平性对于政府投资项目具有十分重要的意义。

公开招标虽然有很多的优点，但也存在一些缺点。

① 公开招标只能以书面材料决定中标人，这本身就有缺陷。书面材料往往都不能全面真实反映投标人的水平和情况，这对评标以及确定中标人有很大的风险。

② 公开招标采用发布招标公告的方式，这固然吸引了很多条件优厚的竞争者，但也增加了整个招标过程的成本。

③ 从理论上，公开招标应该要求招标信息能够到达所有满足条件的潜在招标人处，但这样必然导致招标时间过长，影响后续工作的进度。

2. 邀请招标

邀请招标，又称有限竞争性招标，指招标人以招标邀请书的方式邀请特定的法人或者其他组织投标。邀请招标必须向三个以上的潜在投标人发出邀请，被邀请的法人或其他组织必须具备以下条件：（1）具备承担招标项目的能力；（2）资信良好。

《招标投标法》第十一条规定：“国务院发展计划部门确定的国家重点项目和省、自治区、直辖市人民政府确定的地方重点项目不适宜公开招标的，经国务院发展计划部门或者省、自治区、直辖市人民政府批准，可以进行邀请招标。”

一般情况下，以下项目考虑采用邀请招标：第一，技术要求较高，专业性较强的招标项目。对于这类项目而言，由于能够承担招标任务的单位较少，并且专业性较强，招标人对潜在的投标人都比较了解，进行邀请招标比较适宜。第二，合同价款较小的项目。由于公开招标的成本较高，对于合同价较小的项目不宜采用。第三，工期有严格要求的项目。公开招标的周期较长，对于进度控制要求较高的项目不宜采用。

5.3.3 建设工程招标程序

1. 资格预审

资格预审，指招标人在招标开始之前或开始初期，由招标人对申请参加招标的投标人进行资质条件、业绩、信誉、技术、资金等方面的资格审查。招标人采用资格预审办法对潜在投标人进行资格审查的，应当发布资格预审公告、编制资格预审文件。依法必须进行招标的项目的资格预审公告应当在国务院发展改革部门依法指定的媒介发布。在不同媒介发布的同一招标项目的资格预审公告的内容应当一致，指定媒介发布依法必须进行招标的项目的境内资格预审公告不得收取费用，同时资格预审文件发售期不得少于 5 日。招标人需要对已发出的资格预审文件进行必要的澄清或者修改的应当在提交资格预审申请文件截止时间至少 3 日前以书面形式通知所有获取资格预审文件的潜在投标人，若不足 3 日的，招标人应当顺延提交资格预审申请文件的截止时间。

资格审查的作用有如下三个方面：

① 排除不合格的投标人。这是资格预审最基本的作用。在工程建设中，只有符合一定条件的承包人才能按质按期完成工程。

② 提高招标活动的效率。经过资格预审，招标人可以对潜在投标人进行初审，把不可能中标和没有履约能力的投标人排除在外，将有资格的投标人控制在了一个合理的范围内。这样，既有利于选择合适的投标人，也降低了投标成本，从而提高了招标后续工作的效率。

③ 可以吸引实力雄厚的投标人。如果不进行事先的资格审查，一些条件较差的投标人可能会以最低报价中标，但事实上并不具备完成项目的能力，这样会使那些实力雄厚的投标人在这种恶性竞争中失利。所以，为了节省投标文件的编制成本，实力雄厚的投标人往往不愿参加竞争过于激烈的招标项目。

目前，资格预审中存在的违法违规问题较为普遍。比如，由于对资格预审的重要性认识不足，或者是对整个招投标工作不够重视，或者是工程项目急于开工导致资格预审时间过紧等原因，致使资格预审文件编制不够合理全面，预审过程只注重形式，对投标人提供的各类证明材料没有加以实质性的审查和核实，有可能让不合格的投标人蒙混过关；对投标人提出与招标项目实际要求不符的或过高的资质等级要求，与投标人私下谈妥条件，或进行权钱交易，为投标人“量身定制”资格预审文件，为其入围提供便利；还有的不具备相应资质的承包人采取挂靠的形式参加投标，资格预审中利用挂靠单位的资质等证明材料，其隐蔽性更强。

任何人为地放松或弱化资格预审都会给后续的招投标工作带来隐患，轻者影响到招投标结果的合理性，严重的甚至会扰乱招投标市场。如果不合格投标人一旦中标，则会影响到整个工程建设的进度、质量、安全等各方面。因此，需要进一步重视资格预审工作，采取有效措施加以防范。首先，应充分认识资格预审的重要性，组织专业素质高，有责任心的专业预审队伍。其次，应加强对资格预审文件的审核，对投标人提供的各类资格证明文件进行核实。主要包括：

① 资信方面。包括投标申请人营业执照、资质证书、保证体系认证、信用等级、社会信誉等是否能满足工程的要求。业主方应对投标申请人提供的原件进行查验后退还，同时提供复印件及申请书备查，还必须通过电话、网络或实地走访等方式进一步核实。

② 财务方面。投标人是否具有足够的资金承担新的工程，业主方应根据其提交的经审计的财务报表以及银行开具的资金证明来进行判断。还必须提供目前在建的工程合同的数量和进度资料，是否对承接新工程带来影响，是否存在拖欠工资和材料款的情况等。不具备充足的资金执行新的工程合同将导致其资格审查不合格。

③ 类似工程业绩方面。投标人是否承担过类似本工程项目的施工经验。投标人要提供近几年中令业主满意地完成过相似类型和规模及复杂程度相当的工程项目的施工情况和业绩，包括过去的项目委托人的调查书及投标人过去的履约情况。业主方应加强审核，通过当地建管部门和工程建设单位进行实地核实，如果过去承担的工程中如有因投标人的责任而导致工程违约，也将构成取消其资格的充分理由。

④ 技术管理力量。投标人拟派工程技术和管理人员的数量、工作经验、能力是否满足本工程的要求。投标人应认真填报拟选派的项目经理和项目班子的履历和主要业绩等资料供审查，业主方有必要对拟派项目经理和班子主要负责人业绩进行现场考察，同时应该就拟建工程的工程技术问题进行当面质询，核实是否真正具有工程管理经验和能力，并要求投标人作出项目班子到位的承诺。投标人不能派出有足够经验的人员将导致被取消资格。

⑤ 机械设备及施工力量方面。投标人所拥有的施工设备和施工力量能否满足工程的要求。投标人应清楚地填报拟投入该项目的主要设备和施工力量，包括设备的类型、制造厂家、型号，设备是自有的还是租赁的，设备的类型要与工程项目的需要相适合，数量和能力要满足工程施工的需要以及目前的状况。业主方主要就有关保障措施进行核实。

2. 编制招标文件

《招标投标法》第十九条规定，招标人应当根据招标项目的特点和需要编制招标文件。招标文件应当包括招标项目的技术要求、对招标人资格审查的标准、投标报价的要求和评标标准等所有实质性要求和条件以及拟签订合同的主要条款。国家对招标项目的技术、标准有规定的，招标人应当按照其规定在招标文件中提出相应要求。

招标文件的内容大致可分为三类：一类是关于编写和提交投标文件的规定，这样可以避免承包商由于不明确如何编写投标文件而处于不利地位；一类是关于投标文件的评审标准和方法，提高招标过程的透明度和公平性；一类是合同的主要条款，主要是商务性条款，有利于投标人了解中标后签订的合同的主要内容，明确双方的权利和义务。其中，技术要求、投标报价要求和主要合同条款的内容是招标文件的实质性要求。投标文件应该与招标文件的所有实质性要求相符，无显著差异或保留。如果投标文件与招标文件规定的实质性要求不相符，即可认定投标文件不符合招标文件的要求，招标人可以拒绝该投标，并不允许投标人修改或撤销其不符合要求的差异或保留。

《招标投标法》第十九条还规定，招标项目需要划分标段、确定工期的，招标人应当合理划分标段、确定工期，并在招标文件中载明。在工程项目招标中，招标人不得把作为招标项目组成部分的标段划得过小。标段划分太小，不利于那些实力雄厚的承包商投标，也使招标不能发挥其本身的作用。另外，为了保证工程质量，工期安排必须合理。工期过短，容易出现偷工减料的现象。因此，在需要划分标段和确定工期时，招标人应合理划分标段、确定工期，并在招标文件中载明。

招标人在编制招标文件过程中，由于受到所获得的信息、时间、经验、专业知识的限制，招标文件有可能出现错误或者遗漏，如果使用错误的招标文件进行招标，必然会影响招标的效果，甚至导致招标失败。因此，在法定的时间里，招标人有权对已经发出的招标文件进行澄清或者修改。《招标投标法》第二十三条规定，招标人对已发出的招标文件进行必要的澄清或者修改的，应当在招标文件要求提交投标文件截止时间至少15日前，以书面形式通知所有招标文件收受人，该澄清或修改的内容为招标文件的组成部分。不足15日的，招标人应当顺延提交投标文件的截止时间。

3. 发售招标文件

招标人在发售招标文件时应遵守以下法律规定：

（1）招标文件、图纸和有关技术资料发放给通过资格预审获得投标资格的投标单位。不进行资格预审的，发放给愿意参加投标的单位。投标单位在收到招标文件、图纸和有关资料后，应当认真核对，核对无误的以书面形式予以确认。

工程实践中，招标人对于发出的招标文件可以酌收工本费，但经常会出现招标人以不合理的高价发售招标文件的现象，对借发售招标文件之机谋取不正当利益的行为是法律所不允许的，其中的设计文件，招标人可以酌收押金。开标后将设计文件退还的，招标人应当退还押金。

（2）依法必须进行施工招标的工程，招标人应当在招标文件发出的同时，将招标文件报工程所在地的县级以上地方人民政府建设行政主管部门备案，办理备案手续，接受建设行政主管部门依法对招标文件的审查。如果建设行政主管部门发现招标文件违反法律、法规内容的，应当责令招标人改正。

4. 投标人进行现场踏勘

《招标投标法》第二十一条规定，招标人根据招标项目的具体情况，可以组织潜在投标人踏勘项目现场。

招标人应主动向潜在投标人介绍所有现场的有关情况，潜在投标人对影响供货或项目的现场条件进行全面考察，对于工程建设项目，一般应了解以下内容：

① 施工现场是否达到招标文件规定的条件；

② 施工的地理位置和地形、地貌；

③ 施工现场的地址、土质、地下水位、水文条件等情况；

④ 施工现场的气候条件、如气温、湿度、风力等；

⑤ 现场的环境，如交通、供水、供电、排污等；

⑥ 临时用地、临时设施搭建等。

对于潜在投标人在阅读招标文件和现场踏勘中提出的疑问，招标人可以书面形式或召开投标预备会的方式解答，但需同时将解答以书面方式通知所有购买招标文件的潜在投标人。该解答的内容为招标文件的组成部分，不论该潜在投标人是否参加了现场踏勘或投标预备会。

5. 开标

开标，指投标人提交投标书截止日期后，招标人根据招标文件规定的时间和地点，开启所有投标人的投标文件，公开宣布投标人的名称、投标价格等内容。《招标投标法》第三十四条规定，开标应当在招标文件确定的提交投标文件截止时间的同一时间公开进行；开标地点应当为招标文件中预先确定的地点。之所以这样要求，是为了防止投标截止时间之后与开标之前有一段时间间隔。如有间隔，会给不法行为造成可乘之机，如在开标日期之前泄露投标文件中的内容。开标地点应与招标文件中规定的一致，是为了防止投标人因不知地点变更而不能按要求准时提交投标文件。在有些情况下可以暂缓或推迟开标时间：①招标文件发售后对原文件做了补充或修改；②开标前发现有影响招标的不正当竞争行为；③出现突发事件，如不可抗力等。

《招标投标法》第三十五条规定，开标由招标人主持，邀请所有投标人参加。开标由招标人或招标代理机构主持。主持人按照规定的程序负责开标的全过程。邀请所有的投标人参加开标，可以使投标人了解开标是否依法进行，有助于使他们相信招标人不会任意做出不适当的决定；投标人还可以对比自己与其他投标人，衡量中标的可能性，这样对招标人的中标决定也有一定的监督作用。为了保证开标的公正性，一般还应邀请相关单位的代表，如评标委员会成员、监察部门代表等。

《招标投标法》第三十六条规定，开标时，由投标人或者其推选的代表检查投标文件的密封情况，也可以由招标人委托的公证机构检查并公证；经确认无误后，由工作人员当众拆封，宣读投标人名称、投标价格和投标文件的其他主要内容。招标人在招标文件要求提交投标文件的截止时间前收到的所有投标文件，开标时都应当当众予以拆封、宣读。开标过程应当记录，并存档备查。

一般情况下，投标文件是以书面形式、加具签字并装入密封袋提交的。所以，无论是邮寄或直接送达开标地点，所有的投标文件都应是密封的。这是为了防止投标文件失密，导致相互串标、更改投标报价等违法行为发生。

6. 评标

为了规范评标过程，2001 年 7 月 5 日，国家发展计划委员会、国家经济贸易委员会、建设部、铁道部、交通部、信息产业部、水利部联合发布了《评标委员会和评标办法暂行规定》。《招标投标法》第三十七规定，评标由招标人依法组建的评标委员会负责。依法必须进行招标的项目，其评标委员会由招标人的代表和有关技术、经济等方面的专家组成，成员人数为五人以上单数，其中技术、经济等方面的专家不得少于成员总数的三分之二。在专家成员中，技术专家主要负责对投标中的技术部分进行审核；经济专家主要负责对投标中的报价等经济部分进行评审；法律专家则主要负责投标中的商务和对法律事务进行评审。之所以规定五人以上单数，主要是为了避免评委在投票决定中标候选人或中标人时，出现相反意见票数相等的情况。

《招标投标法》第三十七条规定，评标专家应当从事相关领域满八年并具有高级职称或者具有同等专业水平，由招标人从国务院有关部门或者省、自治区、直辖市人民政府有关部门提供的专家名册或者招标代理机构的专家库内的相关专业的专家名单中确定；一般招标项目可以采取随机抽取方式，特殊招标项目可以由招标人直接确定。与投标人有利害关系的人不得进入相关项目的评标委员会。评标工作的重要性，决定了必须对参加评标委员会的专家的资格进行一定的限制，并非所有的专业技术人员都可以进入评标委员会。专家的资格条件是：(1) 从事相关领域工作满 20 年。这是对实际工作经验和业务熟悉程度的要求；(2) 具有高级职称或具有同等专业水平。这是对专业水准或职称方面的要求。这两个条件的限制，为评标的顺利进行提供了人员素质保证。

(1) 评标的保密性

《招标投标法》第三十八条规定，招标人应当采取必要的措施，保证评标在严密保密的情况下进行。任何单位和个人不得非法干预、影响评标的过程和结果。

评标的严格保密，就是评标在封闭状态下进行，评标委员会成员不得与外界有任何接触，有关检查、评审和授标的建议等情况，均不得向投标人或与该程序无关的人员透露。由于招标文件中对评标的标准和方法进行了规定，列明了价格因素和价格因素之外的评标因素及其量化计算方法，对整个活动保密，是避免投标人及其他相关人员知晓其中的某些意见、看法或决定，而想方设法干扰评标活动的进行，也可以制止评标委员会成员对外泄露有关情况，造成评标的不公平。

评标活动是招标人及其评标委员会的独立活动，不应受到外界的干预和影响。但在现实生活中，一些国家机关及其工作人员特别是领导干部，往往从地方保护主义甚至个人利益出发，通过各种方式，向评标委员会施加种种压力，干预评标结果，有的甚至直接决定中标人，或者擅自改变中标结果，严重侵犯了招标人和投标人的合法权益。

(2) 初步评审

评标委员会成员应当编制供评标使用的相应表格，认真研究招标文件，至少应了解和熟悉相关内容：

① 招标的目标；

② 招标项目的范围和性质；

③ 招标文件中规定的主要技术要求、标准和商务条款；

④ 招标文件规定的评标标准、评标方法和在评标过程中考虑的相关因素。

招标人或者其委托的招标代理机构应当向评标委员会提供评标所需的重要信息和数据。招标人设有标底的，标底应当保密，并在评标时作为参考。

初步评审的内容包括对投标文件的符合性评审、技术性评审和商务性评审。

① 符合性评审。投标文件应实质上响应招标文件的所有条款、条件，无显著的差异或保留。所谓显著的差异或保留包括：对工程的范围、质量及使用性能产生实质性影响；偏离了招标文件的要求，而对合同中规定的业主的权利或者投标人的义务造成实质性的限制；纠正这种差异或者保留将会对提交了实质性响应要求的投标书的其他投标人的竞争地位产生不利影响。

② 技术性评审。投标文件的技术性评审包括：方案可行性评估和关键工序评估；劳务、材料、设备、质量控制措施评估以及对施工现场周围环境污染的保护措施评估。

③ 商务性评审。投标文件的商务性评审包括：投标报价校核，审查全部报价数据计

算的正确性，分析报价构成的合理性，并与标底价格进行对比分析。修正后的投标报价经投标人确认后对其起约束作用。

(3) 投标文件的澄清和说明

评标委员会可以书面方式要求投标人对投标文件中含义不明确、对同类问题表述不一致或者有明显文字和计算错误的内容作必要的澄清或者说明，但澄清或说明不得超出投标文件的范围或者改变投标文件的实质性内容。

投标文件中的大写金额与小写金额不一致时，以大写金额为准；总价金额与单价金额不一致的，以单价金额为准，但单价金额小数点有明显错误的除外；对不同文字文本投标文件的解释发生异议的，以中文文本为准。

(4) 应作废标处理的情况

《评标委员会和评标方法暂行规定》中规定了如下应视作废标处理的情况：

① 在评标过程中，评标委员会发现投标人以他人的名义投标、串通投标、以行贿手段谋取中标或者以其他弄虚作假方式投标的，该投标人的投标应作废标处理。

② 在评标过程中，评标委员会发现投标人的报价明显低于其他投标报价或者在设有标底时明显低于标底，使得其投标报价可能低于其个别成本的，应当要求该投标人做出书面说明并提供相关证明材料。投标人不能合理说明或者不能提供相关证明材料的，由评标委员会认定该投标人以低于成本报价竞标，其投标应作废标处理。

③ 投标人资格条件不符合国家有关规定和招标文件要求的，或者拒不按照要求对投标文件进行澄清、说明或补正的，评标委员会可以否决其投标。

a. 建设项目的投标有下列情况的也应按照废标处理：

b. 投标文件未密封；

c. 无单位和法定代表人或其代理人的印鉴；

d. 未按规定的格式填写，内容不全或字迹模糊、辨认不清；

e. 逾期送达；

f. 未参加开标会议。

④ 评标委员会应当审查每一投标文件是否对招标文件提出的所有实质性要求和条件做出响应。未能在实质上响应的招标，应作废标处理。

如果投标人有重大偏差，也视为未能对招标文件做出实质性响应，应作为废标处理。

(5) 投标偏差

评标委员会应当根据招标文件，审查并逐项列出投标文件的全部投标偏差。投标偏差分为重大偏差和细微偏差。

①下列情况属于重大偏差：

a. 没有按照招标文件要求提供投标担保或者所提供的投标担保有瑕疵；

b. 投标文件没有投标人授权代表签字和加盖公章；

c. 投标文件载明的招标项目完成期限超过招标文件规定的期限；

d. 明显不符合技术规格、技术标准的要求；

e. 投标文件载明的货物包装方式、检验标准和方法等不符合招标文件的要求；

f. 投标文件附有招标人不能接受的条件；

g. 不符合招标文件中规定的其他实质性要求。

② 细微偏差是指投标文件在实质上响应招标文件要求，但在个别地方存在漏项或者提供了不完整的技术信息和数据等情况，并且补正这些遗漏或者不完整不会对其他投标人造成不公平的结果。细微偏差不影响投标文件的有效性。

评标委员会应当书面要求存在细微偏差的投标人在评标结束前予以补正。拒不补正的，在详细评审时可以对细微偏差作不利于该投标人的量化，量化标准应当在招标文件中规定。

（6）详细评审

经初步评审合格的投标文件，评标委员会应当根据招标文件确定的评标标准和方法，对其技术部分和商务部分作进一步评审。评标委员会完成评标后，应当向招标人提出书面评标报告，并推荐合格的中标候选人。招标人根据评标委员会提出的书面评标报告和推荐的中标候选人确定中标人，投标人也可以授权评标委员会直接确定中标人。

评标方法：目前主要评标方法有低价中标法、综合评标法、性价比评标法和工程量清单评标法。

① 低价中标法

低价中标即经评审的最低评标价法，其基本思想是在判断投标标的物能达到设计、施工要求的前提之下，本着经济的原则选出最低价者。

投标方中标的基本条件为：一是投标文件符合招标文件要求；二是满足技术要求、保证质量、保证交货期、价格合理、有良好的执行合同能力和售后服务承诺；三是能够提供备品备件，选购件价格合理。招标人需在招标文件中特别注明最低的投标报价将不作为中标的唯一条件。凡投标价格被评审小组认为有低于成本价倾向，评标小组有权要求该投标单位做出书面澄清，否则将拒绝该标书。

低价中标法的优点主要在于操作简单，目标明了，对招标、投标的导向性都比较强，一些政府招标项目就采取这样的办法。低价中标法的缺点就是评标过程不量化，主观因素比较强，评标容易唯价格论。一旦招标文件对标书技术参数表述不全，或评标专家对技术细节察看得不细，就容易导致投标方以低价中标，然后通过降标准、换材料等方式将风险最终转嫁到业主身上，而且建筑产品的质量也受到威胁。

② 综合评标法

综合评标法又称为综合打分法或综合折价法，在建设工程中一般采用的是综合打分法。招标单位在招标文件中规定各项评标因素的评价标准，把投标单位业绩与信誉、商务报价、深化设计方案、施工组织设计、质量保证、工期保证等因素赋予不同的权重，用百分制打分的方法，最终评出优胜者。

在综合评标价法中，评审因素主要由两个，即商务和技术组成。其中商务因素包含了报价、工期（交货期）、质量、付款方式等因素；技术因素则包含了性能、方案、措施、售后服务、业绩实力和信誉等。因此首先需要设置确定此两大评审因素在整个评标总分中所占的相对比例。对于不同种类的采购，招标要求不尽相同，其设置比重也相应不同，如果该项招标是以技术性能或工艺方案为主，即以质量为先，则技术类评审因素的分值比例就要高些；相反，如果对质量的要求不太高，则将服务评审因素的分值比例取得高些，以价格优先。

这种评标方法的优点就是定标过程所参照的因素比较综合，评标结果量化，说服力比较强。缺点就是评标过程组织起来相对复杂一些，经济评审和技术评审均要求有一定的人数。另外就以最终得分来排列评标结果而言，会出现几家投标单位得分很接近的现象，一些有实力投标人会因为刻板的分数限制而失去机会。

③ 性价比评标法

根据评标专家为各投标单位打出的代表投标标的物性能的直接得分以及包括投标人信誉、综合实力在内的间接得分，两者加和，作为性能得分，再根据投标报价，以合适的方法算出量化的“性价比”。性价比最高者为第一候选单位，由高向低顺序排列，若出现性价比得分相同情况则低价优先。

就目前而言，性价比评标法的应用经验还有待进一步的积累，特别是如何对投标标的物的性能进行准确的评价，如何设计评分项所对应的权重、分值。

④ 工程量清单评标法

工程量清单是一种工程计价方法，它的意义在于为建设项目工程量的定价和结算提供依据。与传统的招标方式相比，采用工程量清单计价模式的招标，能够有效地引入竞争机制，淡化标底的作用，在保证质量、工期的前提下，按《招标投标法》及有关条例规定，真正以“不低于成本”的合理低价选择中标方。

工程量清单评标法的优点是依靠市场和企业的实力通过竞争形成价格，而根据这样的竞争价格，不仅避免了建设工程招标中弄虚作假、暗箱操作等违规行为，而在此基础上选择合理低价者中标，特别有利于业主方对招标项目造价的控制，同时也真正体现出公开、公平和公正。

这一方法的缺点是由于需要招标方在招标文件中提供招标工程量清单，如果是土建或安装等施工类招标项目，其工程量的计算是比较繁琐的，往往需要委托有资质的咨询公司来完成施工图纸的工程量的计算，准备时间比较长，还需要支付一定比例的费用。一旦招标文件或工程量清单存在一些不够明确的地方，容易给投标人造成歧义，使得投标人在投标报价时难以把握并给今后的工程结算、价格调整留下了导致纠纷的隐患。

（7）评标报告

评标报告是评标委员会评标结束后提交给招标人的决定中标的重要依据。在评标报告中，评标委员会不仅要推荐中标候选人，而且要说明推荐的理由。评标报告应包括以下内容：

① 对投标人的技术方案评价，技术、经济风险分析；

② 对投标人技术力量、设施条件评价；

③ 对满足评标标准的投标人的投标进行排序；

④ 需进一步协商的问题及协商应达到的要求。

7. 中标

《招标投标法》第四十一条规定，中标人的投标应当符合下列条件之一：（1）能最大限度地满足招标文件中规定的各项综合评标标准；（2）能够满足招标文件的实质性要求，并且经评审的投标价格最低，但是投标价格低于成本的除外。

《招标投标法》第四十五条规定，中标人确定后，招标人应向中标人发出中标通知书，并同时将中标结果通知所有未中标的投标人。中标通知书对招标人和中标人具有法律效力。中标通知书发出后，招标人改变中标结果的，或者中标人放弃中标项目的，应当依法承担法律责任。

（1）中标通知书的性质

中标通知书就是向中标的投标人发出的书面通知文件。我国《合同法》规定，订立合同采取要约和承诺的方式。投标人提交的投标书就是一种要约，而招标人的中标通知书则为对投标人要约的承诺。

（2）中标通知书的生效及合同的成立

《合同法》第二十六条规定，承诺通知到达要约人时生效，不需要通知的，根据交易习惯或者要约的要求做出承诺的行为时生效。这就是承诺生效的“到达主义”。但中标通知书与一般的承诺不同，应采取“发信主义”。若按照“到达主义”的要求，即使中标通知书及时发出，也有可能在传送过程中因为非投标人的过错而延误、丢失或错投，使中标人未能在投标有效期内受到通知书，招标人则因此失去了对中标人的约束权。而按照“发信主义”，即中标通知书发出时生效，招标人的上述权利可以得到保护。

《合同法》第二十五条规定，承诺生效时合同成立。因此，中标通知书发出时，即产生承诺生效、合同成立的法律效力。所以，中标通知书发出后，招标人不得改变中标结果，投标人不得放弃中标项目。两种行为都属于违法行为，所以应当承担相应的违约责任。

8. 签订合同

招标人与中标人应当自中标通知书发出之日起三十日内，按照招标文件和中标人的投标文件订立合同。这样做一方面可以弥补中标通知书过于简单的缺陷，另一方面可以将招标文件和投标文件中的实质性内容进一步明晰化和条理化，并以合同形式统一固定下来，有利于明确双方的权利义务关系，保证合同的履行。订立合同不得要求投标人承担招标文件以外的任务或修改投标文件的实质性内容，更不能背离合同实质性内容另外签订协议；该协议违背了招标投标的根本宗旨，应视为无效合同。

《招标投标法》第四十六条规定，招标文件要求中标人提交履约保证金的，中标人应当提交。要求中标人提交一定金额的履约保证金，是招标人的一项权利。该保证金应以适当的格式和金额采用现金、支票、履约担保书或银行保函的形式提供，其金额应足以督促中标人履行合同。

如果中标人拒绝提交履约保证金，可以视为放弃中标项目，应当承担违约责任。招标人可以从仍然有效的其余投标中选择排序最前的投标人为中选的投标人，但招标人也有权拒绝其余所有投标，并重新组织招标。

5.3.4 招标代理

当招标人不具备自行招标的能力时，须委托具有相应资质的招标代理公司从事招标工作。《招标投标法》第十三条对招标代理机构进行了界定，即依法成立、从事招标代理业务并提供相关服务的社会中介组织。其主要职责是接受招标人的委托，代为办理有关招标事宜，如编制招标文件、组织评标、协调合同的签订和履行等。

招标代理机构应当具备下列条件：（1）有从事招标代理业务的营业场所和相应资金；（2）有能够编制招标文件和组织评标的相应专业力量；（3）有符合《招标投标法》第三十七条第三款规定条件、可以作为评标委员会成员人选的技术、经济等方面的专家库。

目前，相当一部分招标代理机构不是靠自身的人才优势和严谨的工作作风来树立品牌，而是在利益驱动下，在一些省、市设立分支，靠当地有影响的人物搞关系，靠业务回扣拓展外地招标投标业务。接到招标投标代理业务后，不是派出得力业务骨干去提供高效服务，而是让当地有影响的人物按照招标人的意愿去“量体裁衣”。这样的不正当竞争，势必对当地招标代理机构的生存极为不利。

招标代理机构受招标人的委托，应遵循“谁委托，向谁收费”的原则，但目前不少招标投标代理的费用不是由招标人支付，而是转嫁向中标人收取；个别招标代理还私自变换或提高收费标准等。这些不规范的收费直接增加了投标人的负担，挫伤了潜在投标人参加投标的积极性。

5.4 建设工程投标

5.4.1 投标前准备

1. 投标人的资格要求

投标人应当具备以下条件：

①投标人应当具备承担招标项目的能力

投标人应当具备与投标项目相适应的技术力量、机械设备、人员、资金等方面的能力。参加投标项目应是投标人的营业执照中的经营范围所允许的，并且投标人要具备相应的资质等级。承包建设项目的单位应当持有依法取得的资质证书、并在其资质等级许可的业务范围内承揽工程，严禁超越本企业资质等级许可的业务范围或者以任何形式用其他企业的名义承揽工程。

②投标人应当具备招标文件规定的资格条件

招标人可以在招标文件中对投标人的资格条件做出规定，投标人应当具备招标文件规定的资格条件，如果国家对投标人的资格条件有规定的，应依照规定。对于参加建设项目设计、建筑安装、监理以及主要设备、材料供应等投标的单位，必须具备以下条件：

a. 具有招标条件要求的资质证书，并为独立的法人实体；

b. 承担过类似建设项目的相关工作，并有良好的工作业绩和履约记录；

c. 财产状况良好，没有处于财产被接管、破产或其他关、停、并、转状态；

d. 最近三年都没有骗取合同以及其他经济方面的严重违法行为；

e. 有良好的安全记录，投标当年内没有发生重大质量和特大安全事故。

2. 调查研究与信息收集

调查研究主要是对投标和中标后履行合同有影响的各种客观因素、业主和监理工程师的资信以及工程项目的具体情况等进行深入的了解和分析。这对投标决策有关键性的作用。

① 政策法律

投标人首先应当了解在招标投标活动中以及在合同履行中有可能涉及的法律，也应当了解与项目有关的政治形势、国家政策等，即国家对该类项目采取的是鼓励政策还是限制政策。

② 自然条件

包括工程所在地的地理位置和地形、地貌，气象状况，包括气温、湿度、主导风向、年降水量等，洪水、台风及其他自然灾害状况等。

③ 市场情况

调查的内容主要包括：建筑材料、施工机械设备、燃料、动力、水和生活用品的供应情况、价格水平，还包括过去几年批发以及零售物价指数以及今后的变化趋势，劳务市场情况如工人技术水平、工资水平、有关劳动保护和福利待遇的规定等，金融市场情况如银行贷款的难易程度以及银行贷款利率等。

④ 工程项目方面的情况

包括工作性质、规模、发包范围；工程的技术规模和对材料性能和工人技术水平的要求；总工期及分批竣工交付使用的要求；施工现场的地形、地质、地下水位、交通运输、给水排水、供电、通信条件等情况；工程项目资金来源；工程价款的支付方式；监理工程师的资历等。

⑤ 业主情况

包括业主的资信情况、履约态度、支付能力、在其他项目上有无拖欠工程款的情况、对实施的工程需求的迫切程度等。

⑥ 投标人内部情况

投标人对自己内部情况也应进行归纳整理。这些资料主要用于招标人要求的资格审查和本企业履行项目的可能性。

⑦ 竞争对手

掌握竞争的情况，是投标策略中一个很重要的环节，也是投标人参加投标能否获胜的重要因素。

5.4.2 投标文件的编制与送达

1. 投标文件的内容

投标文件通常可分为：

① 商务文件。这类文件是用于证明投标人履行了合法手续及招标人了解投标人商业资信、合法性的文件。一般包括投标保函、投标人的授权书及证明文件、联合体投标人提供的联合协议、投标人所代表的公司的资信证明，如有分包商，还应出具资信文件供招标人审查。

② 技术文件。建设项目一般包括全部施工组织设计内容，用以评价投标人的技术实力和经验。技术复杂的项目对技术文件的编写内容及格式均有详细要求，投标人应当认真按照规定填写。

③ 价格文件。这是投标文件的核心，全部价格文件必须完全按照招标文件的规定格式编制，不允许有任何改动，如有漏项，则视为其已经包含在其他价格报价中。

《招标投标法》规定，招标项目属于建设施工的，投标文件的内容应当包括拟派出的项目负责人与主要技术人员的简历、业绩和拟用于完成招标项目的机械设备等。这样的规定有利于招标人控制工程发包以后所产生的风险，保证工程质量，项目负责人和主要技术人员在项目施工中，起到关键的作用。机械设备是完成任务的重要工具，这一工具的技术装备直接影响了工程的施工工期和质量。

2. 投标文件的编制

《招标投标法》第二十七条规定，投标人应当按照招标文件的要求编制投标文件。投标文件是投标人对招标人提出要求的相应，同时投标文件的编制水平直接反映了投标人的实力，所以投标人应特别注意投标文件的编制，尽量减少错误的发生。投标文件是评标的主要依据，其编制应注意以下几点：

① 认真阅读招标文件，理解相关要求

“投标须知”是招标人提醒投标人在投标书中务必全面、正确回答的具体注意事项的书面说明，是招标文件的灵魂，应特别注意。投标人在制作标书时，必须对“招标文件”进行反复学习，理解，否则会导致投标文件作废。特别是同一批次的几个标段或是一个工程下面的分期工程，虽然工程内容类似或相同，但每一份招标文件都要分别阅读、理解，不可认为差不多就只看一个或按照上一期的招标文件套用。

② 投标文件应当对招标文件提出的实质性要求和条件做出响应

“实质性要求和条件”是指招标文件中有关招标项目的价格、项目的计划、技术规范、合同的主要条款等，投标文件必须对这些条款做出响应，否则都将导致废标。如：投标保证金没有及时到位、投标保函有瑕疵、投标书未按指定时间送达、交货期超过规定时间、没有区分总价招标与综合单价招标的区别、对招标文件的付款方式不响应等。这就要求投标人必须严格按照招标文件填报，不得对招标文件进行修改，不得遗漏或者回避招标文件中的问题，更不能提出任何附带条件。

③ 项目实施方案、技术措施的编写

项目实施方案、技术措施都是投标书的重要部分，也是体现投标人是否具有竞争力的具体表现。施工方案是投标单位工程预算的依据，也是招标人选择中标单位的重要因素，编制施工方案要从实际出发，力求经济适用、切实可行。

④ 注重细节，防止疏漏

这些细节小项目主要是：投标书未按照招标文件的有关要求封记；未全部加盖法人或委托授权人印签；投标人单位名称或法人姓名与登记执照不符；未在投标书上填写法定注册地址；投标书的附件资料不全；投标书装订不整齐等。

3. 投标文件的送达

投标人应当将投标文件的正本和每份副本分别密封在内层包封，再密封在一个外层包封中，并在内包封上正确标明“投标文件正本”或“投标文件副本”。

投标人应当在招标文件要求提交投标文件的截止时间前，将投标文件送达投标地点。招标人收到投标文件后，应当签收保存，不得开启。招标人在投标截止期以后收到的投标文件，将原封退给投标人。

5.4.3 联合体共同投标

1. 概念

《招标投标法》第三十一条规定，两个以上法人或者其他组织可以组成一个联合体，以一个投标人的身份共同投标。在很多情况下，组成联合体能够发挥联合体各方的优势，有利于建设项目的进度控制、投资控制、质量控制。但是，联合招标应当是潜在投标人的自愿行为，也只有这种自愿为基础，才能发挥联合体的优势。因此，招标人不得强制投标人组成联合体共同投标。招标人接受联合体投标并进行资格预审的，联合体应当在提交资格预审申请文件前组成，资格预审后联合体增减、更换成员的，其投标无效。

2. 联合体的资格

联合体各方均应当具备承担招标项目的相应能力；国家有关规定或者招标文件对投标人资格条件有规定的，联合体各方均应当具备规定的相应资格条件。同一专业的单位组成的联合体，应当按照资质等级较低的单位确定联合体的资质等级。如在三个投标人组成的联合体中，有两个是甲级资质，有一个是乙级资质，按照本条规定，联合体的资质等级为乙级。之所以这样规定，是促使资质优等的投标人组成联合体，防止以优等资质获取招标项目，而由资质等级差的供货商或承包商来完成，保证招标质量。

3. 法律责任

为了规范投标联合体各方的权利和义务，联合体各方应当签订书面的共同投标协议，明确各方拟承担的工作，并将共同投标协议连同投标文件提交招标人。如果中标的联合体内部发生纠纷，可以依据共同签订的协议加以解决。

联合体中标的，联合体各方应当共同与招标人签订合同。也就是说，不能以联合体中某一投标人的名义与招标人签订合同，而是联合体各方都必须共同与招标人签订合同，联合体各方对中标的项目承担连带责任。联合体中的某一方违反合同，招标人都有权要求其中的任何一方承担全部责任。

联合体各方在中标后承担的连带责任包括以下两种情况：①联合体在接到中标通知书后未与招标人签订书面合同，除不可抗力外，联合体放弃中标项目的，其已经提交的投标保证金不予退还，给招标人造成的损失超过投标保证金数额的，还应当对超过部分予以赔偿；未提交投标保证金的，联合体各方对招标人的损失承担连带赔偿责任；②除不可抗力外，中标的联合体不履行与招标人签订的合同的，履约保证金不予退还，给招标人造成的损失超过履约保证金数额的，还应当对超过部分予以赔偿；没有提交履约保证金的，联合体各方应当对招标人的损失承担连带赔偿责任。

思　考　题

1. 什么是建设工程的发包？什么是建设工程的承包？
2. 建设工程发包与承包的方式有几种？可以不进行招投标而直接发包的项目有哪些？
3. 招标投标的概念是什么？
4. 建设工程招标的种类有哪些？
5. 招标人必须具备的条件有哪些？
6. 招标方式有哪些？各有什么优缺点？
7. 应作废标处理的情况有哪些？
8. 投标人应具备什么条件？
9. 什么是投标联合体？其资格和责任有哪些规定？
10. 何为开标？《招标投标法》对开标是如何规定的？
11. 什么是评标？对评标委员会组成及评标程序有哪些规定？

第6章 建设工程勘察设计法规

6.1 概 述

6.1.1 基本概念和总体要求

我国《建设工程勘察设计管理条例》对建设工程勘察和设计的概念做出了明确界定，建设工程勘察是指根据建设工程的要求，查明、分析、评价建设场地的地质地理环境特征和岩土工程条件，编制建设工程勘察文件的活动。建设工程设计是指根据建设工程的要求，对建设工程所需的技术、经济、资源、环境等条件进行综合分析、论证，编制建设工程设计文件的活动。

建设工程勘察、设计应当坚持先勘察、后设计、再施工的原则，建设工程勘察、设计单位必须依法进行建设工程勘察、设计，严格执行工程建设强制性标准，并对建设工程勘察、设计的质量负责。建设工程勘察、设计应当与社会、经济发展水平相适应，做到经济效益、社会效益和环境效益相统一。国家鼓励在建设工程勘察、设计活动中采用先进技术、先进工艺、先进设备、新型材料和现代管理方法。

6.1.2 建设工程勘察设计发包与承包

建设工程勘察、设计依法实行招标发包或者直接发包。依法招标发包的建设工程勘察、设计，其勘察、设计方案评标应当以投标人的业绩、信誉和勘察、设计人员的能力以及勘察、设计方案的优劣为依据，进行综合评定。建设工程勘察、设计的招标人应当在评标委员会推荐的候选方案中确定中标方案。但是，建设工程勘察、设计的招标人认为评标委员会推荐的候选方案不能最大限度满足招标文件规定要求的，应当依法重新招标。

《建设工程勘察设计管理条例》规定下列建设工程的勘察、设计，经有关主管部门批准，可以直接发包：

（1）采用特定的专利或者专有技术的；

（2）建筑艺术造型有特殊要求的；

（3）国务院规定的其他建设工程的勘察、设计。

发包方可以将整个建设工程的勘察、设计发包给一个勘察、设计单位；也可以将建设工程的勘察、设计分别发包给几个勘察、设计单位。除建设工程主体部分的勘察、设计外，经发包方书面同意，承包方可以将建设工程其他部分的勘察、设计再分包给其他具有相应资质等级的建设工程勘察、设计单位。

发包方不得将建设工程勘察、设计业务发包给不具有相应勘察、设计资质等级的建设工程勘察、设计单位。建设工程勘察、设计单位不得将所承揽的建设工程勘察、设计转包。

6.2 建设工程勘察设计标准

6.2.1 工程建设标准概念和分类

工程建设标准是指对基本建设中各类工程的勘察、规划、设计、施工、安装、验收等需要协调统一的事项所制定的标准。

制定和实施各项工程建设标准，并逐步使其各系统的标准形成相辅相成、共同作用的完整体系，是我国建设领域现阶段一项重要的经济、技术政策。

工程建设标准从不同的角度可有不同的分类：

(1) 按标准的内容，工程建设标准可分为技术标准、经济标准和管理标准三类；

(2) 按标准的级别，工程建设标准可分为国家标准、行业标准、地方标准和企业标准四级；

(3) 按适用阶段，工程建设标准又可分为设计标准和验收标准；

(4) 按执行效力，工程建设标准可分为强制性标准和推荐性标准。

工程建设国家标准是对需要在全国范围内统一的工程建设技术要求制定的标准。对需要在全国范围内统一的下列技术要求，应当制定国家标准：

(1) 工程建设勘察、规划、设计、施工（包括安装）及验收等通用质量要求；

(2) 工程建设通用的有关安全、卫生和环境保护的技术要求；

(3) 工程建设通用的术语、符号、代号、量与单位、建筑模数和制图方法；

(4) 工程建设通用的试验、检验和评定等方法；

(5) 工程建设通用的信息技术要求；

(6) 国家需要控制的其他工程建设通用的技术要求。

工程建设国家标准由国务院工程建设行政主管部门审查批准，由国务院标准化行政主管部门统一编号，由国务院标准化行政管理部门和国务院工程建设行政主管部门联合发布。

国家标准分为强制性标准和推荐性标准，下列标准属于强制性标准：

(1) 工程建设勘察、规划、设计、施工（包括安装）及验收等通用的综合标准和重要的通用质量标准；

(2) 工程建设通用的有关安全、卫生和环境保护的标准；

(3) 工程建设重要的通用的术语、符号、代号、量与单位、建筑模数和制图方法标准；

(4) 工程建设重要的通用的试验、检验和评定方法等标准；

(5) 工程建设重要的通用的信息技术标准；

(6) 国家或行业需要控制的其他工程建设通用的标准。

6.2.2 工程勘察设计标准

工程勘测设计标准包括工程建设勘察设计规范和标准设计两种：

(1) 工程建设勘察设计规范。它是强制性勘测设计标准，一经颁发，就是技术法规，在一切工程勘察、设计工作中都必须执行。勘察设计规范分为国家、部、省（自治区、直辖市)、设计单位四级。

（2）标准设计。它是推荐性设计标准，一经颁发，建设单位和设计单位要因地制宜地积极采用，凡无特殊理由的不得另行设计。标准设计分为国家、部、省（自治区、直辖市）三级。

工程勘察设计标准包括工程勘察设计规范和标准设计两种：

（1）工程勘察设计规范。它是强制性勘察设计标准。一经颁发，就是技术法规，在一切工程勘察、设计工作中都必须执行。勘察设计规范分为国家、部、省、设计单位四级。

（2）标准设计。它是推荐性标准。一经颁发，建设单位和设计单位要因地制宜地积极采用，凡无特殊理由的不得另行设计。标准设计分为国家、部、省三级。

6.2.3 工程建设标准的制定与实施

各级行政主管部门在制定有关工程建设的规定时，不得擅自更改国家及行业的强制性标准；从事工程建设活动的部门、单位或个人，都必须执行强制性标准；对于不符合强制性标准的工程勘察成果报告和规划、设计文件，不得批准使用；不按标准施工，质量达不到合格标准的工程，不得验收。

工程建设有关各方必须严格执行和遵守强制性标准，国家鼓励自愿采用推荐性标准，采用何种推荐性标准，由当事人在工程合同中予以确认。

工程质量监督机构和安全监督机构，应根据现行的强制性标准，对工程建设的质量和安全进行监督，各级行政主管部门应对勘察、设计、规划、施工单位及建设单位执行强制性标准的情况进行监督检查。

6.3 建设工程设计文件的编制

6.3.1 建设工程设计的原则和依据

建设工程设计是根据建设工程和法律法规的要求，对建设工程所需的技术、经济、资源、环境等条件进行综合分析、论证，编制建设工程设计文件，提供相关服务的活动，包括总图、工艺设备，建筑、结构、动力、储运、自动控制、技术经济等工作。

建设工程设计是建设项目生命期中的重要环节，是建设项目进行整体规划、体现具体实施意图的重要过程，是处理技术与经济关系以及确定与控制工程造价的重点阶段。建设工程设计必须遵循以下原则：

（1）贯彻经济、社会发展规划、城乡规划和产业政策

经济、社会发展规划及产业政策，是国家某一时期的建设目标和指导方针，工程设计必须贯彻其精神，城市规划、村庄和集镇规划一经批准公布，即成为工程建设必须遵守的规定。

（2）综合利用资源，满足环保要求

工程设计中，要充分考虑矿产、能源、水、农、林、牧、渔等资源的综合利用。要因地制宜，提高土地利用率。要尽量利用荒地、劣地，不占或少占耕地。

工业项目中要选用耗能少的生产工艺和设备；民用项目中，要采取节约能源的措施。城市的新建、扩建和改建项目，应配套建设节约用水设施。

工程设计时，还应积极改进工艺，采取行之有效的技术措施，防止粉尘、毒物、废水、废气、废渣、噪声、放射性物质及其他有害因素对环境的污染，要进行综合治理和利

用，使设计符合国家环保标准。

（3）遵守工程建设技术标准

工程建设中有关安全、卫生和环境保护等方面的标准都是强制性标准，工程设计时必须严格遵守。

（4）采用新技术、新工艺、新材料、新设备

工程设计应当结合我国的国情和工程实际情况，积极采用新技术、新工艺、新材料、新设备，以保证建设工程的先进性和可靠性。

（5）重视技术和经济效益的结合

要注重技术和经济效益的结合，从总体上全面考虑工程的经济效益、社会效益和环境效益。

（6）公共建筑和住宅要注意美观、适用和协调

建筑既要有实用功能，又要美化城市，给人们提供精神享受。公共建筑和住宅设计应巧于构思，使其造型新颖、独具特色，但又与周围环境相协调，保护自然景观。同时还要满足功能适用、结构合理的要求。

建设工程设计的主要依据为项目批准文件、城市规划、工程建设强制性标准，以及国家规定的建设工程勘察、设计深度要求。

6.3.2 设计阶段和内容

根据《基本建设设计工作管理暂行办法》的规定，设计阶段可根据建设项目的复杂程度进行划分，一般建设项目可按初步设计和施工图设计两个阶段进行，技术复杂的建设项目可增加技术设计阶段，即按初步设计、技术设计和施工图设计三个阶段进行。一些牵涉面广的项目，如大型矿区、油田、林区、垦区、联合企业等，存在总体开发部署等重大问题，在进行一般设计前还可进行总体规划设计或总体设计。各设计阶段的内容与深度如下：

（1）总体设计

总体设计一般由文字说明和图纸两部分组成。其内容包括：建设规模、产品方案、原料来源、工艺流程概况、主要设备配备、主要建筑物及构筑物、公用和辅助工程、“三废”治理及环境保护方案、占地面积估计、总图布置及运输方案、生活区规划、生产组织和劳动定员估计、工程进度和配合要求、投资估算等。

总体设计的深度应满足初步设计，主要大型设备、材料的预先安排，土地征用谈判等工作的要求。

（2）初步设计

初步设计一般应包括设计依据、设计指导思想、各类资源的用量和来源、工艺流程、主要设备选型及配置、主要建筑物和构筑物、公用及辅助设施、新技术采用情况、主要材料用量、外部协作条件、占地面积和土地利用情况、综合利用和“三废”治理、生活区建设、抗震和人防措施、生产组织和劳动定员、各项技术经济指标、建设顺序和期限、总概算等文字说明和图纸。

初步设计的深度应满足设计方案的比选和确定、主要设备和材料的订货、土地征用、基建投资的控制、施工图设计的编制、施工组织设计的编制、施工准备和生产准备等要求。

(3) 技术设计

技术设计的内容，由有关部门根据工程的特点和需要自行制定。其深度应满足确定方案中重大技术问题和有关实验、设备制造等方面的要求。

(4) 施工图设计

施工图设计，应根据已获批准的初步设计进行。其深度应满足设备、材料的安排和非标准设备的制作、施工图预算的编制、施工要求等。

6.3.3 设计文件的审批与修改

我国建设工程设计文件实行分级审批制度。《基本建设设计工作管理暂行办法》对设计文件审批的规定如下：

(1) 大中型建设项目的初步设计和概算及技术设计，按隶属关系，由国务院主管部门或省、直辖市、自治区审批；

(2) 小型建设项目初步设计的审批权限，由主管部门或省、直辖市、自治区自行规定；

(3) 总体规划设计（或总体设计）的审批权限与初步设计的审批权限相同；

(4) 各部直接代管的下放项目的初步设计，以国务院主管部门为主，会同有关省、市、自治区审查或批准；

(5) 施工图设计除主管部门规定要审查者外，一般不再审批，设计单位要对施工图负责，并向生产、施工单位进行技术交底，听取意见。

设计文件是工程建设的主要依据，经批准后，具有一定的严肃性，不得任意修改和变更，如必须修改，则需有关部门批准，其批准权限，视修改的内容所涉及的范围而定。根据《基本建设设计工作暂行办法》规定，修改设计文件应遵守以下规定：

(1) 设计文件是工程建设的主要依据，经批准后不得任意修改；

(2) 凡涉及计划任务书的主要内容，如建设规模、产品方案、建设地点、主要协作关系等方面的修改，须经原计划任务书审批机关批准；

(3) 涉及初步设计的主要内容，如总平面布置、主要工艺流程、主要设备、建筑面积、建筑标准、总定员、总概算等方面的修改，须经原设计审批机关批准，修改工作须由原设计单位负责进行；

(4) 施工图的修改，须经原单位同意。

6.4 建设工程施工图设计文件审查

6.4.1 施工图设计文件审查的概念

《房屋建筑和市政基础设施工程施工图设计文件审查管理办法》（以下简称《施工图审查管理办法》）规定，国家实施施工图设计文件（含勘察文件，以下简称施工图）审查制度。

施工图审查，是指施工图审查机构（以下简称审查机构）按照有关法律、法规，对施工图涉及公共利益、公众安全和工程建设强制性标准的内容进行的审查。施工图审查应当坚持先勘察、后设计的原则。

施工图未经审查合格的，不得使用。从事房屋建筑工程、市政基础设施工程施工、监理等活动，以及实施对房屋建筑和市政基础设施工程质量安全监督管理，应当以审查合格的施工图为依据。

6.4.2 施工图审查机构与内容

施工图审查机构是专门从事施工图审查业务，不以营利为目的的独立法人。施工图审查机构应当具备《施工图审查管理办法》所列条件，一般分为一类审查机构和二类审查机构。

建设单位应当将施工图送审查机构审查，但审查机构不得与所审查项目的建设单位、勘察设计企业有隶属关系或者其他利害关系。建设单位应当向审查机构提供下列资料并对所提供资料的真实性负责：

（1）作为勘察、设计依据的政府有关部门的批准文件及附件；

（2）全套施工图；

（3）其他应当提交的材料。

审查机构应当对施工图审查下列内容：

（1）是否符合工程建设强制性标准；

（2）地基基础和主体结构的安全性；

（3）是否符合民用建筑节能强制性标准，对执行绿色建筑标准的项目，还应当审查是否符合绿色建筑标准；

（4）勘察设计企业和注册执业人员以及相关人员是否按规定在施工图上加盖相应的图章和签字；

（5）法律、法规、规章规定必须审查的其他内容。

思　考　题

1. 什么是建设工程勘察和设计？

2. 建设工程设计中对设计阶段如何划分？不同设计深度的基本要求是什么？

3. 施工图设计文件审查的主体和内容是什么？

第7章 建设工程监理法规

7.1 概 述

7.1.1 建设工程监理的概念

建设工程监理是指工程监理单位受建设单位委托，根据法律法规、工程建设标准、勘察设计文件及合同，在施工阶段对建设工程质量、造价、进度进行控制，对合同、信息进行管理，对工程建设相关方的关系进行协调，并履行建设工程安全生产管理法定职责的服务活动。

建设工程监理的对象是被监理单位实施建设活动的行为及其权利义务的履行情况，而不是工程项目本身。实施建设工程监理前，建设单位应委托具有相应资质的工程监理单位，并以书面形式与工程监理单位订立建设工程监理合同，合同中应包括监理工作的范围、内容、服务期限和酬金，以及双方的义务、违约责任等相关条款。在订立建设工程监理合同时，建设单位将勘察、设计、保修阶段等相关服务一并委托的，应在合同中明确相关服务的工作范围、内容、服务期限和酬金等相关条款。

建设工程监理活动是微观的监督管理，是具有服务性质的活动，是建立在平等民事关系基础上的，而不是行政性质的监督管理。

7.1.2 我国建设工程监理的沿革

建设工程监理是一个由多学科、多专业构成的技术密集智能型组织，它在城市建设和工程建设实施建设监理制中起着举足轻重的作用。这一行之有效的建设管理制度已有上百年的历史，被世界上许多国家和地区，特别是发达国家推崇。从我国监理发展过程看，至今为止，大致可分三个阶段：

（1）试点阶段（1988—1992年）

1988年7月建设部颁布了《关于开展建设监理工作的通知》，标志着我国建设工程领域的改革进入了一个新的阶段。试点地区和部门开始组建监理单位，建设行政主管部门帮助监理单位选择监理工程项目，逐步开始实施建设监理制度。

1989年7月建设部颁布了《建设监理试行规定》，这是我国第一个建设监理的法规性文件。此阶段的监理对象大多为国家、地方重点工程项目，这时期的监理方式主要为自行监理，是由业主直接派出人员组建监理，社会对“监理”一词认识较为模糊。

（2）稳步发展阶段（1993—1994年）

1993年5月，第五次全国建设监理工作会议召开，标志着我国建设监理制度走向稳步发展的新阶段。此阶段工程监理对象除一些重点工程外，还有一些具有一定规模、投资相对较大的工程项目，如市政工程、高层建筑、小区开发等。

（3）全面推广阶段（1995年至今）

1995年12月15日，建设部和国家计委印发《工程建设监理规定》的通知，自1996

年 1 月 1 日起实施。而今，不管工程大小，只要涉及人民的生命财产安全或项目总投资额 3000 万元以上的建设项目必须实行监理制。

通过工程监理制度的实施，取得了明显的社会效益和经济效益，促进了我国工程建设管理水平的提高，得到了全社会的广泛认同，监理已成为工程建设中不可缺少的重要环节。但是由于我国的建设监理制度起步晚，旧的建设工程管理体制还在运行并且束缚着监理制度的发展，对建设工程监理制度与质量监督的关系模糊，有关建设工程监理的法规制度不完善，监督引导机制不健全，对工程监理的作用、意义和监理人员的条件理解片面等原因，使我国的建设工程监理还存在许多问题，还有一些需要改进和完善的地方。

7.1.3 建设工程监理依据

根据《建设工程监理规范》GB/T 50319—2013 规定，建设工程监理的依据是法律法规及工程建设标准、建设工程勘察设计文件、建设工程监理合同及其他合同文件。

(1) 法律主要是指与工程建设活动有关的法律。如《中华人民共和国建筑法》、《中华人民共和国合同法》、《中华人民共和国招标投标法》等。法规主要包括：国务院制定的行政法规，如《建设工程质量管理条例》等；省级人大及常委会、省所在市人大及常委会、国务院批准的较大的市人大及常委会制定的地方性法规。

(2) 工程建设标准主要包括设计标准、施工及验收标准、建设定额等。

(3) 国家批准的工程项目建设文件，主要包括建设计划、规划、设计文件等。这既是政府有关部门对工程建设进行审查、控制的结果，是一种许可，也是工程实施的依据。

(4) 建设工程委托监理合同是工程建设监理的重要依据。建设工程委托监理合同必须明确双方职责与权限，监理单位也必须按照监理合同约定的职责与权限，对工程质量、安全、环保、费用、进度实施监督管理。相关的建设工程合同包括咨询合同、勘察合同、设计合同、设备采购合同和施工合同等。

7.1.4 建设工程监理性质

建设工程监理是一种特殊的工程建设活动。它与其他工程建设活动有明显的区别和差异。这些区别和差异使得工程建设监理与其他工程建设活动之间划出了清楚的界限。

(1) 服务性

建设工程监理是一种高智能有偿技术服务活动。它是监理人员在工程项目建设过程中，利用自己的工程建设知识、技能和经验为建设单位提供的监督管理服务，以满足项目业主对项目管理的需要。它既不同于承建商的直接生产活动，也不同于建设单位的直接投资活动，它不向建设单位承包工程，不参与承包单位的利益分成。它的直接服务对象是委托方，也就是项目业主，这种服务性的活动是按工程建设监理合同来进行的，是受法律约束和保护的，它获得的是技术服务性的报酬。

(2) 公正性

公正性是建设监理制对建设工程监理进行约束的条件，是建设工程监理正常和顺利开展工作的基本条件。公正性是监理行业的必然要求，它是社会公认的职业准则，也是监理单位和监理工程师的基本职业道德准则。

监理单位不仅是为建设单位提供技术服务的一方，它还应当成为建设单位与承建商之间的公正的第三方。在提供监理服务的过程中，监理单位和监理工程师应当排除各种干扰，以公正的态度对待委托方和被监理方，特别是当建设单位和被监理方发生利益冲突或矛盾时能够以事实为依据，以国家法律、法规、技术标准、规范、规程和合同文件为准绳，站在公正的立场上进行判断、证明和行使自己的处理权，在维护建设单位利益的同时不损害被监理单位的合法权益。

(3) 独立性

在工程项目建设中，监理单位是独立的一方。我国的有关法规明确指出，监理单位应按照独立、自主的原则开展建设工程监理工作。

从事建设工程监理活动的监理单位是直接参与工程项目建设的"三方当事人"之一。它与项目建设单位、承建商之间的关系是一种平等主体关系。监理单位是具有独立化、社会化、专业化特点的单位。作为独立的专业公司依据监理合同履行自己权利和义务的服务方，为维护监理的公正性，应当按照独立自主的原则开展监理活动。监理单位在履行监理合同义务和开展监理活动的过程中，要建立自己的组织，要确定自己的工作准则，要运用自己的理论、方法和手段，根据监理合同和自己的判断，独立地开展工作。

(4) 科学性

建设工程监理应当遵循科学性准则。监理的科学性体现为其工作的内涵是为工程管理与工程技术提供知识的服务；监理的任务决定了它应当采用科学的思想、理论、方法和手段；监理的社会化、专业化特点要求监理单位按照高智能原则组建；监理的技术服务性质决定了它应当提供科技含量高的服务；建设工程监理维护社会公众利益和国家利益的使命决定了它必须提供科学性服务。

7.1.5 建设工程监理范围

建设监理是一种特殊的中介服务活动，是基于业主的委托才可实施的建设活动，所以，建设工程实施监理是建立在业主自愿的基础之上的。但为确保工程质量和社会公众的生命财产安全，对于国家投资工程、外资投资建设工程以及一些与社会公共利益关系重大的工程，国家有权以业主的身份要求工程建设项目法人实施监理或要求其业主必须实施工程监理。对工程建设实施强制性监理，是控制工程建设投资、保证建设工期、确保工程质量以及开拓国际建筑市场的有效手段。《建筑法》明确规定，实施强制监理的建筑工程范围由国务院规定。2000年国务院颁发的《建设工程质量管理条例》和2001年建设部颁发的《建设工程监理范围和规模标准》中规定，现阶段我国必须实行工程建设监理的工程项目范围包括：

(1) 国家重点建设工程

国家重点建设工程，是指依据《国家重点建设项目管理办法》所确定的对国民经济和社会发展有重大影响的骨干项目。国家重点建设工程包括：基础设施、基础产业和支柱产业中的大型项目；高科技并能带动行业技术进步的项目；跨地区并对全国经济发展或者区域经济发展有重大影响的项目；对社会发展有重大影响的项目；其他骨干项目。

(2) 大中型公用事业工程

大中型公用事业工程，是指项目总投资额在3000万元以上的供水、供电、供气、供热等市政工程项目；科技、教育、文化等项目；体育、旅游、商业等项目；卫生、社会福利等项目；其他公用事业项目。

(3) 成片开发建设的住宅小区工程

成片开发建设的住宅小区工程，建筑面积在5万平方米以上的住宅建设工程必须实行监理；5万平方米以下的住宅建设工程，可以实行监理，具体范围和规模标准，由省、自治区、直辖市人民政府建设行政主管部门规定。为了保证住宅质量，对高层住宅及地基、结构复杂的多层住宅应当实行监理。

（4）利用外国政府或者国际组织贷款、援助资金的工程

利用外国政府或者国际组织贷款、援助资金的工程范围包括：使用世界银行、亚洲开发银行等国际组织贷款资金的项目；使用国外政府及其机构贷款资金的项目；使用国际组织或者国外政府援助资金的项目。

（5）国家规定必须实行监理的其他工程

国家规定必须实行监理的其他工程包括两个方面：

第一、项目总投资额在3000万元以上关系社会公共利益、公众安全的下列基础设施项目：煤炭、石油、化工、天然气、电力、新能源等项目；铁路、公路、管道、水运、民航以及其他交通运输业等项目；邮政、电信枢纽、通信、信息网络等项目；防洪、灌溉、排涝、发电、引（供）水、滩涂治理、水资源保护、水土保持等水利建设项目；道路、桥梁、地铁和轻轨交通、污水排放及处理、垃圾处理、地下管道、公共停车场等城市基础设施项目；生态环境保护项目；其他基础设施项目。

第二、学校、影剧院、体育场馆项目。

7.1.6 建设工程监理与政府工程质量监督的区别

建设工程监理与政府工程质量监督都属于工程建设领域的监督管理活动。但是，它们之间存在着明显的区别。

（1）性质不同。建设工程监理属于社会的、民间的监督管理行为，是在项目组织系统范围内的平等主体之间的横向监督管理，是一种微观性质的委托性服务活动，实施者是社会化、专业化的监理单位。工程质量监督属于政府行为，是项目组织系统外的监督管理主体对项目系统内的建设行为主体进行的一种纵向监督管理，是一种宏观的、强制性的政府监督行为，执行者是政府建设行政主管部门的专业执行机构（工程质量监督机构）。

（2）工作范围不同。建设工程监理的工作范围由监理合同决定，其伸缩性较大，活动可以贯穿于工程建设的全过程、全方位。而政府工程质量监督则一般只限于施工阶段，其伸缩性较小。

（3）工作依据不同。建设工程监理则不仅以法律、法规和技术规范、标准为依据，还以工程建设合同为依据。政府工程质量监督以国家、地方颁发的有关法律、法规和技术规范、标准为依据。

（4）工作深度、广度不同。建设工程监理所进行的质量控制工作包括对项目质量目标详细规划，采取一系列综合控制措施，既要做到全方位控制又要做到事前、事后控制，并持续在工程项目建设的各个阶段。而政府工程质量监督则主要在工程项目建设的施工阶段，对工程质量进行阶段性的监督、检查、确认。

（5）工作权限不同。建设工程监理和政府工程质量监督拥有不同的工作权限。例如，政府工程质量监督机构拥有确认工程质量等级的权力，而监理单位则没有这项权力。

（6）工作方法、手段不同。建设工程监理主要采用组织管理的方法，从多方面采取措施进行项目质量控制。而政府工程质量监督则更侧重于行政管理的方法和手段。

7.2 建设工程监理各方的关系

7.2.1 业主与承包商的法律关系

施工单位与业主之间是平等主体之间的民事法律关系，彼此间的权利和义务由建设工程承包合同确定。

承包商按照合同的约定，对合同范围内工程进行设计、施工和竣工，并修补缺陷。业主也按照合同条件履行自己的职责。在建设监理制下，施工过程中业主不再直接与施工单位打交道，而是通过监理单位与施工单位打交道；施工单位与项目法人之间相互提出的任何工作要求，均应通过监理单位负责送达，而不得绕过监理单位由双方直接处置，即使某些要求的确认权或处置权不在监理单位受委托的权限内亦应如此。业主直接指挥承包商的施工活动是违反合同的行为，承包商有权拒绝执行业主下达的指令。

7.2.2 业主与监理单位的法律关系

业主与监理单位这两类法人之间是一种平等的关系，是委托与被委托、授权与被授权的关系，是经济合同的关系，更是相互依存、相互促进的紧密关系。

双方在平等协商的基础之上达成一致协议，并以监理合同形式予以确定了彼此之间所享有的民事权利和应当承担的民事义务。监理合同签订后，项目法人把对工程建设项目的一部分管理权授予监理单位，委托其代为行使。监理单位在忠于监理职责、维护建设工程承包合同当事人合法权益的基础之上，通过付出脑力劳动获取报酬，业主通过支付报酬换取监理单位的服务，双方不是雇佣与被雇佣的关系，也不是代理人与被代理人的关系。业主的授权委托是监理单位依法实施建设工程监理的直接依据，是工程建设实施监理制的本质要求。

业主与监理单位的法律关系通过建设工程施工合同及工程建设监理合同予以明确。在建设工程施工合同中，详细规定了被委托的监理单位的权利和职责，包括监理工程师对业主的约束权力和监理工程师独立公正执行合同条件的权利。在工程建设监理合同中，主要对监理人员的数量、素质、服务范围、服务时间、服务费用等进行了规定，同时，在监理服务协议中对监理工程师的权利予以明确。

7.2.3 承包商与监理单位的法律关系

监理单位和承包商都受聘于业主，两者之间没有任何合同和协议，他们之间的法律关系在业主与承包商订立的合同条件中明确体现。监理单位和承包商是监理与被监理的关系。

承包商在履行合同的过程中，其一切工程活动都必须得到监理工程师的批准，监理单位是依法执业的机构，根据监理合同的约定，监理单位可行使业主监督管理施工单位履行建设工程承包合同的部分权力，因此，承包商根据法律规定及建设工程承包合同的约定，应当接受监理单位依法对其履约行为进行的监督管理。两者同为建筑市场的主体之一，都是为了一个共同的目标：建造合格的建筑产品而履行各自的合同义务；两者都是在工程建设的法律规定和其他规范性文件的制约下进行工作和工程建设；两者之间不存在领导与被领导的关系。

7.3 工程监理企业监督管理及法律责任

《建筑法》第十三条规定，从事建筑活动的建筑施工企业、勘察单位、设计单位和工程监理单位，按照其拥有的注册资本、专业技术人员、技术装备和已完成的建筑工程业绩等资质条件，划分为不同的资质等级，经资质审查合格，取得相应等级的资质证书后，方可在其资质等级许可的范围内从事建筑活动。第三十一条规定，实行监理的建筑工程，由建设单位委托具有相应资质条件的工程监理单位监理。建设单位与其委托的工程监理单位应当订立书面委托监理合同。第三十四条规定，工程监理单位应当在其资质等级许可的监理范围内，承担工程监理业务。建设部2007年颁布的《工程监理企业资质管理规定》，从事建设工程监理活动的企业，应当取得工程监理企业资质，并在工程监理企业资质证书许可的范围内从事工程监理活动。

7.3.1 工程监理企业的设立程序

1. 设立条件

工程监理企业申请资质时需满足以下条件：新设立的企业申请工程监理企业资质，应先取得《企业法人营业执照》或《合伙企业营业执照》，办理完相应的执业人员注册手续后，方可申请资质。取得《企业法人营业执照》的企业，只可申请综合资质和专业资质；取得《合伙企业营业执照》的企业，只可申请事务所资质。新设立的企业申请工程监理企业资质和已获得工程监理企业资质的企业申请增加其他专业资质，应从专业乙级、丙级资质或事务所资质开始申请，不需要提供业绩证明材料。申请房屋建筑、水利水电、公路和市政公用工程专业资质的企业，也可以直接申请专业乙级资质。

已具有专业丙级资质企业可直接申请专业乙级资质，不需要提供业绩证明材料。已具有专业乙级资质申请晋升专业甲级资质的企业，应在近2年内独立监理过3个及以上相应专业的二级工程项目。具有甲级设计资质或一级及以上施工总承包资质的企业可以直接申请与主营业务相对应的专业工程类别甲级工程监理企业资质。具有甲级设计资质或一级及以上施工总承包资质的企业申请主营业务以外的专业工程类别监理企业资质的，应从专业乙级及以下资质开始申请。

工程监理企业申请专业资质升级、增加其他专业资质的，相应专业的注册监理工程师人数应满足已有监理资质所要求的注册监理工程师等人员标准后，方可申请。申请综合资质的，应至少满足已有资质中的5个甲级专业资质要求的注册监理工程师人员数量。

2. 申请程序

工程监理企业，应当向企业工商注册所在地的省、自治区、直辖市人民政府建设主管部门提出申请资质。中央管理的企业直接向国务院建设行政主管部门申请资质，其所属的工程监理企业申请甲级资质的，由中央管理的企业向国务院建设行政主管部门申请，同时向企业注册所在地省、自治区、直辖市人民政府建设行政主管部门报告。

申请专业甲级资质或综合资质的工程监理企业需提交以下材料：

a.《工程监理企业资质申请表》一式三份及相应的电子文档；

b. 企业法人营业执照正、副本复印件；

c. 企业章程复印件；

d. 工程监理企业资质证书正、副本复印件；

e. 企业法定代表人、企业负责人的身份证明、工作简历及任命（聘用）文件的复印件；

f. 企业技术负责人的身份证明、工作简历、任命（聘用）文件、毕业证书、相关专业学历证书、职称证书和加盖执业印章的《中华人民共和国注册监理工程师注册执业证书》等复印件；

g.《工程监理企业资质申请表》中所列注册执业人员的身份证明、加盖执业印章的注册执业证书复印件（无执业印章的，须提供注册执业证书复印件）；

h. 企业近2年内业绩证明材料的复印件，包括：监理合同、监理规划、工程竣工验收证明、监理工作总结和监理业务手册；

i. 企业必要的工程试验检测设备的购置清单。

具有甲级设计资质或一级及以上施工总承包资质的企业申请与主营业务对应的专业工程类别甲级监理资质的，除需提供上述所列材料a、b、c、e、f、g、i外，还需提供企业具有的甲级设计资质或一级及以上施工总承包资质的资质证书正、副本复印件，不需提供相应的业绩证明。

申请专业乙级和丙级资质的工程监理企业，需提供上述所列材料a、b、c、e、g、i外，不需提供相应的业绩证明。

申请事务所资质的企业，需提供以下材料：

a.《工程监理企业资质申请表》一式三份及相应的电子文档；

b. 合伙企业营业执照正、副本复印件；

c. 合伙人协议文本复印件；

d. 合伙人组成名单、身份证明、工作简历以及加盖执业印章的《中华人民共和国注册监理工程师注册执业证书》复印件；

e. 办公场所属于自有产权的，应提供产权证明复印件；办公场所属于租用的，应提供出租方产权证明、双方租赁合同的复印件；

f. 必要的工程试验检测设备的购置清单。

工程监理企业的所有申报材料一经建设主管部门受理，未经批准，不得修改。

3. 禁止行为

在资质审批过程中工程监理企业不得有下列行为：与建设单位串通投标或者与其他工程监理企业串通投标，以行贿手段谋取中标；与建设单位或者施工单位串通弄虚作假、降低工程质量；将不合格的建设工程、建筑材料、建筑构配件和设备按照合格签字；超越本企业资质等级或以其他企业名义承揽监理业务；允许其他单位或个人以本企业的名义承揽工程；将承揽的监理业务转包；在监理过程中实施商业贿赂；涂改、伪造、出借、转让工程监理企业资质证书；其他违反法律法规的行为。

7.3.2 工程监理企业监督管理

1. 监督管理形式及处理

国务院建设主管部门负责全国工程监理企业资质的统一监督管理工作。国务院铁路、交通、水利、信息产业、民航等有关部门配合国务院建设主管部门实施相关资质类别工程监理企业资质的监督管理工作。省、自治区、直辖市人民政府建设主管部门负责本行政区域内工程监理企业资质的统一监督管理工作。省、自治区、直辖市人民政府交通、水利、信息产业等有关部门配合同级建设主管部门实施相关资质类别工程监理企业资质的监督管理工作。县级以上人民政府建设主管部门和有关部门应依法对本辖区内工程监理企业的资质情况实施动态监督管理，并将检查和处理结果记入企业信用档案。

监督检查可以采取下列形式：

a. 集中监督检查，由县级以上人民政府建设主管部门或者有关部门统一部署的监督检查；

b. 抽查和巡查，县级以上人民政府建设主管部门或者有关部门随机进行的监督检查。

县级以上人民政府建设主管部门和有关部门应按以下程序实施监督检查：

a. 制定监督检查方案，其中集中监督检查方案应予以公布；

b. 检查应出具相应的检查文件或证件；

c. 当地建设主管部门和有关部门应当配合上级部门的监督检查；

d. 实施检查时，应首先明确监督检查内容，被检企业应如实提供相关文件资料；对于提供虚假材料的企业，予以通报；对于不符合相应资质条件要求的监理企业，应及时上报资质许可机关，资质许可机关可以责令其限期改正，逾期不改的，撤回其相应工程监理企业资质；对于拒不提供被检资料的企业，予以通报，并责令其限期提供被检资料；

e. 检查人员应当将检查情况予以记录，并由被检企业负责人和检查人员签字确认；

f. 检查人员应当将检查情况汇总，连同有关行政处理或者行政处罚建议书面告知当地建设主管部门。

建设主管部门履行监督检查职责时，有权采取下列措施：

a. 要求被检查单位提供工程监理企业资质证书、注册监理工程师注册执业证书，有关工程监理业务的文档，有关质量管理、安全生产管理、档案管理等企业内部管理制度的文件；

b. 进入被检查单位进行检查，查阅相关资料；

c. 纠正违反有关法律、法规和本规定及有关规范和标准的行为。

建设主管部门进行监督检查时，应当有两名以上监督检查人员参加，并出示执法证件，不得妨碍被检查单位的正常经营活动，不得索取或者收受财物、谋取其他利益。有关单位和个人对依法进行的监督检查应当协助与配合，不得拒绝或者阻挠。监督检查机关应当将监督检查的处理结果向社会公布。

工程监理企业违法从事工程监理活动的，违法行为发生地的县级以上地方人民政府建设主管部门应当依法查处，并将工程监理企业的违法事实、处理结果或处理建议及时报告违法行为发生地的省、自治区、直辖市人民政府建设主管部门；其中对综合资质或专业甲级资质工程监理企业的违法事实、处理结果或处理建议，须通过违法行为发生地的省、自治区、直辖市人民政府建设主管部门报住建部。

工程监理企业取得工程监理企业资质后不再符合相应资质条件的，资质许可机关根据利害关系人的请求或者依据职权，可以责令其限期改正；逾期不改的，可以撤回其资质。

有下列情形之一的，资质许可机关或者其上级机关，根据利害关系人的请求或者依据职权，可以撤销工程监理企业资质：

a. 资质许可机关工作人员滥用职权、玩忽职守作出准予工程监理企业资质许可的；

b. 超越法定职权作出准予工程监理企业资质许可的；

c. 违反资质审批程序作出准予工程监理企业资质许可的；

d. 对不符合许可条件的申请人作出准予工程监理企业资质许可的；

e. 依法可以撤销资质证书的其他情形。

以欺骗、贿赂等不正当手段取得工程监理企业资质证书的，应当予以撤销。

有下列情形之一的，工程监理企业应当及时向资质许可机关提出注销资质的申请，交回资质证书，国务院建设主管部门应当办理注销手续，公告其资质证书作废：

a. 资质证书有效期届满，未依法申请延续的；

b. 工程监理企业依法终止的；

c. 工程监理企业资质依法被撤销、撤回或吊销的；

d. 法律、法规规定的应当注销资质的其他情形。

工程监理企业应当按照有关规定，向资质许可机关提供真实、准确、完整的工程监理企业的信用档案信息。工程监理企业的信用档案应当包括基本情况、业绩、工程质量和安全、合同违约等情况。被投诉举报和处理、行政处罚等情况应当作为不良行为记入其信用档案。工程监理企业的信用档案信息按照有关规定向社会公示，公众有权查阅。

2. 年检

建设行政主管部门对工程监理企业资质实行年检制度。

甲级工程监理企业资质由国务院建设行政主管部门负责年检。其中铁道、交通、水利、信息产业、民航等方面的工程监理企业资质由国务院建设行政主管部门会同国务院有关部门联合年检。乙、丙级工程监理企业资质由企业注册所在地省、自治区、直辖市人民政府建设行政主管部门负责年检。其中交通、水利、通信等方面的工程监理企业资质由建设行政主管部门会同同级有关部门联合年检。

工程监理企业资质年检按照下列程序进行：

a. 工程监理企业在规定时间内向建设行政主管部门提交《工程监理企业资质年检表》、《工程监理企业资质证书》、《监理业务手册》以及工程监理人员变化情况及其他有关资料，并交验《企业法人营业执照》。

b. 建设行政主管部门会同有关部门在收到工程监理企业年检资料后40日内，对工程监理企业资质年检作出结论，并记录在《工程监理企业资质证书》副本的年检记录栏内。

工程监理企业资质年检的内容，是检查工程监理企业资质条件是否符合资质等级标准，是否存在质量、市场行为等方面的违法、违规行为。

工程监理企业年检结论分为合格、基本合格、不合格三种。工程监理企业资质条件符合资质等级标准，且在过去一年内未发生前述资质审批中所列行为的，年检结论为合格。工程监理企业资质条件中监理工程师注册人员数量、经营规模未达到资质标准，但不低于资质等级标准的80%，其他各项均达到标准要求，且在过去一年内未发生前述资质审批中所列行为的，年检结论为基本合格。有下列情形之一的，工程监理企业的资质年检结论为不合格：

a. 资质条件中监理工程师注册人员数量、经营规模的任何一项未达到资质等级标准的80%，或者其他任何一项未达到资质等级标准；

b. 有前述资质审批中所列行为之一的。

已经按照法律、法规的规定予以降低资质等级处罚的行为，年检中不再重复追究。

工程监理企业资质年检不合格或者连续两年基本合格的，建设行政主管部门应当重新核定其资质等级。新核定的资质等级应当低于原资质等级，达不到最低资质等级标准的，取消资质。工程监理企业连续两年年检合格，方可申请晋升上一个资质等级。降级的工程监理企业，经过一年以上时间的整改，经建设行政主管部门核查确认，达到规定的资质标准，且在此期间内未发生前述资质审批中所列行为的，可以按照本规定重新申请原资质等级。

在规定时间内没有参加资质年检的工程监理企业，其资质证书自行失效，且一年内不得重新申请资质。

7.3.3　工程监理企业法律责任

(1) 申请人隐瞒有关情况或者提供虚假材料申请工程监理企业资质的，资质许可机关不予受理或者不予行政许可，并给予警告，申请人在1年内不得再次申请工程监理企业资质。

(2) 以欺骗、贿赂等不正当手段取得工程监理企业资质证书的，由县级以上地方人民政府建设主管部门或者有关部门给予警告，并处1万元以上2万元以下的罚款，申请人3年内不得再次申请工程监理企业资质。

(3) 工程监理企业有在监理过程中实施商业贿赂，涂改、伪造、出借、转让工程监理企业资质证书行为之一的，由县级以上地方人民政府建设主管部门或者有关部门予以警告，责令其改正，并处1万元以上3万元以下的罚款；造成损失的，依法承担赔偿责任；构成犯罪的，依法追究刑事责任。

(4) 违反规定，工程监理企业不及时办理资质证书变更手续的，由资质许可机关责令限期办理；逾期不办理的，可处以1000元以上1万元以下的罚款。

(5) 工程监理企业未按照规定要求提供工程监理企业信用档案信息的，由县级以上地方人民政府建设主管部门予以警告，责令限期改正；逾期未改正的，可处以1000元以上1万元以下的罚款。

(6) 县级以上地方人民政府建设主管部门依法给予工程监理企业行政处罚的，应当将行政处罚决定以及给予行政处罚的事实、理由和依据，报国务院建设主管部门备案。

(7) 县级以上人民政府建设主管部门及有关部门有下列情形之一的，由其上级行政主管部门或者监察机关责令改正，对直接负责的主管人员和其他直接责任人员依法给予处分；构成犯罪的，依法追究刑事责任：

a. 对不符合本规定条件的申请人准予工程监理企业资质许可的；

b. 对符合本规定条件的申请人不予工程监理企业资质许可或者不在法定期限内作出准予许可决定的；

c. 对符合法定条件的申请不予受理或者未在法定期限内初审完毕的；

d. 利用职务上的便利，收受他人财物或者其他好处的；

e. 不依法履行监督管理职责或者监督不力，造成严重后果的。

7.4 建设工程监理的实施

7.4.1 建设工程监理程序

(1) 组建项目监理机构。

工程监理单位实施监理时，应在施工现场派驻项目监理机构。项目监理机构的组织形式和规模，可根据建设工程监理合同约定的服务内容、服务期限，以及工程特点、规模、技术复杂程度、环境等因素确定。项目监理机构的监理人员应由总监理工程师、专业监理工程师和监理员组成，且专业配套、数量应满足建设工程监理工作需要，必要时可设总监理工程师代表。

工程监理单位在建设工程监理合同签订后，应及时将项目监理机构的组织形式、人员构成及对总监理工程师的任命书面通知建设单位。工程监理单位调换总监理工程师时，应征得建设单位书面同意；调换专业监理工程师时，总监理工程师应书面通知建设单位。一名注册监理工程师可担任一项建设工程监理合同的总监理工程师。当需要同时担任多项建筑工程监理合同的总监理工程师时，应经建设单位书面同意，且最多不得超过三项。

施工现场监理工作全部完成或建设工程监理合同终止时，项目监理机构可撤离施工现场。

项目监理机构人员有如下职责：

a. 总监理工程师职责

总监理工程师是由工程监理单位法定代表人书面任命，负责履行建设工程监理合同、主持项目监理机构工作的注册监理工程师。

总监理工程师应履行的职责：确定项目监理机构人员及其岗位职责；组织编制监理规划，审批监理实施细则；根据工程进展及监理工作情况调配监理人员，检查监理人员工作；组织召开监理例会；组织审核分包单位资格；组织审查施工组织设计、(专项) 施工方案；审查工程开复工报审表，签发工程开工令、暂停令和复工令；组织检查施工单位现场质量、安全生产管理体系的建立及运行情况；组织审核施工单位的付款申请，签发工程款支付证书，组织审核竣工结算；组织审查和处理工程变更；调解建设单位与施工单位的合同争议，处理工程索赔；组织验收分部工程，组织审查单位工程质量检验资料；审查施工单位的竣工申请，组织工程竣工预验收，组织编写工程质量评估报告，参与工程竣工验收；参与或配合工程质量安全事故的调查和处理；组织编写监理月报、监理工作总结，组织整理监理文件资料。

b. 总监理工程师代表职责

总监理工程师代表是经工程监理单位法定代表人同意，由总监理工程师书面授权，代表总监理工程师行使其部分职责和权力，具有工程类注册执业资格或具有中级及以上专业技术职称、3 年及以上工程实践经验并经监理业务培训的人员。

总监理工程师代表在工作中不具备下列权利：组织编制监理规划，审批监理实施细则；根据工程进展及监理工作情况调配监理人员；组织审查施工组织设计、(专项) 施工方案；签发工程开工令、暂停令和复工令；签发工程款支付证书，组织审核竣工结算；调解建设单位与施工单位的合同争议，处理工程索赔；审查施工单位的竣工申请，组织工程竣工预验收，组织编写工程质量评估报告，参与工程竣工验收；参与或配合工程质量安全事故的调查和处理。

c. 专业监理工程师职责

专业监理工程师是由总监理工程师授权，负责实施某一专业或某一岗位的监理工作，有相应监理文件签发权，具有工程类注册执业资格或具有中级及以上专业技术职称、2 年及以上工程实践经验并经监理业务培训的人员。

专业监理工程师的职责是：参与编制监理规划，负责编制监理实施细则；审查施工单位提交的涉及本专业的报审文件，并向总监理工程师报告；参与审核分包单位资格；指导、检查监理员工作，定期向总监理工程师报告本专业监理工作实施情况；检查进场的工程材料、构配件、设备的质量；验收检验批、隐蔽工程、分项工程，参与验收分部工程；处置发现的质量问题和安全事故隐患；进行工程计量；参与工程变更的审查和处理；组织编写监理日志，参与编写监理月报；收集、汇总、参与整理监理文件资料；参与工程竣工预验收和竣工验收。

d. 监理员职责

监理员是指从事具体监理工作，具有中专及以上学历并经过监理业务培训的人员。

监理员应履行下列职责：检查施工单位投入工程的人力、主要设备的使用及运行状况；进行见证取样；复核工程计量有关数据；检查工序施工结果；发现施工作业中的问题，及时指出并向专业监理工程师报告。

（2）编制监理规划及监理实施细则。

a. 监理规划

监理规划是项目监理机构全面开展建设工程监理工作的指导性文件。监理规划应结合工程实际情况，明确项目监理机构的工作目标，确定具体的监理工作制度、内容、程序、方法和措施。监理规划可在签订建设工程监理合同及收到工程设计文件后由总监理工程师组织专业监理工程师编制，总监理工程师签字后由工程监理单位技术负责人审批，并应在召开第一次工地会议前报送建设单位。

监理规划应包括的主要内容：工程概况；监理工作的范围、内容、目标；监理工作依据；监理组织形式、人员配备及进退场计划、监理人员岗位职责；监理工作制度；工程质量控制；工程造价控制；工程进度控制；安全生产管理的监理工作；合同与信息管理；组织协调；监理工作设施。

在实施建设工程监理过程中，实际情况或条件发生变化而需要调整监理规划时，应由总监理工程师组织专业监理工程师修改，并应经工程监理单位技术负责人批准后报建设单位。

b. 监理实施细则

监理实施细则是针对某一专业或某一方面建设工程监理工作的操作性文件。对专业性较强、危险性较大的分部分项工程，项目监理机构应编制监理实施细则。监理实施细则应在相应工程施工开始前由专业监理工程师编制，并应报总监理工程师审批。

监理实施细则应包括的主要内容：专业工程特点；监理工作流程；监理工作要点；监理工作方法及措施。

在实施建设工程监理过程中，监理实施细则可根据实际情况进行补充、修改，并应经总监理工程师批准后实施。

（3）按照建设工程监理细则进行建设工程监理。

（4）参与工程竣工预验收，签署建设工程监理意见。

（5）建设工程监理业务完成后，向项目法人（业主）提交相关的建设工程监理档案资料。

7.4.2 建设工程监理工作内容

1. 工程勘察设计阶段服务

项目监理机构在工程勘察设计阶段服务的内容有：

a. 协助建设单位编制工程勘察设计任务书和选择工程勘察设计单位，协助签订工程勘察设计合同；

b. 审查勘察单位提交的勘察方案，提出审查意见，并报建设单位，变更勘察方案时，应按原程序重新审查；

c. 检查勘察现场及室内试验主要岗位操作人员的资格及所使用设备、仪器计量的检定情况；

d. 检查勘察进度执行情况、督促勘察单位完成勘察合同约定的工作内容、审查勘察单位提交的勘察费用支付申请表，以及签发勘察费用支付证书，并报建设单位；

e. 检查勘察单位执行勘察方案的情况，对重要点位的勘探与测试进行现场检查；

f. 审查勘察单位提交的勘察成果报告，并向建设单位提交勘察成果评估报告，同时参与勘察成果验收；

g. 依据设计合同及项目总体计划要求审查设计各专业、各阶段设计进度计划；

h. 检查设计进度计划执行情况、督促设计单位完成设计合同约定的工作内容、审核设计单位提交的设计费用支付申请表，以及签认设计费用支付证书，并报建设单位；

i. 审查设计单位提交的设计成果，提出评估报告；

j. 审查设计单位提出的新材料、新工艺、新技术、新设备在相关部门的备案情况，必要时协助建设单位组织专家评审；

k. 审查设计单位提出的设计概算、施工图预算，提出审查意见，并报建设单位；

l. 分析可能发生索赔的原因，并制定防范对策；

m. 协助建设单位组织专家对设计成果进行评审；

n. 协助建设单位向政府有关部门报审有关工程设计文件，并根据审批意见，督促设计单位予以完善；

o. 根据勘察设计合同，协调处理勘察设计延期、费用索赔等事宜。

2. 施工阶段监理

项目监理机构应根据建设工程监理合同约定，遵循动态控制原理，坚持预防为主的原则，制定和实施相应的监理措施，采用旁站、巡视和平行检验等方式对建设工程实施监理。项目监理机构宜根据工程特点、施工合同、工程设计文件及经过批准的施工组织设计对工程风险进行分析，并且提出工程质量、造价、进度目标控制及安全生产管理的防范性对策。

监理人员应熟悉工程设计文件，并应参加建设单位主持的图纸会审和设计交底会议，会议纪要应由总监理工程师签认。工程开工前，监理人员应参加由建设单位主持召开的第一次工地会议，会议纪要应由项目监理机构负责整理，与会各方代表应会签。项目监理机构应定期召开监理例会，并组织有关单位研究解决与监理相关的问题。项目监理机构可根据工程需要，主持或参加专题会议，解决监理工作范围内工程专项问题。监理例会以及由项目监理机构主持召开的专题会议的会议纪要，应由项目监理机构负责整理，与会各方代表应会签。

项目监理机构应协调工程建设相关方的关系。项目监理机构与工程建设相关方之间的工作联系，除另有规定外宜采用工作联系单形式进行。项目监理机构应审查施工单位报审的施工组织设计，符合要求时，应由总监理工程师签认后报建设单位。项目监理机构应要求施工单位按已批准的施工组织设计组织施工。施工组织设计需要调整时，项目监理机构应按程序重新审查。

总监理工程师应组织专业监理工程师审查施工单位报送的工程开工报审表及相关资料；同时具备条件时，应由总监理工程师签署审核意见，并应报建设单位批准后，总监理工程师签发工程开工令。分包工程开工前，项目监理机构应审核施工单位报送的分包单位资格报审表，专业监理工程师提出审查意见后，应由总监理工程师审核签认。

（1）工程质量控制

工程质量控制过程中，项目监理机构主要工作内容有：

a. 项目监理机构应审查施工单位现场的质量管理组织机构、管理制度及专职管理人员和特种作业人员的资格。

b. 审查施工单位报送的用于工程的材料、构配件、设备的质量证明文件，并按有关规定、建设工程监理合同约定，对用于工程的材料进行见证取样、平行检验。对已进场经检验不合格的工程材料、构配件、设备，应要求施工单位限期将其撤出施工现场。

c. 根据工程特点和施工单位报送的施工组织设计，确定旁站的关键部位、关键工序，安排监理人员进行旁站，并及时记录旁站情况。

d. 安排监理人员对工程施工质量进行巡视。

e. 根据工程特点、专业要求，以及建设工程监理合同约定，对施工质量进行平行检验。

f. 对施工单位报验的隐蔽工程、检验批、分项工程和分部工程进行验收，对验收合格的应给予签认；对验收不合格的应拒绝签认，同时应要求施工单位在指定的时间内整改并重新报验。对已同意覆盖的工程隐蔽部位质量有疑问的，或发现施工单位私自覆盖工程隐蔽部位的，项目监理机构应要求施工单位对该隐蔽部位进行钻孔探测、剥离或其他方法进行重新检验。

g. 项目监理机构发现施工存在质量问题的，或施工单位采用不适当的施工工艺，或施工不当，造成工程质量不合格的，应及时签发监理通知单，要求施工单位整改。整改完毕后，项目监理机构应根据施工单位报送的监理通知回复单对整改情况进行复查，提出复查意见。对需要返工处理或加固补强的质量缺陷，项目监理机构应要求施工单位报送经设计等相关单位认可的处理方案，并应对质量缺陷的处理过程进行跟踪检查，同时应对处理结果进行验收。对需要返工处理或加固补强的质量事故，项目监理机构应要求施工单位报送质量事故调查报告和经设计等相关单位认可的处理方案，并应对质量事故的处理过程进行跟踪检查，同时应对处理结果进行验收。项目监理机构应及时向建设单位提交质量事故书面报告，并应将完整的质量事故处理记录整理归档。

h. 项目监理机构应审查施工单位提交的单位工程竣工验收报审表及竣工资料，组织工程竣工预验收。存在问题的，应要求施工单位及时整改；合格的，总监理工程师应签认单位工程竣工验收报审表。工程竣工预验收合格后，项目监理机构应编写工程质量评估报告，并应经总监理工程师和工程监理单位技术负责人审核签字后报建设单位。

i. 项目监理机构应参加由建设单位组织的竣工验收，对验收中提出的整改问题，应督促施工单位及时整改。工程质量符合要求的，总监理工程师应在工程竣工验收报告中签署意见。

总监理工程师应组织专业监理工程师审查施工单位报审的施工方案，符合要求后应予以签认。

工程质量控制过程中，专业监理工程师主要工作内容有：

a. 专业监理工程师应审查施工单位报送的新材料、新工艺、新技术、新设备的质量认证材料和相关验收标准的适用性，必要时，应要求施工单位组织专题论证，审查合格后报总监理工程师签认；

b. 检查、复核施工单位报送的施工控制测量成果及保护措施，签署意见；

c. 对施工单位在施工过程中报送的施工测量放线成果进行查验；

d. 检查施工单位为工程提供服务的试验室；

e. 审查施工单位定期提交影响工程质量的计量设备的检查和检定报告。

（2）工程造价控制

项目监理机构应按下列程序进行工程计量和付款签证：

a. 专业监理工程师对施工单位在工程款支付报审表中提交的工程量和支付金额进行复核，确定实际完成的工程量，提出到期应支付给施工单位的金额，并提出相应的支持性材料。

b. 总监理工程师对专业监理工程师的审查意见进行审核，签认后报建设单位审批。

c. 总监理工程师根据建设单位的审批意见，向施工单位签发工程款支付证书。

项目监理机构应编制月完成工程量统计表，对实际完成量与计划完成量进行比较分析，发现偏差的，应提出调整建议，并应在监理月报中向建设单位报告。

项目监理机构应按下列程序进行竣工结算款审核：

a. 专业监理工程师审查施工单位提交的竣工结算款支付申请，提出审查意见。

b. 总监理工程师对专业监理工程师的审查意见进行审核，签认后报建设单位审批，同时抄送施工单位，并就工程竣工结算事宜与建设单位、施工单位协商；达成一致意见的，根据建设单位审批意见向施工单位签发竣工结算款支付证书；不能达成一致意见的，应按施工合同约定处理。

（3）工程进度控制

项目监理机构应审查施工单位报审的施工总进度计划和阶段性施工进度计划，提出审查意见，并应由总监理工程师审核后报建设单位。

项目监理机构应检查施工进度计划的实施情况，发现实际进度严重滞后于计划进度且影响合同工期时，应签发监理通知单，要求施工单位采取调整措施加快施工进度。总监理工程师应向建设单位报告工期延误风险。项目监理机构应比较分析工程施工实际进度与计划进度，预测实际进度对工程总工期的影响，并应在监理月报中向建设单位报告工程实际进展情况。

（4）安全生产管理的监理工作

项目监理机构应根据法律法规、工程建设强制性标准，履行建设工程安全生产管理的监理职责，并应将安全生产管理的监理工作内容、方法和措施纳入监理规划及监理实施细则。

项目监理机构应审查施工单位现场安全生产规章制度的建立和实施情况，并应审查施工单位安全生产许可证及施工单位项目经理、专职安全生产管理人员和特种作业人员的资格，同时应核查施工机械和设施的安全许可验收手续。项目监理机构应审查施工单位报审的专项施工方案，符合要求的，应由总监理工程师签认后报建设单位。超过一定规模的危险性较大的分部分项工程的专项施工方案，应检查施工单位组织专家进行论证、审查的情况，以及是否附安全验算结果。项目监理机构应要求施工单位按已批准的专项施工方案组织施工。专项施工方案需要调整时，施工单位应按程序重新提交项目监理机构审查。

项目监理机构应巡视检查危险性较大的分部分项工程专项施工方案实施情况。发现未按专项施工方案实施时，应签发监理通知单，要求施工单位按专项施工方案实施。项目监理机构在实施监理过程中，发现工程存在安全事故隐患时，应签发监理通知单，要求施工单位整改；情况严重时，应签发工程暂停令，并应及时报告建设单位。施工单位拒不整改或不停止施工时，项目监理机构应及时向有关主管部门报送监理报告。

（5）工程变更、索赔及施工合同争议处理

项目监理机构应依据建设工程监理合同约定进行施工合同管理，处理工程暂停及复工、工程变更、索赔及施工合同争议、解除等事宜。施工合同终止时，项目监理机构应协助建设单位按施工合同约定处理施工合同终止的有关事宜。

a. 工程暂停及复工

项目监理机构发现下列情况之一时，总监理工程师应及时签发工程暂停令：建设单位要求暂停施工且工程需要暂停施工的；施工单位未经批准擅自施工或拒绝项目监理机构管理的；施工单位未按审查通过的工程设计文件施工的；施工单位违反工程建设强制性标准的；施工存在重大质量、安全事故隐患或发生质量、安全事故的。

总监理工程师在签发工程暂停令时，可根据停工原因的影响范围和影响程度，确定停工范围，并应按施工合同和建设工程监理合同的约定签发工程暂停令。总监理工程师签发工程暂停令应事先征得建设单位同意，在紧急情况下未能事先报告时，应在事后及时向建设单位作出书面报告。

暂停施工事件发生时，项目监理机构应如实记录所发生的情况。总监理工程师应会同有关各方按施工合同约定，处理因工程暂停引起的与工期、费用有关的问题。因施工单位原因暂停施工时，项目监理机构应检查、验收施工单位的停工整改过程、结果。当暂停施工原因消失、具备复工条件时，施工单位提出复工申请的，项目监理机构应审查施工单位报送的工程复工报审表及有关材料，符合要求后，总监理工程师应及时签署审查意见，并应报建设单位批准后签发工程复工令；施工单位未提出复工申请的，总监理工程师应根据工程实际情况指令施工单位恢复施工。

b. 工程变更

项目监理机构可按下列程序处理施工单位提出的工程变更：总监理工程师组织专业监理工程师审查施工单位提出的工程变更申请，提出审查意见。对涉及工程设计文件修改的工程变更，应由建设单位转交原设计单位修改工程设计文件。必要时，项目监理机构应建议建设单位组织设计、施工等单位召开论证工程设计文件的修改方案的专题会议；总监理工程师组织专业监理工程师对工程变更费用及工期影响作出评估；总监理工程师组织建设单位、施工单位等共同协商确定工程变更费用及工期变化，会签工程变更单；项目监理机构根据批准的工程变更文件监督施工单位实施工程变更。

c. 费用索赔

项目监理机构可按下列程序处理施工单位提出的费用索赔：受理施工单位在施工合同约定的期限内提交的费用索赔意向通知书；收集与索赔有关的资料；受理施工单位在施工合同约定的期限内提交的费用索赔报审表；审查费用索赔报审表。需要施工单位进一步提交详细资料时，应在施工合同约定的期限内发出通知；与建设单位和施工单位协商一致后，在施工合同约定的期限内签发费用索赔报审表，并报建设单位。

d. 工程延期及工期延误

施工单位提出工程延期要求符合施工合同约定时，项目监理机构应予以受理。当影响工期事件具有持续性时，项目监理机构应对施工单位提交的阶段性工程临时延期报审表进行审查，并应签署工程临时延期审核意见后报建设单位。当影响工期事件结束后，项目监理机构应对施工单位提交的工程最终延期报审表进行审查，并应签署工程最终延期审核意见后报建设单位。

e. 施工合同争议

项目监理机构处理施工合同争议时应进行下列工作：了解合同争议情况；及时与合同争议双方进行磋商；提出处理方案后，由总监理工程师进行协调；当双方未能达成一致时，总监理工程师应提出处理合同争议的意见。

项目监理机构在施工合同争议处理过程中，对未达到施工合同约定的暂停履行合同条件的，应要求施工合同双方继续履行合同。在施工合同争议的仲裁或诉讼过程中，项目监理机构应按仲裁机关或法院要求提供与争议有关的证据。

f. 施工合同解除

因建设单位原因导致施工合同解除时，项目监理机构应按施工合同约定与建设单位和施工单位按规定款项协商确定施工单位应得款项，并应签发工程款支付证书。

因施工单位原因导致施工合同解除时，项目监理机构应按施工合同约定，确定施工单位应得款项或偿还建设单位的款项，并应与建设单位和施工协商后，书面提交施工单位应得款项或偿还建设单位款项的证明。

因非建设单位、施工单位原因导致施工合同解除时，项目监理机构应按施工合同约定处理合同解除后的有关事宜。

3. 监理文件资料管理

项目监理机构应建立完善监理文件资料管理制度，宜设专人管理监理文件资料；应及时、准确、完整地收集、整理、编制、传递监理文件资料；宜采用信息技术进行监理文件资料管理；应及时整理、分类汇总监理文件资料，并应按规定组卷，形成监理档案。

工程监理单位应根据工程特点和有关规定，保存监理档案，并应向有关单位、部门移交需要存档的监理文件资料。

监理文件资料应包括下列主要内容：勘察设计文件、建设工程监理合同及其他合同文件；监理规划、监理实施细则；设计交底和图纸会审会议纪要；施工组织设计、（专项）施工方案、施工进度计划报审文件资料；分包单位资格报审文件资料；施工控制测量成果报验文件资料；总监理工程师任命书，开工令、暂停令、复工令，工程开工或复工报审文件资料；工程材料、构配件、设备报验文件资料；见证取样和平行检验文件资料；工程质量检查报验资料及工程有关验收资料；工程变更、费用索赔及工程延期文件资料；工程计量、工程款支付文件资料；监理通知单、工作联系单与监理报告；第一次工地会议、监理例会、专题会议等会议纪要；监理月报、监理日志、旁站记录；工程质量或生产安全事故处理文件资料；工程质量评估报告及竣工验收监理文件资料；监理工作总结。

4. 工程保修阶段服务

承担工程保修阶段的服务工作时，工程监理单位应定期回访。对建设单位或使用单位提出的工程质量缺陷，工程监理单位应安排监理人员进行检查和记录，并应要求施工单位予以修复，同时应监督实施，合格后应予以签认。工程监理单位应对工程质量缺陷原因进行调查，并应与建设单位、施工单位协商确定责任归属。对非施工单位原因造成的工程质量缺陷，应核实施工单位申报的修复工程费用，并应签认工程款支付证书，同时应报建设单位。

思考题

1. 什么是建设工程监理？
2. 建设工程监理的依据是什么？
3. 工程建设监理与其他工程建设活动有何不同？
4. 在我国，必须实施监理的建设工程有哪些？
5. 在实施监理的工作中，业主、承包商、监理单位之间的关系如何认定？
6. 设立工程监理企业需满足哪些条件？
7. 对工程监理企业进行监督管理主要有哪些形式？
8. 工程监理企业法律责任有哪些？
9. 项目监理机构人员应履行的职责分别是什么？
10. 什么是监理规划？监理规划的主要内容是什么？
11. 什么是监理实施细则？
12. 在工程建设的各阶段工程监理的工作内容分别是什么？

第 8 章 建设工程安全生产管理法规

安全生产事关人民群众生命财产安全，事关改革开放、经济发展和社会稳定大局，是党和政府历来十分关注的大事。由于建设工程的行业特点，施工的特殊性，从业人员的构成及流动性大的特征，使建设工程业成为仅次于采矿业的重大事故频发的高风险行业。为了加强建设工程安全生产监督管理，保障人民群众生命和财产安全，国家先后颁布了《中华人民共和国劳动法》、《中华人民共和国建筑法》、《中华人民共和国安全生产法》、《建设工程安全生产管理条例》及《生产安全事故报告和调查处理条例》等，其中《中华人民共和国安全生产法》分别于 2009 年和 2014 年进行了两次修改。另外，住房城乡建设部发布了一系列关于安全生产的行政法规，各地建设行政主管部门根据当地的实际，颁布了诸多的规定和条例，其目的就是要解决建设工程安全生产和管理上存在的突出问题，切实贯彻“安全第一，预防为主，综合治理”的方针，从根本上保护建设工程从业人员的生命和社会财产安全，促进行业和国家建设事业的发展。

安全生产是指为了使劳动过程在符合安全要求的物质条件和工作秩序下进行，防止伤亡事故、设备事故及各种灾害的发生，保障劳动者的安全健康和生产作业过程的正常进行而采取的各种措施和从事的一切活动。工程建设安全生产是指建筑生产过程中要避免人员、财产的损失及对周围环境的破坏。工程建设安全生产包括建筑生产过程中施工现场的人身安全，财产设备安全，施工现场及附近的道路、管线和房屋的安全，施工现场和周围的环境保护及工程建成后的使用安全等方面的内容。

安全生产法规是指在生产过程中产生的，用来调整同劳动者或生产人员的安全与健康，以及生产资料和社会财富安全保障有关的各种社会关系的法律规范的总和。安全生产法规是国家法律体系中的重要组成部分。安全生产法规是党和国家安全生产方针政策的集中表现，是上升为国家和政府意志的一种行为准则。它以法律的形式规定人们在生产过程中的行为规则，用国家强制力来维护企业安全生产的正常秩序。因此，有了各种安全生产法规，就可以使安全生产工作做到有法可依、有章可循。

8.1 建设工程安全生产许可

国家对建筑施工企业实行安全生产许可制度。建筑施工企业未取得安全生产许可证，不得从事建筑施工活动。

为了严格规范建筑施工企业安全生产条件，进一步加强安全生产监督管理，防止和减少生产安全事故，根据《中华人民共和国安全生产法》，国家先后制定了《安全生产许可证条例》、《建设工程安全生产管理条例》等有关行政法规，对建筑施工企业实行安全生产许可制度，并通过制定《建筑施工企业安全生产许可证管理规定》和《建筑施工企业安全生产许可证管理规定实施意见》（建质［2004］148 号），进一步加强建筑施工企业安全生产许可证的管理。

8.1.1 取得安全许可证的条件

根据《建筑施工企业安全生产许可证管理规定》第二章第四条的规定，建筑施工企业取得安全生产许可证，应当具备下列安全生产条件：①建立、健全安全生产责任制，制定完备的安全生产规章制度和操作规程；②保证本单位安全生产条件所需资金的投入；③设置安全生产管理机构，按照国家有关规定配备专职安全生产管理人员；④主要负责人、项目负责人、专职安全生产管理人员经建设主管部门或者其他有关部门考核合格；⑤特种作业人员经有关业务主管部门考核合格，取得特种作业操作资格证书；⑥管理人员和作业人员每年至少进行一次安全生产教育培训并考核合格；⑦依法参加工伤保险，依法为施工现场从事危险作业的人员办理意外伤害保险，为从业人员交纳保险费；⑧施工现场的办公、生活区及作业场所和安全防护用具、机械设备、施工机具及配件符合有关安全生产法律、法规、标准和规程的要求；⑨有职业危害防治措施，并为作业人员配备符合国家标准或者行业标准的安全防护用具和安全防护服装；⑩有针对危险性较大的分部分项工程及施工现场易发生重大事故的部位、环节的预防、监控措施和应急预案；⑪生产安全事故应急救援预案、应急救援组织或者应急救援人员，并配备必要的应急救援器材、设备；⑫法律、法规规定的其他条件。

8.1.2 安全许可证的申请与颁发

建筑施工企业从事建筑施工活动前，应当按照分级、属地管理的原则，向企业注册地省级以上人民政府建设主管部门申请领取安全生产许可证。中央管理的建筑施工企业（集团公司、总公司）应当向住房和城乡建设部申请领取安全生产许可证，住房和城乡建设部主管业务司局为工程质量安全监督与行业发展司。中央管理的建筑施工企业（集团公司、总公司）下属的建筑施工企业，以及其他建筑施工企业向注册所在地省、自治区、直辖市人民政府建设主管部门申请领取安全生产许可证。

建筑施工企业申请安全生产许可证时，应当向建设主管部门提供下列材料，并对申请材料实质内容的真实性负责，不得隐瞒有关情况或者提供虚假材料：

（1）建筑施工企业安全生产许可证申请表；

（2）企业法人营业执照复印件；

（3）其他应当具备的安全生产条件（见 8.1.1）。

安全生产许可证的有效期为 3 年。安全生产许可证有效期满需要延期的，企业应当于期满前 3 个月向原安全生产许可证颁发管理机关申请办理延期手续。企业在安全生产许可证有效期内，严格遵守有关安全生产的法律法规，未发生死亡事故的，安全生产许可证有效期届满时，经原安全生产许可证颁发管理机关同意，不再审查，安全生产许可证有效期延期 3 年。

8.1.3 安全生产许可证管理

安全生产许可证采用国务院安全生产监督管理部门规定的统一式样，实行全国统一编码。企业不得转让、冒用安全生产许可证或者使用伪造的安全生产许可证。建筑施工企业变更名称、地址、法定代表人等，应当在变更后 10 日内，到原安全生产许可证颁发管理机关办理安全生产许可证变更手续。建筑施工企业破产、倒闭、撤销的，应当将安全生产许可证交回原安全生产许可证颁发管理机关予以注销。建筑施工企业遗失安全生产许可证，应当立即向原安全生产许可证颁发管理机关报告，并在公众媒体上声明作废后，方可申请补办。

企业取得安全生产许可证后，不得降低安全生产条件，并应当加强日常安全生产管理，接受安全生产许可证颁发管理机关的监督检查。安全生产许可证颁发管理机关应当加强对取得安全生产许可证企业的监督检查，发现其不再具备规定的安全生产条件的，应当暂扣或者吊销安全生产许可证。安全生产许可证颁发管理机关应当建立、健全安全生产许可证档案管理制度，定期向社会公布企业取得安全生产许可证的情况，每年向同级安全生产监督管理部门通报建筑施工企业安全生产许可证颁发和管理情况。安全生产许可证颁发管理机关或者其上级行政机关发现违反有关规定行为的，可以撤销已经颁发的安全生产许可证。

8.2 建设工程安全生产的基本方针和相关制度

通常说的安全生产法规是对有关安全生产的法律、规程、条例、规范的总称。例如全国人大和国务院及有关部委、地方政府颁布的有关安全生产、职业安全卫生、劳动保护等方面的法律、规程、决定、条例、规定、规则及标准等，都属于安全生产法规范畴。安全生产法规有广义和狭义两种解释，广义的安全生产法规是指我国保护劳动者、生产者和保障生产资料及财产的全部法律规范。因为这些法律规范都是为了保护国家、社会利益和劳动者、生产者的利益而制定的。例如关于安全生产技术、安全工程、工业卫生工程、生产合同、工伤保险、职业技术培训、工会组织和民主管理等方面的法规。狭义的安全生产法规是指国家为了改善劳动条件，保护劳动者在生产过程中的安全和健康，以及保障生产安全所采取的各种措施的法律规范。如：职业安全卫生规程；对女工和未成年工劳动保护的特别规定；关于工作时间、休息时间和休假制度的规定；关于劳动保护的组织和管理制度的规定等。

8.2.1 建设工程安全生产基本方针

根据《中华人民共和国安全生产法》第一章第三条的规定，安全生产管理应当以人为本，坚持安全第一、预防为主、综合治理的方针，建立政府领导、部门监管、单位负责、群众参与、社会监督的工作机制。这一方针反映了我们国家对安全生产规律的新认识，对于指导安全生产工作具有重大而深远的意义。

安全第一体现了以人为本的重要思想，首先强调安全的重要性。发展是我党的第一要务，生产经营单位作为市场主体，追求利润的最大化理所当然。安全第一要说明的是安全与生产、效益及其他活动的关系，强调在从事生产经营活动中要突出抓好安全，始终不忘把安全工作与其他经济活动同时安排、同时部署，当安全工作与其他活动发生冲突与矛盾时，其他活动要服从安全，绝不能以牺牲人的生命、健康、财产损失为代价换取发展和效益。

预防为主，是指立足基层，建立起预教、预测、预报、预警等预防体系，以隐患排查治理和建设本质安全为目标，实现事故的预先防范体制。预防为主是对安全第一思想的深化，从安全生产管理这门学科发展的历程看，我们经历了事后控制到事前预防的发展过程，也就是常讲的关口前移，重心下移。在从事生产活动之前，充分认识、分析和评价系统可能存在的危险性，事先采取一切必要的组织措施、技术措施，排除事故隐患。以“安全第一”的原则，处理生产过程中出现的安全与生产的矛盾，保证生产活动符合安全生产、文明生产的要求。

随着社会经济的快速发展，生产经营活动面临的情况错综复杂，稍有疏忽就会酿成事故，且事故后带来的破坏性越来越大。将“综合治理”纳入安全生产方针，标志着对安全生产的认识上升到一个新的高度，是贯彻落实科学发展观的具体体现，秉承“安全发展”的理念，从遵循和适应安全生产的规律出发，综合运用法律、经济、行政等手段，人管、法管、技防等多管齐下，并充分发挥社会、职工、舆论的监督作用，从责任、制度、培训等多方面着力，形成标本兼治、齐抓共管的格局。

安全第一、预防为主、综合治理是开展安全生产管理工作总的指导方针，是一个完整的体系，是相辅相成、辩证统一的整体。安全第一是原则，预防为主是手段，综合治理是方法。安全第一是预防为主、综合治理的统帅和灵魂，没有安全第一的思想，预防为主就失去了思想支撑，综合治理就失去了整治依据。预防为主是实现安全第一的根本途径。只有把安全生产的重点放在建立事故预防体系上，超前采取措施，才能有效防止和减少事故。只有采取综合治理，才能实现人、机、物、环境的统一，实现本质安全，真正把安全第一、预防为主落到实处。

8.2.2 建设工程安全生产基本制度

1. 建设工程安全生产责任制度

《中华人民共和国安全生产法》第一章第四条、第五条规定：生产经营单位是安全生产的责任主体，必须遵守本法和其他有关安全生产的法律、法规、规章和标准，加强安全生产管理，建立、健全安全生产责任制度，完善安全生产条件，确保安全生产；生产经营单位的主要负责人对本单位的安全生产工作全面负责；分管安全生产的负责人协助主要负责人履行安全生产职责；技术负责人和其他负责人在各自职责范围内对安全生产工作负责。

对于建筑施工企业来说，要加强安全生产的领导，尊重科学，严格管理，应当逐级建立安全责任制度。《中华人民共和国建筑法》第四十四条规定：建筑施工企业必须依法加强对建筑安全生产的管理，执行安全生产责任制度，采取有效措施，防止伤亡和其他安全事故的发生。建筑施工企业法定代表人对本企业的安全负责。该条明确了施工单位必须严格执行安全生产的法律、法规和标准，接受工程安全监督机构的监督管理；施工单位的法定代表人是本单位安全生产的第一责任人，对本单位的安全生产全面负责。施工单位应当设立安全生产管理部门，配备与其生产规模相适应的、具有工程系列技术职称的专职安全管理负责人员，负责本单位的安全管理工作，并向工程项目派驻专职安全管理人员；施工单位发现按照设计图纸施工不以保障作业人员安全的，应当书面报告建设单位，并要求设计单位变更设计。企业经理（厂长）和主管生产的副经理（副厂长）对本企业的劳动保护和安全生产负总的责任。企业应根据实际情况，建立安全机构，并按照职工总数配备相应的专职人员，负责安全管理工作和安全监督检查工作。《建设工程安全生产管理条例》中对工程建设参与各方的安全责任分别作出了规定。

2. 建设工程安全生产培训教育制度

（1）建设工程安全生产教育制度

《中华人民共和国安全生产法》第十一条规定，各级人民政府及其有关部门应当采取多种形式，加强对有关安全生产的法律、法规和安全生产知识的宣传教育，推进安全文化建设，提高全社会职工的安全生产意识。国家将安全教育纳入国民教育内容。大中专院校和中小学应当开设安全知识课程，提高学生安全、紧急避险、救护知识和防灾能力。中等职业学校和高等学校可以将安全生产和管理纳入相关专业课程中。

做好安全生产工作，必须要有广大职工群众的积极主动参与。各级人民政府应当采取多种形式，利用各种传播媒体，大力开展对安全生产法律、法规的宣传，使有关安全生产的法律、法规为广大职工群众所掌握，将有关安全生产的法律规定变成广大群众的自觉行动，同时又能充分发挥职工群众的民主监督作用，对政府及其有关部门在安全生产工作方面依法行政的情况，对本单位贯彻执行安全生产法律、法规的情况进行群众监督，保证有关安全生产的法律、法规真正得到有效的贯彻落实。建筑企业要广泛开展安全的宣传教育，使各级领导和广大职工群众真正认识到安全生产的重要性、必要性，懂得安全生产、文明生产的科学知识，牢固树立“安全第一”的思想，自发地遵守各项安全生产法规和规章制度。

（2）建设工程安全生产培训制度

安全培训是指以提高安全监管监察人员、生产经营单位从业人员和从事安全生产工作相关人员的安全素质为目的的教育培训活动。安全监管监察人员是指县级以上各级人民政府安全生产监督管理部门、各级煤矿安全监察机构从事安全监管监察、行政执法的安全生产监管人员和煤矿安全监察人员；生产经营单位从业人员是指生产经营单位主要负责人、安全生产管理人员、特种作业人员及其他从业人员；从事安全生产工作的相关人员是指从事安全教育培训工作的教师、危险化学品登记机构的登记人员和承担安全评价、咨询、检测、检验的人员及注册安全工程师、安全生产应急救援人员等。

《国务院安委会关于进一步加强安全培训工作的决定》中要求，到“十二五”时期末，矿山、建筑施工单位和危险物品生产、经营、储存等高危行业企业主要负责人、安全管理人员和生产经营单位特种作业人员100%持证上岗，以班组长、新工人、农民工为重点的企业从业人员100%培训合格后上岗，各级安全监管监察人员100%持行政执法证上岗，承担安全培训的教师100%参加知识更新培训。

《中华人民共和国安全生产法》第二十三条至二十六条规定，生产经营单位应当对从业人员进行安全生产教育和培训，保证从业人员具备必要的安全生产知识，熟悉有关的安全生产规章制度、标准、应急措施和安全操作规程，掌握本岗位的安全操作技能。未经安全生产教育和培训合格的从业人员，不得上岗作业。

生产经营单位应当制定年度培训计划，建立培训档案，将安全生产教育培训情况记入安全生产记录卡，并由考核人员和受训人员签名。

生产经营单位采用新工艺、新技术、新材料或者使用新设备，必须了解、掌握其安全技术特性，采取有效的安全防护措施，并对从业人员进行专门的安全生产教育和培训。

以劳务派遣形式用工的，劳务派遣单位应当对劳务派遣人员进行必要的安全生产教育和培训；使用劳务派遣人员的生产经营单位应当对劳务派遣人员进行岗位安全操作规程和安全操作技能的教育和培训。使用劳务派遣人员的生产经营单位与劳务派遣单位应当在劳务派遣协议中明确各自承担的教育和培训的职责和具体内容。使用劳务派遣人员的生产经营单位应当将现场劳务派遣人员纳入本单位从业人员统一管理，履行安全生产保障责任，不得将安全生产保障责任转移给劳务派遣单位。

生产经营单位的特种作业人员必须按照国家有关规定经专门的安全作业培训，取得特种作业操作资格证书，方可上岗作业。

特种作业人员的范围由国务院负责安全生产监督管理的部门会同国务院有关部门确定。

3. 建设工程安全生产检查监督制度

《中华人民共和国安全生产法》第十条规定，国务院和县级以上地方各级人民政府设立安全生产委员会，负责研究部署、统筹协调安全生产工作中的重大事项，其工作职责由国务院和县级以上地方各级人民政府规定。

国务院负责安全生产监督管理的部门承担安全生产综合协调工作，依照法律和国务院规定的职责，对全国安全生产工作实施综合监督管理；县级以上地方各级人民政府负责安全生产监督管理的部门依照法律、法规的规定，对本行政区域内安全生产工作实施综合监督管理。

国务院有关部门依照有关法律、行政法规的规定，在各自的职责范围内对有关的安全生产工作实施监督、管理；县级以上地方各级人民政府有关部门依照有关法律、法规的规定，在各自的职责范围内对有关的安全生产工作实施监督、管理。

煤矿安全生产实行国家监察、地方监管、企业负责的制度。煤矿安全监察机构依照有关法律、行政法规对煤矿安全履行国家监察职责。

4. 建设工程安全生产劳动保护制度

工程建设的劳动保护，必须切实加强管理，保证职工在生产过程中的安全和健康，促进生产的发展。根据女职工不同的生理特点和未成年工的身体发育情况，有必要对其进行特殊的保护。为了规范用人单位职业健康监护工作，加强职业健康监护的监督管理，保护劳动者健康及其相关权益，根据《中华人民共和国职业病防治法》，国家安全生产监督管理总局制定了《工作场所职业卫生监督管理规定》、《用人单位职业健康监护监督管理办法》，自 2012 年 6 月 1 日起施行。

用人单位应当建立、健全劳动者职业健康监护制度，依法落实职业健康监护工作，接受安全生产监督管理部门依法对其职业健康监护工作的监督检查，并提供有关文件和资料。

用人单位是职业健康监护工作和职业病防治的责任主体，其主要负责人对本单位职业健康监护工作和职业病防治工作全面负责。用人单位应当依照相关规定以及《职业健康监护技术规范》GBZ 188、《放射工作人员职业健康监护技术规范》GBZ 235 等国家职业卫生标准的要求，设置或者指定职业卫生管理机构或者组织，配备专职职业卫生管理人员，制定、落实本单位职业健康检查和职业病防治工作年度计划，并保证所需要的专项经费。用人单位应当组织劳动者进行职业健康检查，选择由省级以上人民政府卫生行政部门批准的医疗卫生机构承担职业健康检查工作，并承担职业健康检查费用。

对从事接触职业病危害因素作业的劳动者，用人单位应当按照《用人单位职业健康监护监督管理办法》、《放射工作人员职业健康管理办法》、《职业健康监护技术规范》GBZ188、《放射工作人员职业健康监护技术规范》GBZ 235 等有关规定组织上岗前、在岗期间、离岗时的职业健康检查，并将检查结果书面如实告知劳动者。职业健康检查费用由用人单位承担。

用人单位对未进行离岗时职业健康检查的劳动者，不得解除或者终止与其订立的劳动合同。用人单位应当及时将职业健康检查结果及职业健康检查机构的建议以书面形式如实告知劳动者。对用人单位违反有关规定的行为，任何单位和个人均有权向安全生产监督管理部门举报或者报告。用人单位有违规行为的，给予警告，责令限期改正，并处以罚款。

用人单位应当对职业病防护用品进行经常性的维护、保养，确保防护用品有效，不得使用不符合国家职业卫生标准或者已经失效的职业病防护用品。在可能发生急性职业损伤的有毒、有害工作场所，用人单位应当设置报警装置，配置现场急救用品、冲洗设备、应急撤离通道和必要的泄险区。现场急救用品、冲洗设备等应当设在可能发生急性职业损伤的工作场所或者临近地点，并在醒目位置设置清晰的标识。任何单位和个人不得将产生职业病危害的作业转移给不具备职业病防护条件的单位和个人。不具备职业病防护条件的单位和个人不得接受产生职业病危害的作业。

5. 企业安全生产风险公告制度

根据 2014 年 12 月 10 日起施行的《企业安全生产风险公告六条规定》，企业必须在醒目位置设置公告栏，在存在安全生产风险的岗位设置告知卡，分别标明本企业、本岗位主要危险危害因素、后果、事故预防及应急措施、报告电话等内容；必须在重大危险源、存在严重职业病危害的场所设置明显标志，标明风险内容、危险程度、安全距离、防控办法、应急措施等内容；必须在有重大事故隐患和较大危险的场所和设施设备上设置明显标志，标明治理责任、期限及应急措施；必须在工作岗位标明安全操作要点；必须及时向员工公开安全生产行政处罚决定、执行情况和整改结果；必须及时更新安全生产风险公告内容，建立档案。

8.3 建设工程安全生产评价

8.3.1 建设工程安全评价

安全评价按照实施阶段的不同分为三类：安全预评价、安全现状评价、安全验收评价。

1. 安全预评价

安全预评价是指在建设项目可行性研究阶段、工业园区规划阶段或生产经营活动组织实施之前，根据相关的基础资料，辨识与分析建设项目、工业园区、生产经营活动潜在的危险、有害因素，确定其与安全生产法律法规、标准、规范的符合性，预测发生事故的可能性及其严重程度，提出科学、合理、可行的安全对策措施建议，做出安全评价结论的活动。国家安全生产监督管理总局制定了《安全预评价导则》AQ 8002—2007 自 2007 年 4 月 1 日起实施。

(1) 安全预评价内容

1) 前期准备工作。前期准备工作主要包括明确评价对象和评价范围；组建评价组；收集国内外相关法律法规、标准、规章、规范；收集并分析评价对象的基础资料、相关事故案例；对类比工程进行实地调查等内容。

2) 辨识和分析评价对象可能存在的各种危险、有害因素；分析危险、有害因素发生作用的途径及其变化规律。

3）评价单元划分应考虑安全预评价的特点，以自然条件、基本工艺条件、危险、有害因素分布及状况、便于实施评价为原则进行。

4）根据评价的目的、要求和评价对象的特点、工艺、功能或活动分布，选择科学、合理、适用的定性、定量评价方法对危险、有害因素导致事故发生的可能性及其严重程度进行评价。

对于不同的评价单元，可根据评价的需要和单元特征选择不同的评价方法。

5）为保障评价对象建成或实施后能安全运行，应从评价对象的总图布置、功能分布、工艺流程、设施、设备、装置等方面提出安全技术对策措施，从评价对象的组织机构设置、人员管理、物料管理、应急救援管理等方面提出安全管理对策措施，从保证评价对象安全运行的需要提出其他安全对策措施。

6）评价结论。应概括评价结果，给出评价对象在评价时的条件下与国家有关法律法规、标准、规章、规范的符合性结论，给出危险、有害因素引发各类事故的可能性及其严重程度的预测性结论，明确评价对象建成或实施后能否安全运行的结论。

（2）安全预评价程序

安全预评价程序为：前期准备；辨识与分析危险、有害因素；划分评价单元；定性、定量评价；提出安全对策措施建议；做出评价结论；编制安全预评价报告等。

（3）安全预评价报告

安全预评价报告是安全预评价工作过程的具体体现，是评价对象在建设过程中或实施过程中的安全技术性指导文件。安全预评价报告文字应简洁、准确，可同时采用图表和照片，以使评价过程和结论清楚、明确，利于阅读和审查。

安全预评价结论应简要列出主要危险、有害因素评价结果，指出评价对象应重点防范的重大危险有害因素，明确应重视的安全对策措施建议，明确评价对象潜在的危险、有害因素在采取安全对策措施后，能否得到控制以及受控的程度如何。给出评价对象从安全生产角度是否符合国家有关法律法规、标准、规章、规范的要求。

2. 安全现状评价

安全现状评价是指针对生产经营活动中、工业园区内的事故风险、安全管理情况，辨识与分析其存在的危险、有害因素，审查确定其与安全生产法律法规、规章、标准、规范要求的符合性，预测发生事故或造成职业危害的可能性及其严重程度，提出科学、合理、可行的安全对策措施建议，做出安全现状评价结论的活动。安全现状评价既适用于对一个生产经营单位或一个工业园区的评价，也适用于某一特定的生产方式、生产工艺、生产装置或场所的评价。国家安全生产监督管理总局发布了《安全评价通则》AQ 8001—2007，自 2007 年 4 月 1 日起实施。

（1）安全评价程序

安全评价程序包括前期准备；辨识与分析危险、有害因素；划分评价单元；定性、定量评价；提出安全对策措施建议；做出评价结论；编制安全评价报告。

（2）安全评价内容

1）前期准备。明确评价对象，备齐有关安全评价所需的设备、工具，收集国内外相关法律法规、标准、规章、规范等资料。

2）辨识与分析危险、有害因素。根据评价对象的具体情况，辨识和分析危险、有害因素，确定其存在的部位、方式，以及发生作用的途径和变化规律。

3）划分评价单元。评价单元划分应科学、合理、便于实施评价，相对独立且具有明显的特征界限。

4）定性、定量评价。根据评价单元的特性，选择合理的评价方法，对评价对象发生事故的可能性及其严重程度进行定性、定量评价。

5）对策措施建议。依据危险、有害因素辨识结果与定性、定量评价结果，遵循针对性、技术可行性、经济合理性的原则，提出消除或减弱危险、危害的技术和管理对策措施建议。对策措施建议应具体翔实、具有可操作性。按照针对性和重要性的不同，措施和建议可分为应采纳和宜采纳两种类型。

6）安全评价结论。安全评价机构应根据客观、公正、真实的原则，严谨、明确的做出评价结论。安全评价结论的内容应包括高度概括评价结果，从风险管理角度给出评价对象在评价时与国家有关安全生产的法律法规、标准、规章、规范的符合性结论，给出事故发生的可能性和严重程度的预测性结论，以及采取安全对策措施后的安全状态等。

（3）安全评价报告。

安全评价报告是安全评价过程的具体体现和概括性总结。安全评价报告是评价对象实现安全运行的技术指导性文件，对完善自身安全管理、应用安全技术等方面具有重要参考作用。安全评价报告作为第三方出具的技术性咨询文件，可为政府安全生产监管、监察部门、行业主管部门等相关单位对评价对象的安全行为进行法律法规、标准、规章、规范的符合性判别所用。安全评价报告应全面、概括地反映安全评价过程的全部工作，文字应简洁、准确，提出的资料应清楚可靠，论点明确，利于阅读和审查。

3. 安全验收评价

安全验收评价是指在建设项目竣工后、正式生产运行前或工业园区建设完成后，通过检查建设项目安全设施与主体工程同时设计、同时施工、同时投入生产和使用的情况或工业园区内的安全设施、设备、装置投入生产和使用的情况，检查安全生产管理措施到位情况，检查安全生产规章制度健全情况，检查事故应急救援预案建立情况，审查确定建设项目、工业园区建设满足安全生产法律法规、规章、标准、规范要求的符合性，从整体上确定建设项目、工业园区的运行状况和安全管理情况，做出安全验收评价结论的活动。国家安全生产监督管理总局制定了《安全验收评价导则》AQ 8003—2007，自2007年4月1日起实施。

（1）安全验收评价内容

安全验收评价主要包括危险、有害因素的辨识与分析，符合性评价和危险、危害程度的评价，安全对策措施建议，安全验收评价结论等内容。

安全验收评价主要从以下方面进行评价：评价对象前期（安全预评价、可行性研究报告、初步设计中安全卫生专篇等）对安全生产保障等内容的实施情况和相关对策措施建议的落实情况；评价对象的安全对策措施的具体设计、安装施工情况有效保障程度；评价对象的安全对策措施在试投产中的合理有效性和安全措施的实际运行情况；评价对象的安全管理制度和事故应急预案的建立与实际开展和演练有效性。

（2）安全验收评价程序

安全验收评价程序分为：前期准备；辨识与分析危险、有害因素；划分评价单元；选择评价方法；定性、定量评价；提出安全对策措施建议；做出安全验收评价结论；编制安全验收评价报告等。

（3）安全验收评价报告

安全验收评价报告应全面、概括地反映验收评价的全部工作。安全评价验收报告应文字简洁、准确，可同时采用图表和照片，以使评价过程和结论清楚、明确，利于阅读和审查。符合性评价的数据、资料和预测性计算过程等可编入附录。安全验收评价报告应根据评价对象的特点及要求进行编制。

8.3.2 施工企业安全生产评价

为促进施工企业安全生产，确保其具备必要的安全生产条件和能力，住建部制定了《施工企业安全生产评价标准》JGJ/T 77—2010。

1. 评价内容

施工企业安全生产条件应按安全生产管理、安全技术管理、设备和设施管理、企业市场行为和施工现场安全管理共5项内容进行考核，并应按评价标准中要求的内容具体实施考核评价。

每项考核内容应以评分表的形式和量化的方式，根据其评定项目的量化评分标准及其重要程度进行评定。

（1）安全生产管理评价

安全生产管理评价应为对企业安全管理制度建立和落实情况的考核，其内容应包括安全生产责任制度、安全文明资金保障制度、安全教育培训制度、安全检查及隐患排查制度、生产安全事故报告处理制度、安全生产应急救援制度等6个评定项目。

（2）安全技术管理评价

安全技术管理评价应为对企业安全技术管理工作的考核，其内容应包括法规、标准和操作规程配置，施工组织设计，专项施工方案（措施），安全技术交底，危险源控制等5个评定项目。

（3）设备和设施管理评价

设备和设施管理评价应为对企业设备和设施安全管理工作的考核，其内容应包括设备安全管理、设施和防护用品、安全标志、安全检查测试工具等4个评定项目。

（4）企业市场行为评价

企业市场行为评价应为对企业安全管理市场行为的考核，其内容包括安全生产许可证、安全生产文明施工、安全质量标准化达标、资质机构与人员管理制度等4个评定项目。

（5）施工现场安全管理评价

施工现场安全管理评价应为对企业所属施工现场安全状况的考核，其内容应包括施工现场安全达标、安全文明资金保障、资质和资格管理、生产安全事故控制、设备设施工艺选用、保险等6个评定项目。

2. 评价方法及等级

施工企业每年度应至少进行一次自我考核评价，考核自评应由企业负责人组织，各相关管理部门均应参与，对施工企业安全生产条件、在建施工现场等进行量化评价。企业所属施工现场的日常情况是企业安全管理情况的最真实反映，应通过对企业所属一定数量工地的常态管理情况来辅助评价。可依据当地建设行政主管部门的日常监管记录、企业自查记录、相关证书等资料进行检验式抽查。对评价时无在建工程项目的企业，应在企业有在建工程项目时，再次进行跟踪评价。

施工企业安全生产考核评定应分为合格、基本合格、不合格三个等级。对有在建工程的企业，安全生产考核评定宜分为合格、不合格 2 个等级；对无在建工程的企业，安全生产考核评定宜分为基本合格、不合格 2 个等级。

8.3.3 危险性较大的分部分项工程安全管理

为进一步规范和加强对危险性较大的分部分项工程安全管理，积极防范和遏制建筑施工生产安全事故的发生，住房和城乡建设部组织修订了《危险性较大的分部分项工程安全管理办法》，自 2009 年 5 月 13 日起实施。

危险性较大的分部分项工程是指建筑工程在施工过程中存在的、可能导致作业人员群死群伤或造成重大不良社会影响的分部分项工程。危险性较大的分部分项工程安全专项施工方案，是指施工单位在编制施工组织（总）设计的基础上，针对危险性较大的分部分项工程单独编制的安全技术措施文件。

建设单位在申请领取施工许可证或办理安全监督手续时，应当提供危险性较大的分部分项工程清单和安全管理措施。施工单位、监理单位应当建立危险性较大的分部分项工程安全管理制度。

1. 专项方案的编制

施工单位应当在危险性较大的分部分项工程施工前编制专项方案；对于超过一定规模的危险性较大的分部分项工程，施工单位应当组织专家对专项方案进行论证。

建筑工程实行施工总承包的，专项方案应当由施工总承包单位组织编制。其中，起重机械安装拆卸工程、深基坑工程、附着式升降脚手架等专业工程实行分包的，其专项方案可由专业承包单位组织编制。专项方案应当由施工单位技术部门组织本单位施工技术、安全、质量等部门的专业技术人员进行审核。经审核合格的，由施工单位技术负责人签字。实行施工总承包的，专项方案应当由总承包单位技术负责人及相关专业承包单位技术负责人签字。不需专家论证的专项方案，经施工单位审核合格后报监理单位，由项目总监理工程师审核签字。

2. 专项方案的论证

超过一定规模的危险性较大的分部分项工程专项方案应当由施工单位组织召开专家论证会。实行施工总承包的，由施工总承包单位组织召开专家论证会。专项方案经论证后，专家组应当提交论证报告，对论证的内容提出明确的意见，并在论证报告上签字。该报告作为专项方案修改完善的指导意见。专项方案经论证后需做重大修改的，施工单位应当按照论证报告修改，并重新组织专家进行论证。

3. 专项方案的实施

施工单位应当根据论证报告修改完善专项方案，并经施工单位技术负责人、项目总监理工程师、建设单位项目负责人签字后，方可组织实施。实行施工总承包的，应当由施工总承包单位、相关专业承包单位技术负责人签字。施工单位应当严格按照专项方案组织施工，不得擅自修改、调整专项方案。

如因设计、结构、外部环境等因素发生变化确需修改的，修改后的专项方案应重新审核。对于超过一定规模的危险性较大工程的专项方案，施工单位应当重新组织专家进行论证。

专项方案实施前，编制人员或项目技术负责人应当向现场管理人员和作业人员进行安全技术交底。

施工单位应当指定专人对专项方案实施情况进行现场监督和按规定进行监测。发现不按照专项方案施工的，应当要求其立即整改；发现有危及人身安全紧急情况的，应当立即组织作业人员撤离危险区域。施工单位技术负责人应当定期巡查专项方案实施情况。

对于按规定需要验收的危险性较大的分部分项工程，施工单位、监理单位应当组织有关人员进行验收。验收合格的，经施工单位项目技术负责人及项目总监理工程师签字后，方可进入下一道工序。

监理单位应当将危险性较大的分部分项工程列入监理规划和监理实施细则，应当针对工程特点、周边环境和施工工艺等，制定安全监理工作流程、方法和措施。监理单位应当对专项方案实施情况进行现场监理；对不按专项方案实施的，应当责令整改，施工单位拒不整改的，应当及时向建设单位报告；建设单位接到监理单位报告后，应当立即责令施工单位停工整改；施工单位仍不停工整改的，建设单位应当及时向住房城乡建设主管部门报告。

住房城乡建设主管部门应当依据有关法律法规对以下情况予以处罚：建设单位未按规定提供危险性较大的分部分项工程清单和安全管理措施，未责令施工单位停工整改的，未向住房城乡建设主管部门报告的；施工单位未按规定编制、实施专项方案的；监理单位未按规定审核专项方案或未对危险性较大的分部分项工程实施监理的。

8.4 建设工程安全生产的管理机构与职责

8.4.1 国务院建设行政主管部门的主要职责

根据《建设工程安全生产管理条例》第五章第三十九条第一款和第四十条第一款的规定，国务院负责安全生产监督管理的部门依照《中华人民共和国安全生产法》的规定，对全国建设工程安全生产工作实施综合监督管理；国务院建设行政主管部门对全国的建设工程安全生产实施监督管理。国务院铁路、交通、水利等有关部门按照国务院规定的职责分工，负责有关专业建设工程安全生产的监督管理。其主要职责是：

（1）贯彻执行国家有关安全生产的法规和方针、政策，起草或制定建筑安全生产管理法规、标准；

（2）统一监督管理全国工程建设方面的安全生产工作，完善建筑安全生产的组织保证体系；

（3）制定建筑安全生产管理的中、长期规划和近期目标，组织建筑安全生产技术的开发与推广应用；

（4）指导和监督检查省、自治区、直辖市人民政府建设行政主管部门开展建筑安全生产的行业监督管理工作；

（5）统计全国建筑职工因工伤亡人数，掌握并发布全国建筑安全生产动态；

(6) 负责对申报资质等级一级企业和国家一、二级企业以及国家和部级先进建筑企业进行安全资格审查或审批，行使安全生产否决权；

(7) 组织全国建筑安全生产检查，总结交流建筑安全生产管理经验，表彰先进；

(8) 检查和督促工程建设重大事故的调查处理，组织或者参与工程建设特别重大事故的调查。

8.4.2 县级以上地方人民政府建设行政主管部门的主要职责

根据《建设工程安全生产管理条例》第五章第三十九条第二款和四十条第二款的规定，县级以上地方人民政府负责安全生产监督管理的部门依照《中华人民共和国安全生产法》的规定，对本行政区域内建设工程安全生产工作实施综合监督管理；县级以上地方人民政府建设行政主管部门对本行政区域内的建设工程安全生产实施监督管理。县级以上地方人民政府交通、水利等有关部门在各自的职责范围内，负责本行政区域内的专业建设工程安全生产的监督管理。其主要职责是：

(1) 贯彻执行国家和地方有关安全生产的法规、标准和方针、政策，起草或制定本行政区域建筑安全生产管理的实施细则或者实施办法；

(2) 制定本行政区域建设安全生产管理中、长期规划和近期目标，组织建筑安全生产技术的开发与推广应用；

(3) 建立建筑安全生产的监督管理体系，制定本行政区域建筑安全生产监督管理工作制度；

(4) 组织落实各级领导分工负责的建筑安全生产责任制；

(5) 负责本行政区域建筑职工因工伤亡的统计和上报工作，掌握和发布本行政区域建筑安全生产动态；

(6) 负责对申报晋升企业资质等级、企业升级和报评先进的企业的安全资格进行审查或者审批，行使安全生产否决权；

(7) 组织或参与本行政区域工程建设中人身伤亡事故的调查处理工作，并依照规定上报重大伤亡事故；

(8) 组织开展本行政区域建筑安全生产检查，总结交流建筑安全生产管理经验，表彰先进，监督检查施工现场、构配件生产车间等的安全管理和防护措施，纠正违章指挥和违章作业；

(9) 组织开展本行政区域建筑企业的生产管理人员、作业人员的安全生产教育、培训、考核及发证工作；

(10) 监督检查建筑企业对安全技术措施费的提取和使用；

(11) 领导和管理建筑安全生产监督机构的工作。

国务院有关部门对于其所属建筑企业建筑安全生产的管理职责，由国务院有关主管部门自行规定。

8.4.3 中央企业安全生产监督管理

2004年，国务院办公厅印发了《关于加强中央企业安全生产工作的通知》(国办发[2004] 52号)，明确了国资委安全生产监管的职责。根据《关于加强中央企业安全生产工作的通知》要求，国资委的安全生产监管职责有五项，即：按照国有资产出资人的职责，负责检查督促中央企业贯彻落实党和国家的安全生产方针政策及有关法律法规、标准等；督促中央企业主要负责人落实安全生产第一责任人的责任和企业安全生产责任制，搞好对企业负责人的安全业绩考核；依照有关规定，参与或组织开展中央企业安全生产检查、督查，督促企业落实各项安全防范和隐患治理措施；参与企业重特大事故的调查，负责落实事故责任追究的有关规定；督促企业搞好统筹规划，把安全生产纳入中长期发展规划，保障职工健康与安全。国资委在安全生产方面的职责是“按照出资人职责，负责督促检查所监管企业贯彻落实国家安全生产方针政策及有关法律法规、标准等工作”。

2008年，国务院国资委发布了《中央企业安全生产监督管理暂行办法》（国资委令21号）。根据中央企业安全生产工作发展仍不平衡，个别行业、个别领域、个别企业事故多发的势头没有得到有效遏制，安全生产基础不够牢固，安全生产形势依然严峻的现实情况，《中央企业安全生产监督管理暂行办法》以强化中央企业的安全生产主体责任和安全生产责任制为主线，以推进建立现代安全生产管理体系为重点，以加强安全生产业绩考核并与绩效薪酬挂钩为手段，对中央企业实施分类监管和有效监管，最终实现中央企业安全生产整体水平的提高。《中央企业安全生产监督管理暂行办法》共分正文六章四十三条和六个附件。

《中央企业安全生产监督管理暂行办法》重点细化了中央企业主要负责人的责任制，要求中央企业必须按照“统一领导、落实责任、分级管理、分类指导、全员参与”的原则，逐级建立健全安全生产责任制和安全生产组织机构，配备相应的人员，尤其对企业主要负责人、主管生产的负责人和主管安全生产工作的负责人的责任进行了明确，同时要求中央企业要认真履行对出资企业的监管责任。

《中央企业安全生产监督管理暂行办法》按照更高标准、更严要求和更精细管理原则，对中央企业安全生产工作提出了要求，从建立安全生产长效机制、实现本质安全出发，提出了安全生产管理重点关注的要素，如安全生产发展规划、管理体系、风险辨识与评估、隐患排查、“三同时”制度、安全费用提取、安全教育培训、安全责任追究等。

《中央企业安全生产监督管理暂行办法》确定了对中央企业的分类监管原则，根据企业主营业务内容和安全生产的风险程度，将中央企业划分为三类，并实施动态管理。《中央企业安全生产监督管理暂行办法》还规范了中央企业的安全生产工作报告制度，细化了对中央企业安全生产监督管理、考核与奖惩的具体办法，并对安全事故等级划分、境外安全管理等有关事项进行了说明。

《中央企业安全生产监督管理暂行办法》对中央企业安全生产费用投入提出了明确要求，中央企业应当严格按照国家和行业的有关规定，足额提取安全生产费用，安全生产费用应当专户核算并编制使用计划，明确费用投入的项目内容、额度、完成期限、责任部门和责任人等，确保安全生产费用投入的落实。国家和行业没有明确规定安全生产费用提取比例的中央企业，应当根据企业实际和可持续发展的需要，投入足够的安全生产费用。中央企业安全生产费用落实情况要随年度业绩考核总结分析报告同时报送国资委。

《中央企业安全生产监督管理暂行办法》的出台有利于国资委更好地履行出资人的安全生产监督管理职责，实现国资委安全生产监督管理工作制度化、规范化、程序化，提高工作效率和水平；有利于规范中央企业的安全生产管理，落实党和国家关于安全生产的一系列法律法规和政策措施，解决责任制不落实、生产安全投入不到位等突出问题，促进先进企业向国际一流企业看齐，鞭策落后企业迎头赶上，努力推动中央企业提高本质安全水平。

8.5 建设工程安全生产责任

根据《建设工程安全生产管理条例》第一章第四条规定：建设单位、勘察单位、设计单位、施工单位、工程监理单位及其他与建设工程安全生产有关的单位，必须遵守安全生产法律、法规的规定，保证建设工程安全生产，依法承担建设工程安全生产责任。

8.5.1 建设单位的安全责任

《建设工程安全生产管理条例》第二章第六条至第十一条对建设单位在建筑工程安全生产中的责任做出了规定。

（1）建设单位有向施工单位提供相关资料的责任

建设单位应当向施工单位提供施工现场及毗邻区域内供水、排水、供电、供气、供热、通信、广播电视等地下管线资料，气象和水文观测资料，相邻建筑物和构筑物、地下工程的有关资料，并保证资料的真实、准确、完整。建设单位因建设工程需要，向有关部门或者单位查询前款规定的资料时，有关部门或者单位应当及时提供。

（2）建设单位不得提出有违安全生产法律法规的要求

建设单位不得对勘察、设计、施工、工程监理等单位提出不符合建设工程安全生产法律、法规和强制性标准规定的要求，不得压缩合同约定的工期。

（3）建设单位应确保安全生产费用

建设单位在编制工程概算时，应当确定建设工程安全作业环境及安全施工措施所需费用。

为了加强建设工程安全生产费用管理，建立建筑施工企业安全生产投入长效机制，根据《建设工程安全生产管理条例》，住房和城乡建设部会同国家安全生产监督管理总局正在抓紧制订《建设工程安全生产费用管理规定》。

（4）建设单位不得明示或者暗示施工单位使用不符合安全施工要求的物资

建设单位不得明示或者暗示施工单位购买、租赁、使用不符合安全施工要求的安全防护用具、机械设备、施工机具及配件、消防设施和器材。

（5）申请领取施工许可证时，建设单位有提供安全施工措施的资料的责任

建设单位在申请领取施工许可证时，应当提供建设工程有关安全施工措施的资料。依法批准开工报告的建设工程，建设单位应当自开工报告批准之日起 15 日内，将保证安全施工的措施报送建设工程所在地的县级以上地方人民政府建设行政主管部门或者其他有关部门备案。

（6）拆除工程发包中建设单位的安全责任

建设单位应当将拆除工程发包给具有相应资质等级的施工单位。建设单位应当在拆除工程施工 15 日前，将下列资料报送建设工程所在地的县级以上地方人民政府建设行政主管部门或者其他有关部门备案：①施工单位资质等级证明；②拟拆除建筑物、构筑物及可能危及毗邻建筑的说明；③拆除施工组织方案；④堆放、清除废弃物的措施。施爆破作业的，应当遵守国家有关民用爆炸物品管理的规定。

8.5.2 勘察、设计、工程监理及其他有关单位的安全责任

《建设工程安全生产管理条例》第三章第十二条至第十九条对勘察、设计、工程监理及其他有关单位在建筑工程安全生产中的责任做出了规定。

（1）勘察单位的安全责任

勘察单位应当按照法律、法规和工程建设强制性标准进行勘察，提供的勘察文件应当真实、准确，满足建设工程安全生产的需要。勘察单位在勘察作业时，应当严格执行操作规程，采取措施保证各类管线、设施和周边建筑物、构筑物的安全。

（2）设计单位的安全责任

设计单位应当按照法律、法规和工程建设强制性标准进行设计，防止因设计不合理导致生产安全事故的发生。设计单位应当考虑施工安全操作和防护的需要，对涉及施工安全的重点部位和环节在设计文件中注明，并对防范生产安全事故提出指导意见。采用新结构、新材料、新工艺的建设工程和特殊结构的建设工程，设计单位应当在设计中提出保障施工作业人员安全和预防生产安全事故的措施建议。设计单位和注册建筑师等注册执业人员应当对其设计负责。

（3）工程监理单位的安全责任

工程监理单位应当审查施工组织设计中的安全技术措施或者专项施工方案是否符合工程建设强制性标准。工程监理单位在实施监理过程中，发现存在安全事故隐患的，应当要求施工单位整改；情况严重的，应当要求施工单位暂时停止施工，并及时报告建设单位。施工单位拒不整改或者不停止施工的，工程监理单位应当及时向有关主管部门报告。工程监理单位和监理工程师应当按照法律、法规和工程建设强制性标准实施监理，并对建设工程安全生产承担监理责任。

（4）提供机械设备和配件单位的安全责任

为建设工程提供机械设备和配件的单位，应当按照安全施工的要求配备齐全有效的保险、限位等安全设施和装置。

（5）出租机械设备和施工机具及配件单位的安全责任

出租的机械设备和施工机具及配件，应当具有生产（制造）许可证、产品合格证。出租单位应当对出租的机械设备和施工机具及配件的安全性能进行检测，在签订租赁协议时，应当出具检测合格证明。禁止出租检测不合格的机械设备和施工机具及配件。

（6）安装拆卸施工起重机械和模板支撑系统单位的安全责任

在施工现场安装、拆卸施工起重机械和整体提升脚手架、模板等自升式架设设施，必须由具有相应资质的单位承担。安装、拆卸施工起重机械和整体提升脚手架、模板等自升式架设设施，应当编制拆装方案、制定安全施工措施，并由专业技术人员现场监督。施工起重机械和整体提升脚手架、模板等自升式架设设施安装完毕后，安装单位应当自检，出具自检合格证明，并向施工单位进行安全使用说明，办理验收手续并签字。

（7）机械设备检验检测机构的安全责任

施工起重机械和整体提升脚手架、模板等自升式架设设施的使用达到国家规定的检验检测期限的，必须经具有专业资质的检验检测机构检测。经检测不合格的，不得继续使用。检验检测机构对检测合格的施工起重机械和整体提升脚手架、模板等自升式架设设施，应当出具安全合格证明文件，并对检测结果负责。

8.5.3 施工单位的安全责任

《建设工程安全生产管理条例》第四章第二十条至三十八条规定了施工单位在工程建设安全生产中的责任。为了加强房屋建筑和市政基础设施工程施工安全监督管理，提高建筑施工企业主要负责人、项目负责人和专职安全生产管理人员的安全生产管理能力，根据《中华人民共和国安全生产法》、《建设工程安全生产管理条例》等法律法规，住房和城乡建设部制定了《建筑施工企业主要负责人、项目负责人和专职安全生产管理人员安全生产管理规定》，自 2014 年 9 月 1 日起施行。

（1）施工单位的安全责任和安全管理制度

1）企业主要负责人安全责任

企业主要负责人，是指对本企业生产经营活动和安全生产工作具有决策权的领导人员。其安全责任包括：

① 企业主要负责人对本企业安全生产工作全面负责，应当建立健全企业安全生产管理体系，设置安全生产管理机构，配备专职安全生产管理人员，保证安全生产投入，督促检查本企业安全生产工作，及时消除安全事故隐患，落实安全生产责任。

② 企业主要负责人应当与项目负责人签订安全生产责任书，确定项目安全生产考核目标、奖惩措施，以及企业为项目提供的安全管理和技术保障措施。工程项目实行总承包的，总承包企业应当与分包企业签订安全生产协议，明确双方安全生产责任。

③ 企业主要负责人应当按规定检查企业所承担的工程项目，考核项目负责人安全生产管理能力。发现项目负责人履职不到位的，应当责令其改正；必要时，调整项目负责人。检查情况应当记入企业和项目安全管理档案。

2）项目负责人安全责任

项目负责人，是指取得相应注册执业资格，由企业法定代表人授权，负责具体工程项目管理的人员。其安全责任包括：

① 项目负责人对本项目安全生产管理全面负责，应当建立项目安全生产管理体系，明确项目管理人员安全职责，落实安全生产管理制度，确保项目安全生产费用有效使用。

② 项目负责人应当按规定实施项目安全生产管理，监控危险性较大分部分项工程，及时排查处理施工现场安全事故隐患，隐患排查处理情况应当记入项目安全管理档案；发生事故时，应当按规定及时报告并开展现场救援。工程项目实行总承包的，总承包企业项目负责人应当定期考核分包企业安全生产管理情况。

3）专职安全生产管理人员安全责任

专职安全生产管理人员，是指在企业专职从事安全生产管理工作的人员，包括企业安全生产管理机构的人员和工程项目专职从事安全生产管理工作的人员。建筑施工企业安全生产管理机构和工程项目应当按规定配备相应数量和相关专业的专职安全生产管理人员。危险性较大的分部分项工程施工时，应当安排专职安全生产管理人员现场监督。其安全责任包括：

①企业安全生产管理机构专职安全生产管理人员应当检查在建项目安全生产管理情况，重点检查项目负责人、项目专职安全生产管理人员履责情况，处理在建项目违规违章行为，并记入企业安全管理档案。

②项目专职安全生产管理人员应当每天在施工现场开展安全检查，现场监督危险性较大的分部分项工程安全专项施工方案实施。对检查中发现的安全事故隐患，应当立即处

理；不能处理的，应当及时报告项目负责人和企业安全生产管理机构。项目负责人应当及时处理。检查及处理情况应当记入项目安全管理档案。

建设工程实行施工总承包的，由总承包单位对施工现场的安全生产负总责。总承包单位应当自行完成建设工程主体结构的施工。总承包单位依法将建设工程分包给其他单位的，分包合同中应当明确各自的安全生产方面的权利、义务。总承包单位和分包单位对分包工程的安全生产承担连带责任。分包单位应当服从总承包单位的安全生产管理，分包单位不服从管理导致生产安全事故的，由分包单位承担主要责任。

（2）施工单位特殊工种的安全施工要求

垂直运输机械作业人员、安装拆卸工、爆破作业人员、起重信号工、登高架设作业人员等特种作业人员，必须按照国家有关规定经过专门的安全作业培训，并取得特种作业操作资格证书后，方可上岗作业。

（3）施工单位的安全技术措施和组织方案

施工单位应当在施工组织设计中编制安全技术措施和施工现场临时用电方案，对下列达到一定规模的危险性较大的分部分项工程编制专项施工方案，并附具安全验算结果，经施工单位技术负责人、总监理工程师签字后实施，由专职安全生产管理人员进行现场监督：①基坑支护与降水工程；②土方开挖工程；③模板工程；④起重吊装工程；⑤脚手架工程；⑥拆除、爆破工程；⑦国务院建设行政主管部门或者其他有关部门规定的其他危险性较大的工程。对涉及深基坑、地下暗挖工程、高大模板工程的专项施工方案，施工单位还应当组织专家进行论证、审查。

建设工程施工前，施工单位负责项目管理的技术人员应当对有关安全施工的技术要求向施工作业班组、作业人员做出详细说明，并由双方签字确认。

（4）施工单位的施工现场安全管理

施工单位应当在施工现场入口处、施工起重机械、临时用电设施、脚手架、出入通道口、楼梯口、电梯井口、孔洞口、桥梁口、隧道口、基坑边沿、爆破物及有害危险气体和液体存放处等危险部位，设置明显的安全警示标志。安全警示标志必须符合国家标准。施工单位应当根据不同施工阶段和周围环境及季节、气候的变化，在施工现场采取相应的安全施工措施。施工现场暂时停止施工的，施工单位应当做好现场防护，所需费用由责任方承担，或者按照合同约定执行。

施工单位应当将施工现场的办公、生活区与作业区分开设置，并保持安全距离；办公、生活区的选址应当符合安全性要求。职工的膳食、饮水、休息场所等应当符合卫生标准。施工单位不得在尚未竣工的建筑物内设置员工集体宿舍。施工现场临时搭建的建筑物应当符合安全使用要求。施工现场使用的装配式活动房屋应当具有产品合格证。

施工单位对因建设工程施工可能造成损害的毗邻建筑物、构筑物和地下管线等，应当采取专项防护措施。施工单位应当遵守有关环境保护法律、法规的规定，在施工现场采取措施，防止或者减少粉尘、废气、废水、固体废物、噪声、振动和施工照明对人和环境的危害和污染。在城市市区内的建设工程，施工单位应当对施工现场实行封闭围挡。

（5）施工现场消防安全责任制度的相关要求

施工单位应当在施工现场建立消防安全责任制度，确定消防安全责任人，制定用火、用电、使用易燃易爆材料等各项消防安全管理制度和操作规程，设置消防通道、消防水源，配备消防设施和灭火器材，并在施工现场入口处设置明显标志。

(6) 施工单位现场作业人员的安全防护

施工单位应当向作业人员提供安全防护用具和安全防护服装，并书面告知危险岗位的操作规程和违章操作的危害。作业人员有权对施工现场的作业条件、作业程序和作业方式中存在的安全问题提出批评、检举和控告，有权拒绝违章指挥和强令冒险作业。在施工中发生危及人身安全的紧急情况时，作业人员有权立即停止作业或者在采取必要的应急措施后撤离危险区域。

作业人员应当遵守安全施工的强制性标准、规章制度和操作规程，正确使用安全防护用具、机械设备等。

施工单位采购、租赁的安全防护用具、机械设备、施工机具及配件，应当具有生产(制造) 许可证、产品合格证，并在进入施工现场前进行查验。施工现场的安全防护用具、机械设备、施工机具及配件必须由专人管理，定期进行检查、维修和保养，建立相应的资料档案，并按照国家有关规定及时报废。

(7) 施工单位使用施工起重机械和整体提升脚手架、模板等自升式架设设施的要求

施工单位在使用施工起重机械和整体提升脚手架、模板等自升式架设设施前，应当组织有关单位进行验收，也可以委托具有相应资质的检验检测机构进行验收；使用承租的机械设备和施工机具及配件的，由施工总承包单位、分包单位、出租单位和安装单位共同进行验收。验收合格后方可使用。《特种设备安全监察条例》规定的施工起重机械，在验收前应当经有相应资质的检验检测机构监督检验合格。施工单位应当自施工起重机械和整体提升脚手架、模板等自升式架设设施验收合格之日起 30 日内，向建设行政主管部门或者其他有关部门登记。登记标志应当置于或者附着于该设备的显著位置。

(8) 施工单位的安全教育、安全培训和保险的办理

施工单位的主要负责人、项目负责人、专职安全生产管理人员应当经建设行政主管部门或者其他有关部门考核合格后方可任职。施工单位应当对管理人员和作业人员每年至少进行一次安全生产教育培训，其教育培训情况记入个人工作档案。安全生产教育培训考核不合格的人员，不得上岗。

作业人员进入新的岗位或者新的施工现场前，应当接受安全生产教育培训。未经教育培训或者教育培训考核不合格的人员，不得上岗作业。施工单位在采用新技术、新工艺、新设备、新材料时，应当对作业人员进行相应的安全生产教育培训。

施工单位应当为施工现场从事危险作业的人员办理意外伤害保险。意外伤害保险费由施工单位支付。实行施工总承包的，由总承包单位支付意外伤害保险费。意外伤害保险期限自建设工程开工之日起至竣工验收合格止。

8.5.4 建设工程安全生产法律责任

《建设工程安全生产管理条例》第七章第五十三条至第六十八条规定了工程建设安全生产的法律责任。对县级以上人民政府建设行政主管部门或者其他有关行政管理部门的工作人员、建设单位、勘察单位、设计单位、工程监理单位、为建设工程提供机械设备和配件的单位、出租单位、施工起重机械和整体提升脚手架模板等自升式架设设施安装拆卸单位、施工单位的安全生产责任分别予以规定。

(1) 行政管理部门的工作人员的法律责任

违反《建设工程安全生产管理条例》的规定，县级以上人民政府建设行政主管部门或者其他有关行政管理部门的工作人员，有下列行为之一的，给予降级或者撤职的行政处分；构成犯罪的，依照《刑法》有关规定追究刑事责任：①对不具备安全生产条件的施工单位颁发资质证书的；②对没有安全施工措施的建设工程颁发施工许可证的；③发现违法行为不予查处的；④不依法履行监督管理职责的其他行为。

（2）建设单位的法律责任

违反《建设工程安全生产管理条例》的规定，建设单位未提供建设工程安全生产作业环境及安全施工措施所需费用的，责令限期改正；逾期未改正的，责令该建设工程停止施工。

建设单位未将保证安全施工的措施或者拆除工程的有关资料报送有关部门备案的，责令限期改正，给予警告。

建设单位有下列行为之一的，责令限期改正，处20万元以上50万元以下的罚款；造成重大安全事故，构成犯罪的，对直接责任人员，依照刑法有关规定追究刑事责任；造成损失的，依法承担赔偿责任：①对勘察、设计、施工、工程监理等单位提出不符合安全生产法律、法规和强制性标准规定的要求的；②要求施工单位压缩合同约定的工期的；③将拆除工程发包给不具有相应资质等级的施工单位的。

（3）勘察、设计单位的法律责任

违反《建设工程安全生产管理条例》的规定，勘察单位、设计单位有下列行为之一的，责令限期改正，处10万元以上30万元以下的罚款；情节严重的，责令停业整顿，降低资质等级，直至吊销资质证书；造成重大安全事故，构成犯罪的，对直接责任人员，依照刑法有关规定追究刑事责任；造成损失的，依法承担赔偿责任：①未按照法律、法规和工程建设强制性标准进行勘察、设计的；②采用新结构、新材料、新工艺的建设工程和特殊结构的建设工程，设计单位未在设计中提出保障施工作业人员安全和预防生产安全事故的措施建议的。

（4）工程监理单位的法律责任

违反《建设工程安全生产管理条例》的规定，工程监理单位有下列行为之一的，责令限期改正；逾期未改正的，责令停业整顿，并处10万元以上30万元以下的罚款；情节严重的，降低资质等级，直至吊销资质证书；造成重大安全事故，构成犯罪的，对直接责任人员，依照刑法有关规定追究刑事责任；造成损失的，依法承担赔偿责任：①未对施工组织设计中的安全技术措施或者专项施工方案进行审查的；②发现安全事故隐患未及时要求施工单位整改或者暂时停止施工的；③施工单位拒不整改或者不停止施工，未及时向有关主管部门报告的；④未依照法律、法规和工程建设强制性标准实施监理的。

（5）施工单位的法律责任

违反《建设工程安全生产管理条例》的规定，施工单位有下列行为之一的，责令限期改正；逾期未改正的，责令停业整顿，依照《中华人民共和国安全生产法》的有关规定处以罚款；造成重大安全事故，构成犯罪的，对直接责任人员，依照刑法有关规定追究刑事责任：①未设立安全生产管理机构、配备专职安全生产管理人员或者分部分项工程施工时无专职安全生产管理人员现场监督的；②施工单位的主要负责人、项目负责人、专职安全生产管理人员、作业人员或者特种作业人员，未经安全教育培训或者经考核不合格即从事相关工作的；③未在施工现场的危险部位设置明显的安全警示标志，或者未按照国家有关规定在施工现场设置消防通道、消防水源、配备消防设施和灭火器材的；④未向作业人员提供安全防护用具和安全防护服装的；⑤未按照规定在施工起重机械和整体提升脚手架、模板等自升式架设设施验收合格后登记的；⑥使用国家明令淘汰、禁止使用的危及施工安全的工艺、设备、材料的。

违反《建设工程安全生产管理条例》的规定，施工单位挪用列入建设工程概算的安全生产作业环境及安全施工措施所需费用的，责令限期改正，处挪用费用20%以上50%以下的罚款；造成损失的，依法承担赔偿责任。

违反《建设工程安全生产管理条例》的规定，施工单位有下列行为之一的，责令限期改正；逾期未改正的，责令停业整顿，并处5万元以上10万元以下的罚款；造成重大安全事故，构成犯罪的，对直接责任人员，依照刑法有关规定追究刑事责任：①施工前未对有关安全施工的技术要求作出详细说明的；②未根据不同施工阶段和周围环境及季节、气候的变化，在施工现场采取相应的安全施工措施，或者在城市市区内的建设工程的施工现场未实行封闭围挡的；③在尚未竣工的建筑物内设置员工集体宿舍的；④施工现场临时搭建的建筑物不符合安全使用要求的；⑤未对因建设工程施工可能造成损害的毗邻建筑物、构筑物和地下管线等采取专项防护措施的。施工单位有前款规定第④项、第⑤项行为，造成损失的，依法承担赔偿责任。

违反《建设工程安全生产管理条例》的规定，施工单位有下列行为之一的，责令限期改正；逾期未改正的，责令停业整顿，并处10万元以上30万元以下的罚款；情节严重的，降低资质等级，直至吊销资质证书；造成重大安全事故，构成犯罪的，对直接责任人员，依照刑法有关规定追究刑事责任；造成损失的，依法承担赔偿责任：①安全防护用具、机械设备、施工机具及配件在进入施工现场前未经查验或者查验不合格即投入使用的；②使用未经验收或者验收不合格的施工起重机械和整体提升脚手架、模板等自升式架设设施的；③委托不具有相应资质的单位承担施工现场安装、拆卸施工起重机械和整体提升脚手架、模板等自升式架设设施的；④在施工组织设计中未编制安全技术措施、施工现场临时用电方案或者专项施工方案的。

违反《建设工程安全生产管理条例》的规定，施工单位的主要负责人、项目负责人未履行安全生产管理职责的，责令限期改正；逾期未改正的，责令施工单位停业整顿；造成重大安全事故、重大伤亡事故或者其他严重后果，构成犯罪的，依照《刑法》有关规定追究刑事责任。

作业人员不服管理、违反规章制度和操作规程冒险作业造成重大伤亡事故或者其他严重后果，构成犯罪的，依照《刑法》有关规定追究刑事责任。

主要负责人、项目负责人未按规定履行安全生产管理职责的，由县级以上人民政府住房城乡建设主管部门责令限期改正；逾期未改正的，责令建筑施工企业停业整顿；造成生产安全事故或者其他严重后果的，按照《生产安全事故报告和调查处理条例》的有关规定，依法暂扣或者吊销安全生产考核合格证书；构成犯罪的，依法追究刑事责任。

施工单位的主要负责人、项目负责人有违法行为，尚不够刑事处罚的，处2万元以上20万元以下的罚款或者按照管理权限给予撤职处分；自刑罚执行完毕或者受处分之日起，5年内不得担任任何施工单位的主要负责人、项目负责人。

专职安全生产管理人员未按规定履行安全生产管理职责的，由县级以上地方人民政府住房城乡建设主管部门责令限期改正，并处1000元以上5000元以下的罚款；造成生产安全事故或者其他严重后果的，按照《生产安全事故报告和调查处理条例》的有关规定，依法暂扣或者吊销安全生产考核合格证书；构成犯罪的，依法追究刑事责任。

施工单位取得资质证书后，降低安全生产条件的，责令限期改正；经整改仍未达到与其资质等级相适应的安全生产条件的，责令停业整顿，降低其资质等级直至吊销资质证书。

(6) 注册执业人员的法律责任

注册执业人员未执行法律、法规和工程建设强制性标准的，责令停止执业3个月以上1年以下；情节严重的，吊销执业资格证书，5年内不予注册；造成重大安全事故的，终身不予注册；构成犯罪的，依照《刑法》有关规定追究刑事责任。

8.6 生产安全事故调查处理及应急救援制度

8.6.1 生产安全事故等级划分

《生产安全事故报告和调查处理条例》第一章第三条规定：根据生产安全事故（以下简称事故）造成的人员伤亡或者直接经济损失，事故一般分为以下等级：

(1) 特别重大事故，是指造成30人以上死亡，或者100人以上重伤（包括急性工业中毒，下同），或者1亿元以上直接经济损失的事故。

(2) 重大事故，是指造成10人以上30人以下死亡，或者50人以上100人以下重伤，或者5000万元以上1亿元以下直接经济损失的事故。

(3) 较大事故，是指造成3人以上10人以下死亡，或者10人以上50人以下重伤，或者1000万元以上5000万元以下直接经济损失的事故。

(4) 一般事故，是指造成3人以下死亡，或者10人以下重伤，或者1000万元以下直接经济损失的事故。

8.6.2 生产安全事故的应急救援与调查处理

《中华人民共和国安全生产法》第二章对生产安全事故的应急救援与调查处理做出了规定，《生产安全事故报告和调查处理条例》第二章和第四章也分别对安全事故报告和事故处理做出了规定。

(1) 生产安全事故应急救援的相关规定

县级以上地方各级人民政府应当组织有关部门制定本行政区域内特大生产安全事故应急救援预案，建立应急救援体系。

危险物品的生产、经营、储存单位以及矿山、建筑施工单位应当建立应急救援组织；生产经营规模较小，可以不建立应急救援组织的，应当指定兼职的应急救援人员。

危险物品的生产、经营、储存单位以及矿山、建筑施工单位应当配备必要的应急救援器材、设备，并进行经常性维护、保养，保证正常运转。

生产经营单位发生生产安全事故后，事故现场有关人员应当立即报告本单位负责人。

单位负责人接到事故报告后，应当迅速采取有效措施，组织抢救，防止事故扩大，减少人员伤亡和财产损失，并按照国家有关规定立即如实报告当地负有安全生产监督管理职责的部门，不得隐瞒不报、谎报或者拖延不报，不得故意破坏事故现场、毁灭有关证据。

负有安全生产监督管理职责的部门接到事故报告后，应当立即按照国家有关规定上报事故情况。负有安全生产监督管理职责的部门和有关地方人民政府对事故情况不得隐瞒不报、谎报或者拖延不报。

(2) 事故调查处理的相关规定

有关地方人民政府和负有安全生产监督管理职责的部门的负责人接到重大生产安全事故报告后，应当立即赶到事故现场，组织事故抢救。任何单位和个人都应当支持、配合事故抢救，并提供一切便利条件。

事故调查处理应当按照实事求是、尊重科学的原则，及时、准确地查清事故原因，查明事故性质和责任，总结事故教训，提出整改措施，并对事故责任者提出处理意见。事故调查和处理的具体办法由国务院制定。

生产经营单位发生生产安全事故，经调查确定为责任事故的，除了应当查明事故单位的责任并依法予以追究外，还应当查明对安全生产的有关事项负有审查批准和监督职责的行政部门的责任，对有失职、渎职行为的，依法追究法律责任。

任何单位和个人不得阻挠和干涉对事故的依法调查处理。

县级以上地方各级人民政府负责安全生产监督管理的部门应当定期统计分析本行政区域内发生生产安全事故的情况，并定期向社会公布。

8.6.3 建筑施工安全事故应急救援预案

为加强对建筑施工安全事故的防范，及时做好安全事故发生后的救援工作，建筑企业应当编制建筑施工安全事故应急救援预案。负责建筑施工安全生产监督的管理部门负责所在行政区域内建筑安全事故应急救援预案的监督管理。建筑施工安全事故应急救援预案由工程承包单位编制。实行工程总承包的，由总承包单位编制。实行联合承包的，由承包各方共同编制。

为了规范生产安全事故应急预案的管理，完善应急预案体系，增强应急预案的科学性、针对性、实效性，依据《中华人民共和国突发事件应对法》、《中华人民共和国安全生产法》和国务院有关规定，国家安全生产监督管理总局制定了《生产安全事故应急预案管理办法》，自 2009 年 5 月 1 日起施行。

1. 建筑施工安全事故应急救援预案的作用

建筑施工安全事故应急救援预案的作用主要体现在以下五个方面：

①明确了应急救援的范围和体系，使应急准备和应急管理有据可依、有章可循。

②有利于做出及时的应急响应，降低事故后果。

③成为各类突发重大事故的应急基础。通过编制基本应急预案，可保证应急预案足够的灵活性，对那些事先无法预料到的突发事件或事故，也可以起到基本的应急指导作用；针对特定危害编制专项应急预案，有针对性制定应急措施，进行专项应急准备和演习。

④当发生超过应急能力的重大事故时，便于与上级应急部门协调。

⑤有利于提高全社会的风险防范意识。

2. 应急预案的编制

生产经营单位应当根据有关法律、法规和《生产经营单位安全生产事故应急预案编制导则》AQ/T 9002—2006，结合本单位的危险源状况、危险性分析情况和可能发生的事故特点，制定相应的应急预案。生产经营单位的应急预案按照针对情况的不同，分为综合应急预案、专项应急预案和现场处置方案。

生产经营单位风险种类多、可能发生多种事故类型的，应当组织编制本单位的综合应急预案。综合应急预案应当包括本单位的应急组织机构及其职责、预案体系及响应程序、事故预防及应急保障、应急培训及预案演练等主要内容。

对于某一种类的风险，生产经营单位应当根据存在的重大危险源和可能发生的事故类型，制定相应的专项应急预案。专项应急预案应当包括危险性分析、可能发生的事故特征、应急组织机构与职责、预防措施、应急处置程序和应急保障等内容。

对于危险性较大的重点岗位，生产经营单位应当制定重点工作岗位的现场处置方案。现场处置方案应当包括危险性分析、可能发生的事故特征、应急处置程序、应急处置要点和注意事项等内容。

生产经营单位编制的综合应急预案、专项应急预案和现场处置方案之间应当相互衔接，并与所涉及的其他单位的应急预案相互衔接。

3. 建筑施工安全事故应急救援预案的内容

①建设工程的基本情况，含规模、结构类型、工程开工、竣工日期；

②建筑施工项目经理部基本情况，含项目经理、安全负责人、安全员等姓名、证书号码等；

③施工现场安全事故救护组织，包括具体责任人的职务、联系电话等；

④救援器材、设备的配备；

⑤安全事故救护单位，包括建设工程所在市、县医疗救护中心、医院的名称、电话、行驶路线等。

建筑施工安全事故应急救援预案应当作为安全报监的附件材料报工程所在地市、县（市）负责建筑施工安全生产监督的部门备案，应当告知现场施工作业人员。施工期间，其内容应当在施工现场显著位置予以公示。

4. 应急预案的管理

应急预案的管理遵循综合协调、分类管理、分级负责、属地为主的原则。国家安全生产监督管理总局负责应急预案的综合协调管理工作；国务院其他负有安全生产监督管理职责的部门按照各自的职责负责本行业、本领域内应急预案的管理工作；县级以上地方各级人民政府安全生产监督管理部门负责本行政区域内应急预案的综合协调管理工作；县级以上地方各级人民政府其他负有安全生产监督管理职责的部门按照各自的职责负责辖区内本行业、本领域应急预案的管理工作。

生产经营单位应当组织专家对本单位编制的应急预案进行评审。应急预案的评审或者论证应当注重应急预案的实用性、基本要素的完整性、预防措施的针对性、组织体系的科学性、响应程序的操作性、应急保障措施的可行性、应急预案的衔接性等内容。生产经营单位的应急预案经评审或者论证后，由生产经营单位主要负责人签署公布。

生产经营单位中涉及实行安全生产许可的，其综合应急预案和专项应急预案，按照隶属关系报所在地县级以上地方人民政府安全生产监督管理部门和有关主管部门备案；未实行安全生产许可的，其综合应急预案和专项应急预案的备案，由省、自治区、直辖市人民政府安全生产监督管理部门确定。

5. 应急预案的实施

各级安全生产监督管理部门、生产经营单位应当采取多种形式开展应急预案的宣传教育，普及生产安全事故预防、避险、自救和互救知识，提高从业人员安全意识和应急处置技能。各级安全生产监督管理部门应当将应急预案的培训纳入安全生产培训工作计划，并组织实施本行政区域内重点生产经营单位的应急预案培训工作，定期组织应急预案演练，提高本部门、本地区生产安全事故应急处置能力。

生产经营单位应当组织开展本单位的应急预案培训活动，使有关人员了解应急预案内容，熟悉应急职责、应急程序和岗位应急处置方案。制定本单位的应急预案演练计划，根据本单位的事故预防重点，每年至少组织一次综合应急预案演练或者专项应急预案演练，每半年至少组织一次现场处置方案演练。应急预案的要点和程序应当张贴在应急地点和应急指挥场所，并设有明显的标志。

生产经营单位应当按照应急预案的要求配备相应的应急物资及装备，建立使用状况档案，定期检测和维护，使其处于良好状态。发生事故后，应当及时启动应急预案，组织有关力量进行救援，并按照规定将事故信息及应急预案启动情况报告安全生产监督管理部门和其他负有安全生产监督管理职责的部门。

思 考 题

1. 建筑施工企业取得安全生产许可证应具备哪些条件？
2. 如何理解安全生产基本方针？
3. 安全评价有哪几种类型？各包括哪些内容？
4. 施工企业安全生产评价包括哪些内容？
5. 危险性较大的分部分项工程专项方案包括哪些内容？
6. 生产安全事故等级如何划分？
7. 建筑施工安全事故应急救援预案包括哪些内容？

第9章　建设工程质量管理法规

我国2000年颁布了国家标准《质量管理体系要求》GB/T 19001—2000，采用了质量国际标准化组织发布的ISO9001：2000国际标准（国际标准化组织于2008年发布了国际标准ISO9001：2008代替ISO9001：2000）。其中对质量的定义是：一组固有特性满足要求的程度。"固有的"就是指在某事或某物本来就有的，尤其是那种永久的特性。对产品来说，例如水泥的化学成分、强度、凝结时间就是固有特性，而价格和交货期则是赋予特性。对质量管理体系来说，固有特性就是实现质量方针和质量目标的能力。对过程来说，固有特性就是过程将输入转化为输出的能力。质量是满足要求的程度，要求包括明示的隐含的和必须履行的需求或期望。对质量管理的定义是：在质量方面指挥和控制组织的协调的活动。在质量方面的指挥和控制活动，通常包括制定质量方针和质量目标以及质量策划、质量控制、质量保证和质量改进。质量管理是企业（项目）围绕着使产品质量能满足不断更新的质量要求，而开展的策划、组织、计划、实施、检查和监督、审核等所有管理活动的总和。它是企业（项目）各级职能部门领导的职责，而由企业最高领导（或项目经理）负全责，应调动与质量有关的所有人员的积极性，共同做好本职工作，才能完成质量管理的任务。

建设工程质量有广义和狭义之分。广义上的建设工程质量不仅包括工程的实体质量，还包括工程建设参与者的服务质量和工作质量。它反映在他们的服务是否及时、主动，态度是否诚恳、守信，管理水平是否先进，工作效率是否很高等方面。它又可分为政治思想工作质量、管理工作质量、技术工作质量和后勤工作质量等。工作质量直接决定了实体质量。应该说，工程实体质量的好坏是决策、计划、勘察、设计、施工等单位各方面、各环节工作质量的综合反映。狭义上的建设工程质量强调工程实体质量，它是指在国家现行的有关法律、法规、技术标准、设计文件和合同中，对工程的安全、适用、经济、美观等特性的综合要求，如：建筑物的基础是否坚固、结构是否安全、通风采光是否合理等。

建设工程作为一种特殊产品，是人们日常生活和生产、经营、工作等的主要场所，是人类赖以生存和发展的重要物质基础。建设工程一旦发生质量事故，特别是重大垮塌事故，将危及人民生命财产安全，甚至造成不可估量的损失。因此，"百年大计，质量第一"，必须进一步提高建设工程质量水平，确保建设工程的安全可靠。

9.1　质量体系认证制度

《中华人民共和国建筑法》第五十三条规定：国家对从事建筑活动的单位推行质量体系认证制度。从事建筑活动的单位根据自愿原则可以向国务院产品质量监督管理部门或其授权部门认可的认证机构申请企业质量体系认证。经认证合格的，由认证机构向该企业颁发企业质量体系认证书。

9.1.1 质量体系认证的含义

质量体系指为保证产品、过程或服务质量，满足规定（或潜在）的要求，由组织机构、职责、程序、活动、能力和资源等构成的有机整体。也就是说，为了实现质量目标的需要而建立的综合体；为了履行合同，贯彻法规和进行评价，可能要求提供实施各体系要素的证明；企业为了实施质量管理，生产出满足规定和潜在要求的产品和提供满意的服务，实现企业的质量目标，必须通过建立和健全质量体系来实现。质量体系按体系目的可分为质量管理体系和质量保证体系两类，企业在非合同环境下，应建有质量管理体系；在合同环境下，企业应建有质量管理体系和质量保证体系。

质量体系认证是指由权威的、公正的、具有独立第三方法人资格的认证机构（由国家管理机构认可并授权的）派出合格审核员组成的检查组，对申请方质量体系的质量保证能力依据三种质量保证模式标准进行检查和评价，对符合标准要求者授予合格证书并予以注册的全部活动。

9.1.2 质量体系认证的标准

质量体系认证起源于二战期间，因战争扩大所需武器需求量急剧膨胀，美国国防部为此面临千方百计扩大武器生产量，同时又要保证质量的现实问题。当时的军火生产企业大多数是工头凭借经验管理、指挥生产，由于管理的人数有限，产量与战争需求量相距很远。于是，国防部组织大型企业的技术人员编写技术标准文件，开设培训班，对来自其他相关原机械工厂的员工（如五金、工具、铸造工厂）进行大量训练，使其能在很短的时间内学会识别工艺图及工艺规则，掌握武器制造所需关键技术，从而将专用技术迅速复制到其他机械工厂，从而奇迹般地有效解决了战争难题。战后，国防部将该宝贵的“工艺文件化”经验进行总结、丰富，编制更周详的标准在全国工厂推广应用，并同样取得了满意效果。当时美国盛行文件风，后来，美国军工企业的这个经验很快被其他工业发达国家军工部门所采用，并逐步推广到民用工业，在西方各国蓬勃发展起来。

随着上述品质保证活动的迅速发展，各国的认证机构在进行产品品质认证的时候，逐渐增加了对企业的品质保证体系进行审核的内容，进一步推动了品质保证活动的发展。到了20世纪70年代后期，英国一家认证机构BSI（英国标准协会）首先开展了单独的品质保证体系的认证业务，使品质保证活动由第二方审核发展到第三方认证，受到了各方面的欢迎，更加推动了品质保证活动的迅速发展。

通过三年的实践，BSI认为，这种品质保证体系的认证适应面广，灵活性大，有向国际社会推广的价值。于是，在1979年向ISO提交了一项建议。ISO根据BSI的建议，当年即决定在ISO的认证委员会的“品质保证工作组”的基础上成立“品质保证委员会”。1980年，ISO正式批准成立了“品质保证技术委员会”（即TC176）着手这一工作，从而导致了“ISO9000族”标准的诞生，健全了单独的品质体系认证的制度，一方面扩大了原有品质认证机构的业务范围，另一方面又导致了一大批新的专门的品质体系认证机构的诞生。

自从1987年ISO9000系列标准问世以来，为了加强品质管理，适应品质竞争的需要，企业家们纷纷采用ISO9000系列标准在企业内部建立品质管理体系，申请品质体系认证，很快形成了一个世界性的潮流。全世界已有100多个国家和地区正在积极推行ISO9000国际标准。

1992 年，我国在总结国际标准化组织（ISO）成功的基础上，发布了等同采用国际标准的《质量管理和质量保证》GB/T 19000—ISO9000 系列标准。该系列标准不仅可以作为生产企业质量保证工作的依据，也是企业申请质量体系认证的标准。该系列标准从质量管理的共性出发，阐明了质量体系的基本组成要素和基本规律以及质量管理工作的基本原则，适用于各行业、服务业所开展的质量管理工作，同时也适用于建筑企业活动的质量管理工作。

我国发布的《质量管理和质量保证》GB/T 19000—ISO9000 系列标准主要由五个标准组成。

《质量管理和质量保证——选择和使用指南》GB/T 19000—ISO9000；

《质量体系——设计、开发、生产、安装和服务的质量保证模式》GB/T 19001—ISO9001；

《质量体系——生产和安装的质量保证模式》GB/T 19002—ISO9002；

《质量体系——最终检验和试验的质量保证模式》GB/T 19003—ISO9003；

《质量管理和质量体系要素——指南》GB/T 19004—ISO9004。

9.1.3 质量体系系列标准的内容

ISO9000 族标准描述了质量体系应包括哪些要素，而不是描述某一具体组织如何实施这些要素。强制质量体系的统一不是这些标准的目的。组织的需要各有不同，质量体系的设计和实施当然地必须受具体的组织的目标、产品和过程及其具体实践的影响。

（1）《质量管理和质量保证——选择和使用指南》GB/T 19000—ISO9000

阐明与质量有关的基本概念，如质量方针、质量管理、质量体系、质量控制、质量保证等，以及这些概念之间的区别和相互联系；阐明了企业应力求达到的质量目及质量体系环境特点和质量体系标准的类型；规定了标准的应用范围、标准化的应用程序；规定了正式文件应包括的内容以及供需双方需签订合同前应做的准备。为 ISO9000 族质量管理和质量保证标准的选择和使用提供指南。《质量管理和质量保证》系列标准适用于各个行业。企业应针对环境特点和主观因素影响，对照标准开展质量工作，对标准规定的要素及采用要素的程度进行研究，确定企业自身质量体系的构成。通过要素选择，组合出既符合质量管理原理，又适用于本企业条件的最佳状态质量体系。制定本企业的质量方针、程序文件、操作手册、质量记录等一套管理体系。

（2）《质量体系——设计、开发、生产、安装和服务的质量保证模式》GB/T 19001—ISO9001

该标准阐述了从产品设计、开发、生产到售后服务全过程的质量体系要素的要求，是三个质量保证模式中质量水平最高、覆盖环节最多，而且质量体系要素最多的质量保证标准。遵照这一标准，企业产品质量体系提供从合同评审、设计、生产到安装过程各个阶段和环节的严格控制，防止发生不合格情况，该标准与其他同族标准相比增加了对设计质量控制条款和售后服务条款的质量体系要素。《质量体系——设计、开发、生产、安装和服务的质量保证模式》GB/T 19001—ISO9001 标准中包括了设计，对勘察设计企业、各类研究机构和房地产开发公司等单位较适用，故房地产开发、建筑工程总承包等企业可选择该标准。

（3）《质量体系——生产和安装的质量保证模式》GB/T 19002—ISO9002

该标准阐述了从原材料采购至产品交付使用全过程的质量体系要求，是三个模式中使用率较高的模式标准，适用于生产工序复杂、价格昂贵或设计已经定型的产品。它要求生产企业质量体系提供产品在生产过程中能够保证质量的证据，及时解决生产过程中所遇到的问题，达到产品在生产和安装各个环节所需要求。减少或避免不合格产品的发生。该标准强调预防控制与检验相结合，并依此范围规定了 18 项质量体系要素的内容和工作程序。《质量体系——生产和安装的质量保证模式》GB/T 19002—ISO9002 标准中只包括生产和安装，故仅适用于建筑施工企业。

(4)《质量体系——最终检验和试验的质量保证模式》GB/T 19003—ISO9003

该标准明确了产品形成过程检验工作、成品检验和实验的质量体系要求，对相关检验人员、检验设备和程序都提出严格要求，突出检验工作的力度，采取有效的检验系统。它适用于相对简单和比较成熟的产品。该标准的质量体系要素由 12 项构成，是三个模式标准中质量体系要素较少的模式标准。《质量体系——最终检验和试验的质量保证模式》GB/T 19003—ISO9003 标准涉及试验和检验，适用于试验检测机构、质量监督部门、咨询监理企业等。

(5)《质量管理和质量体系要素——指南》GB/T 19004—ISO9004

该标准是企业建立质量体系的指导标准。它在总结了不同行业、不同企业的基本要求后，提出了企业建立质量体系一般应包括的基本要素。该标准对基本质量要素的含义、要素的目标、要素间的关系以及各项工作的内容、要求、方法、人员和所要求文件、记录都要有明确的要求。该标准从建立质量体系的组织结构、责任、程序、过程和资源五个方面对人、技术、管理等要素提出要求。对于我国的建筑业所涉及的设计、科研、房地产开发、市政、施工、试验、质量监督、建设监理等企事业单位，建立企业质量管理体系，应选择《质量管理和质量体系要素——指南》GB/T 19004—ISO9004。

9.2 政府对建设工程的监督管理

《建设工程质量管理条例》规定：国家实行建设工程质量监督管理制度。工程质量监督是建设行政主管部门或其委托的工程质量监督机构根据国家的法律、法规和建设强制性标准，对责任主体和有关机构的履行质量责任的行为以及对工程实体质量进行监督检查、维护公共利益的行政执法行为。

政府建设工程质量监督的主要目的是要保证建设工程使用安全和环境质量，主要方式是政府认可的第三方强制监督，主要内容是地基基础、主体结构、环境质量和与此相关的工程建设各方主体的质量行为，主要手段是施工许可制度和竣工验收备案制度。2000 年 1 月 30 日，《建设工程质量管理条例》的颁布实施更标志着我国建设工程质量监督工作进入了一个崭新的时期。《建设工程质量管理条例》规定了工程建设各方责任主体的质量责任和各级行政主管部门的管理职责，确立了一系列工程质量管理制度，为确保工程质量，提高质量水平，杜绝重大质量事故提供了强有力的法律武器。工程质量监督制度的实行，建设工程质量监督机构的设立及其有效运行对保证建设工程质量意义重大，是政府质量监管不可或缺的有效手段。2003 年建设部又颁布了《工程质量监督工作导则》(建质［2003］162 号)，对建设工程质量监督工作中的术语、一般规定、责任主体和有关机构质量行为的监督、工程实体质量监督、工程竣工验收监督、工程质量监督报告、工程质量监督档案和信息管理等内容做出了具体的规定。

9.2.1 建设工程质量监督主体

建设工程质量监督主体是各级政府建设行政主管部门和其他有关部门。《建设工程质量管理条例》第四十三条规定："国务院建设行政主管部门对全国的建设工程质量实施统一监督管理。国务院铁路、交通、水利等有关部门按照国务院规定的职责分工，负责对全国的有关专业建设工程质量的监督管理。"国务院发展计划部门按照国务院规定的职责，组织稽查特派员，对国家出资的重大建设项目实施监督检查。国务院经济贸易主管部门按照国务院规定的职责，对国家重大技术改造项目实施监督检查。

县级以上地方人民政府建设行政主管部门对本行政区域内的建设工程质量实施监督管理。县级以上地方人民政府交通、水利等有关部门在各自的职责范围内，负责对本行政区域内的专业建设工程质量的监督管理。

建设工程质量监督管理，可以由建设行政主管部门或者其他有关部门委托的建设工程质量监督机构具体实施。从事房屋建筑工程和市政基础设施工程质量监督的机构，必须按照国家有关规定经国务院建设行政主管部门或者省、自治区、直辖市人民政府建设行政主管部门考核；从事专业建设工程质量监督的机构，必须按照国家有关规定经国务院有关部门或者省、自治区、直辖市人民政府有关部门考核。经考核合格后，方可实施质量监督。

在政府加强监督的同时，还要发挥社会监督的巨大作用，即任何单位和个人对建设工程的质量事故、质量缺陷都有权检举、控告、投诉。

9.2.2 政府监督检查的内容

《建设工程质量管理条例》规定，国务院建设行政主管部门和国务院铁路、交通、水利等有关部门以及县级以上地方人民政府建设行政主管部门和其他有关部门，应当加强对有关建设工程质量的法律、法规和强制性标准执行情况的监督检查。

县级以上人民政府建设行政主管部门和其他有关部门履行监督检查职责时，有权采取下列措施：①要求被检查的单位提供有关工程质量的文件和资料；②进入被检查单位的施工现场进行检查；③发现有影响工程质量的问题时，责令改正。

有关单位和个人对县级以上人民政府建设行政主管部门和其他有关部门进行的监督检查应当支持与配合，不得拒绝或者阻碍建设工程质量监督检查人员依法执行职务。

《建设工程质量管理条例》规定，供水、供电、供气、公安消防等部门或者单位不得明示或者暗示建设单位、施工单位购买其指定的生产供应单位的建筑材料、建筑构配件。目前，有关部门或单位利用其管理职能或垄断地位指定生产厂家或产品的现象较多，如果建设单位或施工单位不采用，就在竣工验收时故意刁难或不予验收，不准投入使用。政府有关部门这种滥用职权的行为，是法律所不允许的。

9.2.3 质量监督机构的监督管理

《工程质量监督工作导则》中指出，工程质量监督是建设行政主管部门或其委托的工程质量监督机构（统称监督机构）根据国家的法律、法规和工程建设强制性标准、对责任主体和有关机构履行质量责任的行为以及工程实体质量进行监督检查、维护公众利益的行政执法行为。建设工程质量责任主体是指参与工程建设项目的建设单位、勘察单位、设计单位、施工单位和监理单位。

（1）监督机构的主要工作内容

监督机构的主要工作内容包括：①对责任主体和有关机构履行质量责任的行为的监督检查；②对工程实体质量的监督检查；③对施工技术资料、监理资料以及检测报告等有关工程质量的文件和资料的监督检查；④对工程竣工验收的监督检查；⑤对混凝土预制构件及预拌混凝土质量的监督检查；⑥对责任主体和有关机构违法、违规行为的调查取证和核实、提出处罚建议或按委托权限实施行政处罚；⑦提交工程质量监督报告；⑧随时了解和掌握本地区工程质量状况；⑨其他内容。

（2）监督机构应建立业务管理

监督人员岗位条件应符合国家有关规定。监督机构应建立业务管理的有关制度。监督人员在履行工程质量监督职责时，应持证上岗，并不得少于2人。在履行监督职责时，对发现责任主体和有关机构违反法律、法规和违反工程建设强制性标准行为的，应及时发出监督整改通知，限期整改。监督机构应根据本地区年度建设规模、质量状况和年度质量工作目标以及本身资源情况，制定本地区年度或阶段工程质量监督工作计划。

（3）监督机构的监督行为要求

监督机构对责任主体和有关机构质量行为进行监督应遵守以下一般规定：①抽查责任主体和有关机构执行有关法律、法规及工程技术标准的情况。②抽查责任主体和有关机构质量管理体系的建立和实施情况。③发现存在违法违规行为的，按建设行政主管部门委托的权限对违法违规事实进行调查取证，对责任单位、责任人提出处罚建议或按委托权限实施行政处罚。

9.2.4 监督机构对责任主体和有关机构质量行为的监督

（1）对建设单位质量行为的监督

监督机构应对建设单位的下列行为进行抽查：①施工前办理质量监督注册、施工图设计文件审查、施工许可（开工报告）手续情况；②按规定委托监理情况；③组织图纸会审、设计交底、设计变更工作情况；④组织工程质量验收情况；⑤原设计有重大修改、变动的，施工图设计文件重新报审情况；⑥及时办理工程竣工验收备案手续情况。

（2）对勘察、设计单位质量行为的监督

监督机构应对勘察、设计单位的下列行为进行抽查：①参加地基验槽、基础、主体结构及有关重要部位工程质量验收和工程竣工验收情况；②签发设计修改变更、技术洽商通知情况；③参加有关工程质量问题的处理情况。

（3）对施工单位质量行为的监督

监督机构应对施工单位的下列行为进行抽查：①施工单位资质、项目经理部管理人员的资格、配备及到位情况；主要专业工种操作上岗资格、配备及到位情况；②分包单位资质与对分包单位的管理情况；③施工组织设计或施工方案审批及执行情况；④施工现场施工操作技术规程及国家有关规范、标准的配置情况；⑤工程技术标准及经审查批准的施工图设计文件的实施情况；⑥检验批、分项、分部（子分部）、单位（子单位）工程质量的检验评定情况；⑦质量问题的整改和质量事故的处理情况；⑧技术资料的收集、整理情况。

（4）对监理单位质量行为的监督

监督机构应对监理单位的下列行为进行抽查：①监理单位资质、项目监理机构的人员资格、配备及到位情况；②监理规划、监理实施细则（关键部位和工序的确定及措施）的编制审批内容的执行情况；③对材料、构配件、设备投入使用或安装前进行审查情况；④对分包单位的资质进行核查情况；⑤见证取样制度的实施情况；⑥对重点部位、关键工序实施旁站监理情况；⑦质量问题通知单签发及质量问题整改结果的复查情况；⑧组织检验批、分项、分部（子分部）工程的质量验收、参与单位（子单位）工程质量的验收情况；⑨监理资料收集整理情况。

（5）对工程质量检测单位质量行为的监督

监督机构应对工程质量检测单位的下列行为进行抽查：①是否超越核准的类别、业务范围承接任务；②检测业务基本管理制度情况；③检测内容和方法的规范性程度；④检测报告形成程序、数据及结论的符合性程度。

9.2.5 工程实体质量监督

根据《工程质量监督工作导则》的规定，监督机构对工程实体质量的监督应遵守以下一般规定：（1）对工程实体质量的监督采取抽查施工作业面的施工质量与对关键部位重点监督相结合的方式；（2）重点检查结构质量、环境质量和重要使用功能、其中重点监督工程地基基础、主体结构和其他涉及结构安全的关键部位；（3）抽查涉及结构安全和使用功能的主要材料、构配件和设备的出厂合格证、试验报告、见证取样送检资料及结构实体检测报告；（4）抽查结构混凝土及承重砌体施工过程的质量控制情况；（5）实体质量检查要辅以必要的监督检测、由监督人员根据结构部位的重要程度及施工现场质量情况进行随机抽检。

监督检测的项目和数量应根据工程的规模、结构形式、施工质量等因素确定。

监督检测的项目宜包括：承重结构混凝土强度；受力钢筋数量、位置及混凝土保护层厚度；浇筑楼板厚度；砌体结构承重墙柱的砌筑砂浆强度；安装工程中涉及安全及功能的重要项目；钢结构的重要连接部位；其他需要检测的项目。

监督机构经监督检测发现工程质量不符合工程建设强制性标准或对工程质量有怀疑的，应责成有关单位委托有资质的检测单位进行检测。

9.2.6 工程竣工验收监督

监督机构应对以下工程竣工验收文件进行审查：（1）施工单位出具的工程竣工报告，包括结构安全、室内环境质量和使用功能抽样检测资料等合格证明文件以及施工过程中发现的质量问题整改报告等；（2）勘察、设计单位出具的工程质量检查报告；（3）监理单位出具的工程质量评估报告。

9.2.7 建设工程质量事故报告制度

《建设工程质量管理条例》规定，建设工程发生质量事故，有关单位应当在24小时内向当地建设行政主管部门和其他有关部门报告。对重大质量事故，事故发生地的建设行政主管部门和其他有关部门应当按照事故类别和等级向当地人民政府和上级建设行政主管部门和其他有关部门报告。特别重大质量事故的调查程序按照国务院有关规定办理。

《生产安全事故报告和调查处理条例》规定：特别重大事故，是指造成30人以上死亡，或者100人以上重伤，或者1亿元以上直接经济损失的事故。特别重大事故、重大事故逐级上报至国务院安全生产监督管理部门和负有安全生产监督管理职责的有关部门。每级上报的时间不得超过2小时。必要时，安全生产监督管理部门和负有安全生产监督管理职责的有关部门可以越级上报事故情况。

《建设工程质量管理条例》规定：发生重大工程质量事故隐瞒不报、谎报或者拖延报告期限的，对直接负责的主管人员和其他责任人员依法给予行政处分。

供水、供电、供气、公安消防等部门或者单位明示或者暗示建设单位或者施工单位购买其指定的生产供应单位的建筑材料、建筑构配件和设备的，责令改正。国家机关工作人员在建设工程质量监督管理工作中玩忽职守、滥用职权、徇私舞弊，构成犯罪的，依法追究刑事责任；尚不构成犯罪的，依法给予行政处分。

9.3 建设工程质量保修及损害赔偿

《建筑法》、《建设工程质量管理条例》均规定，建设工程实行质量保修制度。建设工程质量保修制度，是指建设工程竣工经验收后，在规定的保修期限内，因勘察、设计、施工、材料等原因造成的质量缺陷，应当由施工承包单位负责维修、返工或更换，由责任单位负责赔偿损失的法律制度。建设工程质量保修制度对于促进建设各方加强质量管理，保护用户及消费者的合法权益可起到重要的保障作用。建设工程承包单位在向建设单位提交工程竣工验收报告时，应当向建设单位出具质量保修书。质量保修书中应当明确建设工程的保修范围、保修期限和保修责任等。

9.3.1 保修期限

《建筑法》规定，建筑工程的保修范围应当包括地基基础工程、主体结构工程、屋面防水工程和其他土建工程，以及电气管线、上下水管线的安装工程，供热、供冷系统工程等项目。不同类型的建设工程，其保修范围是有所不同的。保修的期限应当按照保证建筑物合理寿命年限内正常使用，维护使用者合法权益的原则确定。

对具体的保修范围和最低保修期限，《建设工程质量管理条例》作了明确规定。

建设工程的保修期，自竣工验收合格之日起计算。建设行政主管部门或者其他有关部门发现建设单位在竣工验收过程中有违反国家有关建设工程质量管理规定行为的，责令停止使用，重新组织竣工验收。对于重新组织竣工验收的工程，其保修期为各方都认可的重新组织竣工验收的日期。

在正常使用条件下，建设工程的最低保修期限为：（一）基础设施工程、房屋建筑的地基基础工程和主体结构工程，为设计文件规定的该工程的合理使用年限；（二）屋面防水工程、有防水要求的卫生间、房间和外墙面的防渗漏，为5年；（三）供热与供冷系统，为2个采暖期、供冷期；（四）电气管线、给排水管道、设备安装和装修工程，为2年。其他项目的保修期限由发包方与承包方约定。

（1）地基基础工程和主体结构的保修期

基础设施工程、房屋建筑的地基基础工程和主体结构工程的质量，直接关系到基础设施工程和房屋建筑的整体安全可靠，必须在该工程的合理使用年限内予以保修，即实行终身负责制。因此，工程合理使用年限就是该工程勘察、设计、施工等单位的质量责任年限。

（2）屋面防水工程、供热与供冷系统等的最低保修期

在《建设工程质量管理条例》中，对屋面防水工程、供热与供冷系统、电气管线、给

排水管道、设备安装和装修工程等的最低保修期限分别做出了规定。如果建设单位与施工单位经平等协商另行签订保修合同的，其保修期限可以高于法定的最低保修期限，但不能低于最低保修期限，否则视作无效。

（3）建设工程超过合理使用年限后需要继续使用的规定

《建设工程质量管理条例》规定，建设工程在超过合理使用年限后需要继续使用的，产权所有人应当委托具有相应资质等级的勘察、设计单位鉴定，并根据鉴定结果采取加固、维修等措施，重新界定使用期。

各类工程根据其重要程度、结构类型、质量要求和使用性能等所确定的使用年限是不同的。确定建设工程的合理使用年限，并不意味着超过合理使用年限后，建设工程就一定要报废、拆除。经过具有相应资质等级的勘察、设计单位鉴定，制订技术加固措施，在设计文件中重新界定使用期，并经有相应资质等级的施工单位进行加固、维修和补强，该建设工程能达到继续使用条件的就可以继续使用。但是，如果不经鉴定、加固等而违法继续使用的，所产生的后果由产权所有人自负。

9.3.2 保修责任

质量保修责任即施工单位在质量保修书中，应当向建设单位承诺保修范围、保修期限和有关具体实施保修的措施，如保修的方法、人员及联络办法，保修答复和处理时限，不履行保修责任的罚则等。施工单位在建设工程质量保修书中，应当对建设单位合理使用建设工程有所提示。如果是因建设单位或者用户使用不当或擅自改动结构、设备位置以及不当装修等造成质量问题的，施工单位不承担保修责任；由此而造成的质量受损或者其他用户损失，应当由责任人承担相应的责任。

建设工程在保修范围和保修期限内发生质量问题的，施工单位应当履行保修义务，并对造成的损失承担赔偿责任。房屋建筑工程在保修期限内出现质量缺陷，建设单位或者房屋建筑所有人应当向施工单位发出保修通知。施工单位接到保修通知后，应当到现场核查情况，在保修书约定的时间内予以保修。发生涉及结构安全或者严重影响使用功能的紧急抢修事故，施工单位接到保修通知后，应当立即到达现场抢修。

发生涉及结构安全的质量缺陷，建设单位或者房屋建筑所有人应当立即向当地建设行政主管部门报告，采取安全防范措施；由原设计单位或者具有相应资质等级的设计单位提出保修方案，施工单位实施保修，原工程质量监督机构负责监督。

保修完成后，由建设单位或者房屋建筑所有人组织验收。涉及结构安全的，应当报当地建设行政主管部门备案。

9.3.3 保修义务和损失赔偿责任

施工单位不按工程质量保修书约定保修的，建设单位可以另行委托其他单位保修，由原施工单位承担相应责任。保修费用由质量缺陷的责任方承担。在保修期内，因房屋建筑工程质量缺陷造成房屋所有人、使用人或者第三方人身、财产损害的，房屋所有人、使用人或者第三方可以向建设单位提出赔偿要求。建设单位向造成房屋建筑工程质量缺陷的责任方追偿。因保修不及时造成新的人身、财产损害，由造成拖延的责任方承担赔偿责任。

《最高人民法院关于审理建设工程施工合同纠纷案件适用法律问题的解释》规定，因保修人未及时履行保修义务，导致建筑物损毁或者造成人身、财产损害的，保修人应当承担赔偿责任。保修人与建筑物所有人或者发包人对建筑物毁损均有过错的，各自承担相应的责任。

建设工程保修的质量问题是指在保修范围和保修期限内的质量问题。对于保修义务的承担和维修的经济责任承担应当按下述原则处理：

（1）施工单位未按照国家有关标准规范和设计要求施工所造成的质量缺陷，由施工单位负责返修并承担经济责任。

（2）由于设计问题造成的质量缺陷，先由施工单位负责维修，其经济责任按有关规定通过建设单位向设计单位索赔。

（3）因建筑材料、构配件和设备质量不合格引起的质量缺陷，先由施工单位负责维修，其经济责任属于施工单位采购的或经其验收同意的，由施工单位承担经济责任；属于建设单位采购的，由建设单位承担经济责任。

（4）因建设单位（含监理单位）错误管理而造成的质量缺陷，先由施工单位负责维修，其经济责任由建设单位承担；如属监理单位责任，则由建设单位向监理单位索赔。

（5）因使用单位使用不当造成的损坏问题，先由施工单位负责维修，其经济责任由使用单位自行负责。

（6）因地震、台风、洪水等自然灾害或其他不可抗拒原因造成的损坏问题，先由施工单位负责维修，建设参与各方再根据国家具体政策分担经济责任。

9.3.4 建设工程质量保证金的相关规定

2005年1月建设部、财政部发布的《建设工程质量保证金管理暂行办法》规定建设工程质量保证金（保修金）（以下简称保证金）是指发包人与承包人在建设工程承包合同中约定，从应付的工程款中预留，用以保证承包人在缺陷责任期内对建设工程出现的缺陷进行维修的资金。

所谓缺陷，是指建设工程质量不符合工程建设强制性标准、设计文件以及承包合同的约定。缺陷责任期一般为6个月、12个月或24个月，具体可由发承包双方在合同中约定。

缺陷责任期从工程通过竣（交）工验收之日起计。由于承包人原因导致工程无法按规定期限进行竣（交）工验收的，缺陷责任期从实际通过竣（交）工验收之日起计。由于发包人原因导致工程无法按规定期限进行竣（交）工验收的，在承包人提交竣（交）工验收报告90天后，工程自动进入缺陷责任期。

全部或者部分使用政府投资的建设项目，按工程价款结算总额5%左右的比例预留保证金。社会投资项目采用预留保证金方式的，预留保证金的比例可参照执行。

缺陷责任期内，由承包人原因造成的缺陷，承包人应负责维修，并承担鉴定及维修费用。如承包人不维修也不承担费用，发包人可按合同约定扣除保证金并由承包人承担违约责任。承包人维修并承担相应费用后，不免除对工程的一般损失赔偿责任。由他人原因造成的缺陷，发包人负责组织维修，承包人不承担费用，且发包人不得从保证金中扣除费用。

缺陷责任期内，承包人认真履行合同约定的责任，到期后，承包人向发包人申请返还保证金。发包人在接到承包人返还保证金申请后，应于14日内会同承包人按照合同约定的内容进行核实。如无异议，发包人应当在核实后14日内将保证金返还给承包人，逾期支付的，从逾期之日起，按照同期银行贷款利率计付利息，并承担违约责任。发包人在接到承包人返还保证金申请后 14 日内不予答复，经催告后 14 日内仍不予答复，视同认可承包人的返还保证金申请。

发包人和承包人对保证金预留、返还以及工程维修质量、费用有争议时，按承包合同约定的争议和纠纷解决程序处理。

思 考 题

1. 广义的建设工程质量概念与狭义的建设工程质量概念有何区别?
2. 我国现行的建设工程质量管理体系是如何规定的?
3. 我国现行的《质量管理和质量保证》体系系列标准有哪些?
4. 建筑业企业应如何选择适用的质量保证体系标准?
5. 为什么要规定建设单位的质量责任? 它的具体责任有哪些?
6. 工程勘察设计单位的质量责任有哪些?
7. 总包单位和分包单位的质量责任是如何规定的?
8. 工程建设监理单位和材料设备供应单位对工程质量都要承担哪些责任?
9. 建设工程的保修期限从何时算起? 我国现行规定的保修期限是多长?
10. 施工单位拒绝保修时，建设单位应如何处理?

第 10 章　建设工程合同管理法规

10.1　建设工程合同的法律体系

10.1.1　建设工程合同的概念和特征

依照《中华人民共和国合同法》第二百六十九条的规定，建设工程合同是承包人进行工程建设，发包人支付价款的合同，包括工程勘察、设计和施工合同。根据这一定义，建设工程合同是有如下特征：第一，建设工程合同的双方当事人为发包人和承包人；第二，包括工程勘察合同、工程设计合同、工程施工合同；第三，标的是建设工程；第四，是明确发包人和承包人权利义务关系的协议。

建设工程合同的法律特征：第一，具有严格的计划性和程序性，签订建设工程合同必须以国家批准的投资为前提；第二，承包人的主体资格受到严格的限制，要求经过资格审查，取得资质证书后，方可在其资质等级许可的范围内从事建筑活动；第三，签订及履行合同受到国家的严格监督管理；第四，建设工程合同主体之间具有严密的协作性与连带性，其成果是勘察设计单位、施工单位、建设单位、监理单位、材料设备供应商密切协作的结果。因此，若出现工程法律责任，往往出现连带责任；第五，建设工程合同为法定要式合同，必须采用书面形式。

10.1.2　建设工程合同分类

（1）按照建设工程不同阶段进行分类

①勘察设计合同。是指业主委托方与承包方为完成特定的勘察设计任务，明确相互权利和义务关系而订立的合同。

②施工合同。是指发包人和承包人为完成商定建设工程的施工，明确相互权利和义务关系而订立的合同。

（2）按照建设工程承包方式不同进行分类

①建设工程总承包合同。是指发包人将工程建设的全过程发包给一个承包人的合同。

②建设工程施工总承包合同。是指发包人将施工任务（一般指土建部分）发包给具有相应资质条件的施工总承包单位的合同。

③建设工程施工总承包管理合同。是指业主方委托一个施工单位或由多个施工单位组成的施工联合体或施工合作体作为施工总包管理单位，业主方另委托其他施工单位作为分包单位进行施工的合同。

④建设工程专业承包合同。是指发包人将建设工程的勘察、设计、施工等每一项任务分别承包给勘察人、施工人和设计人的合同。

⑤建设工程分包合同。是指总承包人或者勘察人、设计人、施工人将其承包的建设工程任务的部分工作再分包给他人完成所订立的合同。

（3）按照建设工程合同采用的计价方式不同进行分类

①固定价格合同。是指合同总价或者单价在合同约定的风险范围内不可调整，以此作为计价的建设工程合同。

②可调价格合同。是指合同总价或者单价在合同实施期间内，根据合同约定的办法调整，以此作为计价方式的合同。

③成本加酬金合同。是由发包人向承包人支付工程项目的实际成本，并按事先约定的某一种方式支付酬金的合同。

10.1.3 建设工程合同的订立

对于建设工程合同的订立，当事人可以采取协议的形式，但由于当事人之间的权利、义务关系复杂，建设质量、建设周期、工程价款等可变因素较多，为防止和减少国有资产的流失，法律提倡建设工程合同的签订采用招标、投标形式进行。

《合同法》第二百七十条明确规定，建设工程合同应当采用书面形式。这里的书面形式，是指以文字表现当事人所订合同的形式。合同书、信件以及数据电文（包括电报、电传、传真、电子数据交换和电子邮件）等可以有形地表现所载内容的形式，都是合同书面形式的具体表现，建设工程合同以上述任何形式订立，都应认定为符合法律的规定。

10.1.4 建设工程合同当事人的权利与义务

（1）发包人的权利与义务

①监理权。当建设工程需要监理时，发包人可以自行监理或委托他人监理。《合同法》规定：建设工程需要实行监理的，发包人应当与监理人采用书面形式订立监理合同。监理合同包括工程名称、地点、监理职责、费用以及支付办法等条款。

②检查权。发包人在不妨碍承包人正常作业的情况下，可以随时对作业进度、质量进行检查。隐蔽工程在隐蔽以前，承包人应当通知发包人检查。发包人没有及时检查的，承包人可以自行检查，填写隐蔽工程检查记录，并将该记录送交发包人，事后发包人可对该隐蔽工程进行检查。

③验收权。建设工程竣工后，发包人应当根据施工图纸及说明书、国家颁发的施工验收规范和质量检验标准进行验收。未经验收的建设工程，发包人不得使用。发包人擅自使用未经验收的建设工程，发现质量问题的，由发包人承担责任。

④提供建设工程所必需的技术资料、资金、原材料、设备、场地的义务。发包人应按约定的时间与要求提供建设工程必需的原材料、技术资料、资金、设备、场地等。

⑤接受履行、支付价款的义务。建设工程竣工后验收合格的，发包人应当按照合同约定支付价款并且接收该建设工程。

（2）承包人的权利与义务

①有要求提供必需的技术资料、资金、原材料、设备、场地等的权利。

②有要求支付价款的权利。

③有按照合同约定的时间完成和交付工作的义务。

10.1.5 建设工程合同的主要内容

建设工程合同的主要内容，也就是建设工程合同的主要条款。建设工程合同除了标的、数量、质量、价款或者酬金、履行期限、履行地点和方式、违约责任、合同纠纷解决方法等《合同法》规定一般应包含的条款外，以建筑工程承包合同为例，还必须约定以下主要条款：承包工程概况（包括工程名称、地点、内容、承包的范围、开工和竣工日期、质量等级等内容)；合同文件使用的语言文字、标准和适用的法律；图纸；甲乙双方驻地代表；甲乙双方的基础工作；工程进度计划；工程监督（包括隐蔽工程的中间验收等)；工程预付款及工程价的支付方式和时间；工程验收；决算；工程保修；争议处理；违约责任；双方约定的其他内容。对工程内容较多，施工期较长的建筑安装工程，应根据国家长远计划、批准的初步设计和总概算签订总合同，进行施工准备；然后，再根据批准的年度计划、施工图和预算（或技术设计和修正概算）签订具体承包合同，进行施工。如果施工准备工作量较大，又有条件作施工准备的，双方可以先签订施工准备合同，据此进行施工准备工作并应限期补签承包合同。承包合同应建立在科学可靠、切实可行的基础上，双方的权利、义务必须在合同中明确加以规定。

10.2 建设工程合同管理

建设工程合同是承发包双方为实现建设工程目标，明确相互责任、权利、义务关系的协议；是承包人进行工程建设，发包人支付价款，控制工程项目质量、进度、投资，进而保证工程建设活动顺利进行的重要法律文件。有效的合同管理是促进参与工程建设各方全面履行合同约定的义务，确保建设目标实现的重要手段，是社会主义市场经济规律的必然要求，有利于规范市场主体的交易行为，促进建筑市场的健康稳定发展。因此，加强合同管理工作对于承包商以及业主都具有重要的意义。

10.2.1 目前建设合同管理中存在的主要问题

目前，我国建设市场发育尚不完善，建设交易行为尚不规范，使得建设工程合同管理中存在诸多问题。

1. 合同双方法律意识淡薄

由于建筑市场处于买方市场，少数合同有失公正，合同文件存在合同双方权利、义务不对等现象；“阴阳合同”充斥市场，违反国家有关法律、法规，严重损害承包商利益，为合同履行埋下了隐患，严重扰乱了建筑市场秩序；建设施工合同履约程度低，违约现象严重。

2. 不重视合同管理体系和制度建设

一些建设项目不重视合同管理体系的建设，合同归口管理、分级管理和授权管理机制不健全，合同管理程序不明确，或有制度不执行，应履行的手续不履行，缺少必要的审查和评估步骤，缺乏对合同管理的有效监督和控制。

3. 缺乏专业的合同管理人才

建设工程合同涉及内容多，专业面广，合同管理人员需要有一定的专业技术知识、法律知识和造价管理知识。很多建设项目管理机构中，没有专业技术人员管理合同，或合同管理人员缺少培训，将合同管理简单地视为一种事务性工作。甚至有的合同由一般办公人员管理合同。

4. 合同管理手段落后

不重视合同归档管理，信息化程度不高，一些建设项目合同管理仍处于分散管理状态，合同的归档程序、要求没有明确规定，合同履行过程中没有严格监督控制，履行后没有全面评估和总结，合同管理粗放。

10.2.2 建设工程合同管理的方法

1. 严格执行建设工程合同管理法律法规

随着《民法通则》、《合同法》、《招标投标法》和《建筑法》等法律法规的颁布，建设工程管理法律已基本健全。但是，在实践中，这些法律的执行还存在着很大的问题，其中既有勘察、设计、施工单位转包、违法分包、不认真执行工程建设强制性标准、偷工减料、忽视工程质量的问题，也有监理单位监督不到位的问题，还有建设单位不认真履行合同，特别是拖欠工程款的问题。在市场经济条件下要求我们对建设工程合同要严格依法进行管理。这样，管理行为才能有效，才能提高建设管理水平，也才能解决建设领域存在的诸多问题。

2. 普及相关法律知识，培训合同管理人才

在市场经济条件下，工程建设领域的从业人员应当增强合同观念和合同意识，这就要求我们普及相关法律知识，培训合同管理人才。不论是施工合同中的工程师，还是建设工程合同的当事人，以及涉及有关合同的各类人员，都应当熟悉合同的相关法律知识，增强合同观念和合同意识，努力做好建设工程合同管理工作。在签订合同过程中，承包商要对合同合法性、严密性进行认真审查，减少签订合同时产生纠纷的因素，把合同纠纷控制在最低范围内，以保证合同的全面履行。

3. 建立合同管理机构，配备合同管理人员

加强建设合同管理，应当建立合同管理机构，配备合同管理人员。一方面，建设工程合同管理工作应当作为建设行政管理部门的管理内容之一；另一方面，建设工程合同当事人内部也要建立合同管理机构，不但应当建立合同管理机构，还应当配备合同管理人员，建立合同台账、统计、检查和报告制度，提高建设工程合同的管理水平。

4. 建立和健全建设工程合同管理制度

根据我国《合同法》和相关法规以及实际情况，就合同管理全过程的每个环节，建立和健全具体的可操作的制度，使合同管理有章可循。合同管理的环节包括合同的洽谈、草拟、评审、签订、下达、交底、学习、责任分解、履约跟踪、变更、中止、解除、终止等，《合同法》的大多数法律条文都可以纳入合同管理制度中。随着市场的规范运作和市场形势的发展变化，合同管理上也会不断产生新的问题，提出新的要求，这就需要不断完善原有的合同管理制度。

5. 建立合同管理目标制度

合同管理目标，是指合同管理活动应当达到的预期结果和最终目的。建设工程合同管理需要设立管理目标，并且可以分解为管理的各个阶段的目标。合同的管理目标应当落到实处。为此，还应当建立建设工程合同管理的评估制度，这样，才能有效地督促合同管理人员提高合同管理水平。

6. 推行合同示范文本制度

推行合同示范文本制度，一方面有助于当事人了解、掌握有关法律、法规，使具体实施项目的建设合同符合法律法规的要求，避免缺款少项，防止出现显失公平的条款，也有助于当事人熟悉合同的运行；另一方面，有利于行政管理机关对合同的监督，有助于仲裁机构或者人民法院及时裁判纠纷，维护当事人的利益。使用标准化的范本签订合同，对完善建设工程合同管理制度起到了极大的推动作用。

10.3 建设工程相关合同

10.3.1 建设工程勘察设计合同

勘察设计是工程建设项目实施的一个非常重要的环节，对整个项目的顺利实施起到基础性的作用。2000年我国出台了《建设工程勘察设计管理条例》，修订了《建设工程勘察设计合同管理办法》，同时修订了《建设工程勘察合同（示范文本）》和《建设工程设计合同（示范文本）》；为规范外商投资建设工程设计企业的管理，2002年建设部出台了《外商投资建设工程设计企业管理规定》；2006年，发布了《建设工程勘察设计资质管理规定》；2007年发布了《工程设计资质标准》。这些法律法规和文件的发布为建设工程勘察设计合同提供了法律依据。

1. 建设工程勘察设计合同的签订

（1）勘察设计合同定义

建设工程勘察设计合同是委托方与承包方为完成一定的勘察设计任务，明确相互权利义务关系的协议。勘察合同，由建设单位、设计单位或有关单位提出委托，经双方同意即可签订。设计合同，须具有上级机关批准的设计任务书方能签订。小型单项工程须具有上级机关批准的文件方能签订。如单独委托施工图设计任务，应同时有经有关部门批准的初步设计文件方能签订。

（2）合同形式

签订勘察设计合同，应当采用书面形式，参照示范文本的条款，明确约定双方的权利义务。

（3）合同当事人

根据《建设工程勘察设计合同管理办法》第四条，勘察设计合同的发包人（以下简称甲方）应当是法人或者自然人，承接方（以下简称乙方）必须具有法人资格。甲方是建设单位或项目管理部门，乙方是持有建设行政主管部门颁发的工程勘察设计资质证书、工程勘察设计收费资格证书和工商行政管理部门核发的企业法人营业执照的工程勘察设计单位。

2. 建设工程勘察设计合同的主要内容

根据《中华人民共和国合同法》第二百七十四条规定，勘察、设计合同的内容必须包括以下条款：

（1）提交有关基础资料和文件（包括概预算）的期限。这是对勘察人、设计人提交勘察、设计成果时间上的要求。当事人之间应当根据勘察、设计的内容和工作难度确定合理的提交工作成果的期限。勘察人、设计人必须在此期限内完成并向发包人提交工作成果。超过这一期限的，应当承担违约责任。

（2）勘察或者设计的质量要求。这是此类合同中最为重要的合同条款，也是勘察人或者设计人所应承担的最重要的义务。勘察人或者设计人应当对没有达到合同约定质量的勘察或者设计方案承担违约责任。

（3）勘察或者设计费用。这是勘察或者设计合同中的发包人所应承担的最重要的义务。勘察工作的收费标准是按照勘察的内容来确定的，其具体标准和计算办法需按原国家建委颁发的《工程勘察收费标准》中的规定执行。设计工程的收费标准，一般应根据不同行业、不同建设规模和工程内容繁简程度制定不同的收费定额，再根据这些定额收取费用。

（4）双方相互协作条款。双方相互协作条款一般包括双方当事人在施工前的准备工作、施工人及时向发包人提出开工通知书、施工进度报告书、对发包人的监督检查提供必要的协助等。双方当事人的协作是施工过程的重要组成部分，是工程顺利施工的重要保证。

3. 勘察设计合同双方的责任

根据《建设工程勘察合同（示范文本）》、《建设工程设计合同（示范文本）》，勘察设计合同双方的责任如下：

（1）委托方责任

①向承包方提供开展勘察设计工作所必需的有关基础资料，并对提供的时间、进度与资料的可靠性负责。

②在勘察设计人员进入现场作业或配合施工时，应负责提供必要的工作和生活条件。

③委托配合引进项目的设计任务，从询价、对外谈判、国内外技术考察直至建成投产的各阶段，应吸收承担有关设计任务的单位参加。

④按照国家有关规定支付勘察设计费。

⑤维护承包方的勘察成果和设计文件，不得擅自修改，不得转让给第三方重复使用。

（2）承包方责任

①勘察单位应按照现行的标准、规范、规程和技术条例，进行工程测量、工程地质、水文地质等勘察工作，并按合同规定的进度、质量提交勘察成果。

②设计单位要根据批准的设计任务书或上一阶段设计的批准文件，以及有关设计技术经济协议文件、设计标准、技术规范、规程、定额等提出勘察技术要求和进行设计，并按合同规定的进度和质量提交设计文件（包括概预算文件、材料设备清单）。

③初步设计经上级主管部门审查后，在原定任务书范围内的必要修改，由设计单位负责。原定任务书有重大变更而重作或修改设计时，须具有设计审批机关或设计任务书批准机关的意见书，经双方协商，另订合同。

④设计单位对所承担设计任务的建设项目应配合施工，进行设计技术交底，解决施工过程中有关设计的问题，负责设计变更和修改预算，参加试车考核及工程竣工验收。对于大中型工业项目和复杂的民用工程应派现场设计代表，并参加隐蔽工程验收。

10.3.2 建设项目工程总承包合同

为促进建设项目工程总承包的健康发展，规范工程总承包合同当事人的市场行为，指导建设项目工程总承包合同当事人的签约行为，维护合同当事人的合法权益，依据我国《合同法》、《建筑法》、《招标投标法》以及相关法律、法规，住房和城乡建设部、国家工商行政管理总局联合制定了《建设项目工程总承包合同示范文本（试行）》（GF—2011—0216），自2011年11月1日起试行。

1. 建设项目工程总承包定义

建设工程的总承包，一般又被称为“交钥匙承包”，是指建设工程任务的总承包，即发包人将建设工程的勘察、设计、施工等工程建设的全部任务一并发包给一个具备相应的总承包资质条件的承包人，由该承包人对工程建设的全过程向发包人负责，直至工程竣工，向发包人交付经验收合格符合发包人要求的建设工程的发承包方式。

2. 建设项目工程总承包合同的主要内容

建设项目工程总承包合同由合同协议书、通用条款和专用条款三部分组成。

（1）合同协议书

合同协议书主要包括：建设项目的功能、规模、标准和工期的要求、合同价格及支付方式等内容。合同协议书的其他内容，一般包括合同当事人要求提供的主要技术条件的附件及合同协议书生效的条件等。

（2）通用条款

①核心条款。这部分条款是确保建设项目功能、规模、标准和工期等要求得以实现的实施阶段的条款，包括一般规定，进度计划、延误和暂停，技术与设计、工程物资、施工、竣工试验、工程接收和竣工后试验。

②保障条款。这部分条款是保障核心条款顺利实施的条款，包括质量保修责任、变更和合同价格调整、合同总价和付款、保险。其中，相关约定在合同谈判阶段仅指合同条件的约定，中标价格并未包括；合同总价中包括中标价格，还包括执行合同过程中被发包人确认的变更、调整和索赔的款项。

③合同执行阶段的干系人条款。这部分条款是根据建设项目实施阶段的具体情况，依法约定了发包人、承包人的权利和义务，包括发包人、承包人和工程竣工验收。合同双方当事人在实施阶段已对工程设备材料、施工、竣工试验、竣工资料等进行了检查、检验、检测、试验及确认，并经接收后进行竣工后试验考核确认了设计质量；而工程竣工验收是发包人针对其上级主管部门或投资部门的验收，故将工程竣工验收列入干系人条款。

④违约、索赔和争议条款。这部分条款是约定若合同当事人发生违约行为，或合同履行过程中出现工程物资、施工、竣工试验等质量问题及出现工期延误、索赔等争议，如何通过友好协商、调解、仲裁或诉讼程序解决争议的条款。

⑤不可抗力条款。约定了不可抗力发生时的双方当事人的义务和不可抗力的后果。

⑥合同解除条款。分别对由发包人解除合同、由承包人解除合同的情形作出了约定。

⑦合同生效与合同终止条款。对合同生效的日期、合同的份数以及合同义务完成后合同终止等内容作出了约定。

⑧补充条款。合同双方当事人需对通用条款细化、完善、补充、修改或另行约定的，可将具体约定写在专用条款内。

（3）专用条款

专用条款是合同双方当事人根据不同建设项目合同执行过程中可能出现的具体情况，通过谈判、协商对相应通用条款的原则性约定细化、完善、补充、修改或另行约定的条款。在编写专用条款时，专用条款的编号应与相应的通用条款的编号相一致，合同双方当事人可针对相应的通用条款进行细化、完善、补充、修改或另行约定。专用条款中未列出的通用条款，合同双方当事人根据建设项目的具体情况认为简要进行细化、完善、补充、修改或另行约定的，可增加相关专用条款，新增专用条款的编号须与相应的通用条款的编号相一致。

3. 发包人的主要权利和义务

（1）负责办理项目的审批、核准或备案手续，取得项目用地的使用权，完成拆迁补偿工作，使项目具备法律规定的及合同约定的开工条件，并提供立项文件。

（2）履行合同中约定的合同价格调整、付款、竣工结算义务。

（3）有权按照合同约定和适用法律，以及关于安全、质量、环境保护和职业健康等强制性标准、规范的规定，对承包人的设计、采购、施工、竣工试验等实施工作提议、修改和变更，但不得违反国家强制性标准、规范的规定。

（4）有权根据合同约定，对因承包人原因给发包人带来的任何损失和损害，提出赔偿。

（5）发包人认为必要时，有权以书面形式发出暂停通知。其中，因发包人原因造成的暂停，给承包人造成的费用增加由发包人承担，造成关键路径延误的，竣工日期相应顺延。

4. 承包人的主要权利和义务

（1）按照合同约定的标准、规范、工程的功能、规模、考核目标和竣工日期，完成设计、采购、施工、竣工试验和（或）指导竣工后试验等工作，不得违反国家强制性标准、规范的规定。

（2）按合同约定，自费修复因承包人原因引起的设计、文件、设备、材料、部件、施工中存在的缺陷或在竣工试验和竣工后试验中发现的缺陷。

（3）按合同约定和发包人的要求，提交相关报表。报表的类别、名称、内容、报告期、提交时间和份数，在专用条款中约定。

（4）有权根据承包人的复工要求、付款时间延误和不可抗力的约定，以书面形式向发包人发出暂停通知。除此之外，凡因承包人原因的暂停，造成承包人的费用增加由其自负，造成关键路径延误的应自费赶上。

（5）对因发包人原因给承包人带来任何损失、损失或造成工程关键路径延误的，承包人有权要求赔偿和（或）延长竣工日期。

5. 发包人的安全责任

（1）除专用条款另有约定外，发包人应负责协调处理施工现场周围的地下、地上已有设施和邻近建筑物、构筑物、古树名木、文物及坟墓等的安全保护工作，维护现场周围的正常秩序，并承担相关费用。

（2）除专用条款另有约定外，发包人应负责对工程现场临近发包人正在使用、运行、或由发包人用于生产的建筑物、构筑物、生产装置、设施、设备等，设置隔离设施，竖立禁止入内、禁止动火的明显标志，并以书面形式通知承包人须遵守的安全规定和位置范围。因发包人的原因给承包人造成的损失和伤害，由发包人负责。

（3）合同未作约定，而在工程主体结构或工程主要装置完成后，发包人要求进行涉及建筑主体及承重结构变动或涉及重大工艺变化的装修工程时，双方可另行签订委托合同，作为合同附件。

发包人自行决定此类装修或发包人与第三方签订委托合同，由发包人或发包人另行委托的第三方提出设计方案及施工的，由此造成的损失、损害由发包人负责。

（4）发包人负责对其代表、雇员、监理人及其委托的其他人员进行安全教育，并遵守承包人工程现场的安全规定。承包人应在工程现场以标牌明示相关安全规定，或将安全规定发送给发包人。因发包人的代表、雇员、监理人及其委托的其他人员未能遵守承包人工程现场的安全规定所发生的人身伤害、安全事故，由发包人负责。

（5）发包人、发包人代表、雇员、监理人及其委托的其他人员应遵守健康、安全和环境保护的相关约定。

（6）发包人按合同约定占用的区域、接收的单项工程和工程，由发包人承担相关安保工作及因此产生的费用、损害和责任。

6. 承包人的安全责任

（1）工程安全性能。承包人应按照合同约定和国家有关安全生产的法律规定，进行设计、采购、施工、竣工试验，保证工程的安全性能。

（2）承包人应遵守职业健康、安全和环境保护的约定。

（3）因承包人未遵守发包人通知的安全规定和位置范围限定所造成的损失和伤害，由承包人负责。

（4）承包人全面负责其施工场地的安全管理，保障所有进入施工场地的人员的安全。因承包人原因所发生的人身伤害、安全事故，由承包人负责。

（5）承包人承担其进入现场、施工开工至发包人接收单项工程和（或）工程之前的现场保安责任（含承包人的预制加工场地、办公及生活营区），并负责编制相关的保安制度、责任制度和报告制度，提交给发包人。

10.3.3 建设工程施工合同

为指导建设工程施工合同当事人的签约行为，维护合同当事人的合法权益，依据我国《合同法》、《建筑法》、《招标投标法》以及相关法律法规，住房城乡建设部、国家工商行政管理总局对《建设工程施工合同（示范文本）》（GF—1999—0201）进行了修订，制定了《建设工程施工合同（示范文本）》（GF—2013—0201），自2013年7月1日起执行。

1. 建设工程施工合同的订立

施工合同的订立，应当遵守《合同法》、《建筑法》及其他有关法律、行政法规，遵循平等、自愿、公平和诚实信用的原则，双方就某建设工程施工项协商一致，从而订立。签订施工合同必须具备的条件：①初步设计已经批准；②工程项目已经列入年度建设计划；③有能够满足施工需要的设计文件和有关技术资料；④建设资金和主要建筑材料设备来源已经落实；⑤招投标工程，中标通知书已经下达。

2. 建设工程施工合同的主要内容

根据《建设工程施工合同（示范文本）》GF—2013—0201，建设工程施工合同由合同协议书、通用合同条款、专用合同条款三部分组成。

（1）合同协议书

合同协议书主要包括：工程概况、合同工期、质量标准、签约合同价和合同价格形式、项目经理、合同文件构成、承诺以及合同生效条件等重要内容，集中约定了合同当事人基本的合同权利义务。

（2）通用合同条款

通用合同条款是合同当事人根据《建筑法》、《合同法》等法律法规的规定，就工程建设的实施及相关事项，对合同当事人的权利义务作出的原则性约定。

通用合同条款共计 20 条，具体条款分别为：一般约定、发包人、承包人、监理人、工程质量、安全文明施工与环境保护、工期和进度、材料与设备、试验与检验、变更、价格调整、合同价格、计量与支付、验收和工程试车、竣工结算、缺陷责任与保修、违约、不可抗力、保险、索赔和争议解决。前述条款既考虑了现行法律法规对工程建设的有关要求，也考虑了建设工程施工管理的特殊需要。

通用合同条款内容比较详细，具体条款完备，为签订合同提供了范本，当事人依据这一文本签订合同，可以减轻撰写合同条款的负担；对一些不熟悉有关建设法律的当事人提供了具体的辅导和帮助，可减少签约的盲目性。示范文本具有平等性，它根据当事人法律地位一律平等的原则，规定了各方权利和义务，可杜绝“霸王条款”等各种形式的显失公平的条款。示范文本的各项条款完全依据有关法律法规制订，当事人按照这一格式签订合同可以防止出现违法条款。

（3）专用合同条款

专用合同条款是对通用合同条款原则性约定的细化、完善、补充、修改或另行约定的条款。合同当事人可以根据不同建设工程的特点及具体情况，通过双方的谈判、协商对相应的专用合同条款进行修改补充。在使用专用合同条款时，专用合同条款的编号应与相应的通用合同条款的编号一致，合同当事人可针对相应的通用合同条款进行细化、完善、补充、修改或另行约定。

3. 施工合同双方的义务和责任

（1）发包人的主要工作

①遵守法律，并办理法律规定由其办理的许可、批准或备案，包括但不限于建设用地规划许可证、建设工程规划许可证、建设工程施工许可证、施工所需临时用水、临时用电、中断道路交通、临时占用土地等许可和批准。发包人应协助承包人办理法律规定的有关施工证件和批件。

②在专用合同条款中明确其派驻施工现场的发包人代表的姓名、职务、联系方式及授权范围等事项。发包人代表在发包人的授权范围内，负责处理合同履行过程中与发包人有关的具体事宜。

③要求在施工现场的发包人人员遵守法律及有关安全、质量、环境保护、文明施工等规定，并保障承包人免于承受因发包人人员未遵守上述要求给承包人造成的损失和责任。

④施工现场、施工条件和基础资料的提供。发包人应负责提供的施工所需要条件包括：将施工用水、电力、通信线路等施工所必需的条件接至施工现场内；提供正常施工所需要的进入施工现场的交通条件；协调处理施工现场周围地下管线和邻近建筑物、构筑物、古树名木的保护工作，并承担相关费用；按照专用合同条款约定应提供的其他设施和条件。

⑤在移交施工现场前向承包人提供施工现场及工程施工所必需的毗邻区域内供水、排水、供电、供气、供热、通信、广播电视等地下管线资料，气象和水文观测资料，地质勘察资料，相邻建筑物、构筑物和地下工程等有关基础资料，并对所提供资料的真实性、准确性和完整性负责。

⑥向承包人提供能够按照合同约定支付合同价款的相应资金来源证明，按合同约定向承包人及时支付合同价款，及时组织竣工验收。

（2）承包人的主要工作

承包人在履行合同过程中应遵守法律和工程建设标准规范，并履行以下义务：

①办理法律规定应由承包人办理的许可和批准，并将办理结果书面报送发包人留存。

②按法律规定和合同约定完成工程，并在保修期内承担保修义务。

③按法律规定和合同约定采取施工安全和环境保护措施，办理工伤保险，确保工程及人员、材料、设备和设施的安全。

④按合同约定的工作内容和施工进度要求，编制施工组织设计和施工措施计划，并对所有施工作业和施工方法的完备性和安全可靠性负责。

⑤在进行合同约定的各项工作时，不得侵害发包人与他人使用公用道路、水源、市政管网等公共设施的权利，避免对邻近的公共设施产生干扰。承包人占用或使用他人的施工场地，影响他人作业或生活的，应承担相应责任。

⑥按照环境保护约定负责施工场地及其周边环境与生态的保护工作。

⑦按安全文明施工约定采取施工安全措施，确保工程及其人员、材料、设备和设施的安全，防止因工程施工造成的人身伤害和财产损失。

⑧将发包人按合同约定支付的各项价款专用于合同工程，且应及时支付其雇用人员工资，并及时向分包人支付合同价款。

⑨按照法律规定和合同约定编制竣工资料，完成竣工资料立卷及归档，并按专用合同条款约定的竣工资料的套数、内容、时间等要求移交发包人。

⑩应履行的其他义务。

10.3.4 建设工程施工专业分包合同

2003 年，建设部和国家工商行政管理总局联合发布了《建设工程施工专业分包合同》。为适应新形势下的法律法规和市场需要，规范和提升工程建设市场的施工管理活动，尤其是工程分包管理活动，并进一步明确承包人和分包人的权利义务，保护工程分包中各方主体的合法权益以及建设工程的质量、安全利益，在遵循法律法规的前提下，结合国内外建设工程分包市场的通行做法及最新发展趋势，住房和城乡建设部和国家工商行政管理总局起草了 2014 版《建设工程专业分包合同（示范文本）》（征求意见稿）。

1. 建设工程施工专业分包合同的主要内容

建设工程施工专业分包合同由分包合同协议书、通用合同条款、专用合同条款三部分组成。分包合同协议书包括分包工程概况、分包合同工期、质量标准、签约合同价与合同价格形式、合同文件构成、承诺、其他等内容；通用合同条款包括一般约定、承包人、分包人、总包合同、分包工程质量、安全文明施工、环境保护与劳动用工管理、工期和进度、材料与设备、试验和检验、分包合同变更、合同价格、价格调整、计量、工程款支付、成品保护、试车、完工验收、分包工程移交、结算、缺陷责任期与保修期、违约、不可抗力、保险、索赔、争议解决等内容。专用合同条款不包括总包合同、成品保护内容，其他内容与通用条款相同。

2. 承包人的一般义务

（1）向分包人提供履行分包合同所需的相应资料。

（2）按法律规定和总包合同的约定对分包人和分包工程进行管理并承担总包管理责任。承包人负责协调分包人与其他分包人之间的交叉施工作业。

(3) 保证分包人免于承担因承包人、其他分包人的行为或疏忽造成的人员伤亡、财产损失或与此有关的任何索赔。

(4) 在移交施工场地前向分包人提供分包工程施工所必需的地下管线资料、地质勘察资料、相邻建筑物、构筑物和地下工程等有关基础资料。分包人应对依据前述基础资料所做出的解释和推断负责，但因基础资料存在错误、遗漏导致分包人解释或推断失实的，由承包人承担责任。

(5) 除专用合同条款另有约定外，承包人应向分包人移交施工场地并提供水、电接驳点，正常施工所需要的进入施工场地的交通条件，正常施工所需要的作业面，按照专用合同条款约定应提供的其他设施和条件等施工条件。

(6) 在专用合同条款中明确其派驻施工场地的承包人项目经理的姓名、职称、注册执业证书编号、联系方式及授权范围等事项。

3. 分包人的一般义务

(1) 办理专用合同条款约定的与分包工程有关的许可和批准手续。

(2) 按法律规定和分包合同约定完成分包工程，对所有施工作业和施工方法的完备性和安全可靠性负责，并在保修期内履行保修义务。

(3) 对施工场地进行查勘，并充分了解分包工程所在地的气象条件、交通条件、风俗习惯以及与履行分包合同有关的其他情况。

(4) 按照法律规定完成分包工程资料的编写、管理和归档；确保分包工程资料的准确完整。

4. 违约责任

(1) 承包人违约。承包人未能按照分包合同约定履行合同义务的，分包人可向承包人发出通知，要求承包人采取有效措施纠正违约行为。承包人应赔偿其违约行为给分包人造成的损失。合同当事人可在专用合同条款中约定承包人应支付的违约金或违约金的计算方法。

(2) 分包人违约。分包人未能按照分包合同约定履行合同义务的，承包人可向分包人发出整改通知，要求其在指定的期限内改正。分包人应赔偿其违约行为给承包人造成的损失。合同当事人可在专用合同条款中约定分包人应支付的违约金或违约金的计算方法。

除专用合同条款另有约定外，承包人发出整改通知后，分包人在指定的合理期限内仍不纠正违约行为，承包人有权解除合同。

10.3.5 建设工程施工劳务分包合同

建设部以及工商总局于2003年8月联合颁发了《建设工程施工劳务分包合同（示范文本）》(GF—2003—0214)，对劳务分包管理及当事人的权利义务做出了明确划分。随着我国法律法规立法进程的快速发展，特别是《劳动合同法》的实施，对劳务用工市场产生了巨大的影响，原有的《建设工程施工劳务分包合同示范文本》GF—2003—0214已经不能反映相关法律法规的要求。为规范建筑劳务市场秩序、理顺建筑劳务市场各方权利义务，在遵循国内相关法律法规的前提下，结合国内建筑劳务市场的通行做法及最新发展情况，住房城乡建设部和工商总局联合起草了2014版《建设工程劳务分包合同（示范文本）》(征求意见稿)。

1. 劳务分包的定义

劳务分包，是指施工总承包企业或者专业承包企业（工程承包人）将其承包工程中的劳务作业发包给劳务分包企业（劳务分包人）完成的活动。

2. 建设工程劳务分包合同的内容

建设工程劳务分包合同由合同协议书、通用合同条款和专用合同条款三部分组成。合同协议书包括总包工程概况、劳务分包作业范围、劳务分包作业期限、劳务作业质量标准、劳务分包合同价格、劳务分包人资质、合同文件构成、承诺、附则等内容；通用合同条款包括一般约定、承包人、劳务分包人、劳务作业人员、作业安全与环境保护、作业期限及进度、机具设备及材料供应、劳务作业变化、劳务作业价格调整、合同价格形式、劳务作业计量与支付、验收与交付、劳务作业完工结算与支付、违约、不可抗力、保险、索赔、合同解除、争议解决等内容；专用合同条款内容与通用合同条款内容条目相同，具体内容双方另行约定。

3. 承包人的义务

(1) 提供承包合同供劳务分包人查阅。当劳务分包人要求时，承包人应向劳务分包人提供一份承包合同的副本或复印件，但有关承包合同的价格和涉及商业秘密的除外。

(2) 除专用合同条款另有约定外，承包人向劳务分包人按时交付具备劳务作业条件的劳务作业现场。

(3) 除专用合同条款另有约定外，承包人负责提供劳务作业所需要的劳务作业条件，主要包括：将作业所需的用水、电力、通信线路等必需的条件接至劳务作业现场内；劳务作业所需要的进入劳务作业现场的交通条件；劳务作业所需的工程地质和地下管网线路资料；完成办理劳务作业所需的各种证件、批件等手续，但涉及劳务分包人需依法自行办理的手续除外；按照专用合同条款约定提供的劳务作业人员住宿等其他设施和条件。

(4) 在专用合同条款中明确其派驻劳务作业现场的项目经理的姓名、职称、注册执业证书编号、联系方式及授权范围等事项，项目经理经承包人授权后代表承包人履行合同。

4. 劳务分包人的义务

(1) 按照合同、图纸、标准和规范、有关技术要求及劳务作业方案组织劳务作业人员进场作业，并负责成品保护工作。

(2) 承担由于自身原因造成的质量缺陷、工作期限延误、安全事故等责任。

(3) 履行承包合同中与劳务分包工作有关的劳务分包人的义务，但劳务分包合同明确约定应由承包人履行的义务除外。

(4) 其他专用合同条款约定的劳务分包人应当承担的义务。

(5) 在专用合同条款中明确劳务分包人派驻劳务作业现场的项目负责人的姓名、身份证号码、联系方式及授权范围等事项，项目负责人经劳务分包人授权后代表劳务分包人履行合同。

(6) 除专用合同条款另有约定外，劳务分包人应在接到劳务作业通知，向承包人提交劳务分包人现场劳务作业管理机构及劳务作业管理人员安排的报告，其内容应包括主要劳务作业管理人员名单及其岗位等，并同时提交主要劳务作业管理人员与劳务分包人之间的劳动关系证明和缴纳社会保险的有效证明。

10.3.6 建设工程物资采购合同

1. 建设工程物资采购合同及其特征

建设工程物资采购合同，是指具有平等民事主体资格的法人、其他经济组织相互之间，为实现建设物资买卖，明确相互权利义务关系的协议。依照协议，卖方将建设物资交付给买方，买方接受该项建设物资并支付价款。建设工程物资采购合同主要包括材料采购合同和设备采购合同两类。建设工程物资采购合同除具有买卖合同一般特点外，主要具有以下特征：

（1）依据施工合同订立

施工合同中一般均确立了关于物资采购的协商条款，无论是甲方供材（发包方供应材料和设备），还是乙方供材（承包方供应材料和设备），都应依据施工合同采购物资。施工合同是订立建设工程物资采购合同的前提。

（2）以转移财物和支付价款为基本内容

建设工程物资采购合同双方合同内容繁多，条款复杂，涉及物资的数量和质量条款、运输方式、结算方式等。卖方应按质、按量、按时将建设物资的所有权转归买方；买方应按时、按量支付货款。

（3）应实际履行

物资采购合同的履行直接影响施工合同的履行，故建设工程物资采购合同一旦订立，卖方的义务一般不能解除，不允许卖方以支付违约金和赔偿金的方式代替合同的履行，除非合同的迟延履行对买方成为不必要。

（4）合同标的品种繁多、供货条件复杂

建设工程物资采购合同标的是建筑材料和设备，包括钢材、木材、水泥等材料和机电成套设备，这些物质的特点是品种、质量、数量和加工差异大。因此，在物资采购合同中必须对各种所需物资逐一明确，以确保工程施工的需要。

（5）合同采用书面形式

建设工程物资采购合同中的标的物用量大，质量要求复杂，且根据工程进度计划分期分批均衡履行，同时还涉及售后维修服务工作，因此履行周期长，应采用书面形式。

2. 材料采购合同

（1）材料采购合同概念

材料采购合同是指平等主体的自然人、法人或其他组织之间，以工程项目所需材料为标的，以材料买卖为目的，出卖人（卖方）转移材料的所有权于买受人（买方），买受人支付材料价款的合同。

（2）材料采购合同的订立方式

材料采购合同可采用公开招标、邀请招标、直接采购、询价等方式订立。属于国家或地方规定的招标范围的材料采购，必须依法进行招标。

（3）材料采购合同的主要条款

材料采购合同的主要条款一般应包括材料采购双方当事人的基本信息；合同标的；技术标准和质量要求；材料数量及计量的方法；材料的包装和运输；材料的交付方式和交货期限；材料价格；违约责任、特殊条款及争端解决方式等。

（4）材料采购合同的履行

材料采购合同订立后，应依据《合同法》的规定，按约定的标的，合同规定的期限、地点、数量和质量交付货物，并按约定的价格及结算条款进行结算，否则将承担相应的违约责任。

3. 设备采购合同

(1) 设备采购合同的概念

设备采购合同是指平等主体的自然人、法人或其他组织之间，以工程项目所需设备为标的，以设备买卖为目的，出卖人（卖方）转移设备的所有权于买受人（买方），买受人支付设备价款的合同。

(2) 设备采购合同订立的形式

建设工程设备采购合同可采用招标投标、委托承包商配套供应、按设备包干等形式订立。

(3) 设备采购合同的主要内容

设备采购合同通常采用标准合同形式，其内容主要由三部分构成：①约首，即合同开头部分，包括项目名称、合同编号、签约日期、地点、双方当事人等条款；②正文，即合同主要内容，包括合同文件、合同范围和条件、货物的数量、合同金额、付款条件、交货时间和地点、合同生效等条款；③合同结尾部分，包括双方的名称和签字盖章等内容。

(4) 设备采购合同的履行

卖方应按合同规定，按时、按质、按量地履行供货义务，并作好现场服务工作，及时解决有关设备的技术质量、缺损件等问题；买方对卖方交货应及时进行验收，依据合同规定，对设备的质量及数量进行核实检验，如有异议，应及时与卖方协商解决。买方对卖方交付的货物检验没有发现问题，应按合同的规定及时付款；如果发现问题，在卖方及时处理达到合同要求后，也应及时履行付款义务。

在合同履行过程中，任何一方都不应借故延迟履约或拒绝履行合同义务，否则应追究违约当事人的法律责任。

10.3.7 建设工程监理合同

为规范建设工程监理活动，维护建设工程监理合同当事人的合法权益，2012 年住房和城乡建设部、国家工商行政管理总局根据《建筑法》、《合同法》、《建设工程质量管理条例》和《建设工程安全生产管理条例》等法律法规，以及《建设工程监理与相关服务收费管理规定》等相关政策文件，对《建设工程委托监理合同（示范文本）》GF—2000—0202 进行了修订，制定了《建设工程监理合同（示范文本）》GF—2012—0202，并自 2012 年 3 月 27 日起执行，该示范文本是我国目前签订建设工程监理合同的依据。

1. 建设工程监理合同概念

建设工程监理合同，是指工程建设单位聘请监理单位代其对工程项目进行管理，明确双方权利、义务的协议。建设单位称委托人，监理单位称监理人。

2. 建设工程监理合同的主要内容

建设工程监理合同可分为协议书、中标通知书（适用于招标工程）或委托书（适用于非招标工程）、投标文件（适用于招标工程）或监理与相关服务建议书（适用于非招标工程）、专用条件、通用条件和附录（相关服务的范围和内容，委托人派遣的人员和提供的房屋、资料、设备）等几部分。合同签订后，双方依法签订的补充协议也是合同文件的组成部分。

(1) 协议书

建设工程监理合同协议书是确定合同关系的总括性文件，定义了委托人和监理人，界定了监理项目及监理合同文件构成，原则性地约定了双方的义务，规定了合同的履行期，最后由双方法定代表人或其代理人签章，并盖法人章后合同正式成立。建设工程监理合同协议书内容包括委托人与监理人、工程概况、合同中的有关词语定义的限定、合同文件的组成、总监理工程师、签约酬金、监理及相关服务期限、监理人与委托人的双方承诺、合同订立签字栏等。

(2) 通用条件

建设工程监理合同通用条件，是针对监理合同文件自身以及监理双方一般性的权利义务确定的合同条款，具有普遍性和通用性。建设工程监理合同通用条件内容包括定义与解释，监理人的义务，委托人的义务，监理人和委托人违约责任，支付，合同生效、变更、暂停、解除与终止，争议解决，其他等条款。

(3) 专用条件

建设工程监理合同专用条件是合同当事人根据工程的具体情况订立的条款，专用条件是对标准条件的补充，是标准条件在具体工程项目上具体化。在使用专用条件时要特别注意的是反映具体监理项目的实际、合同双方的特别约定。切不可在专用条件填写成"按标准条件执行"，否则是无法执行的，因为与专用条件对应的标准条件一般都有"按专用条件的约定"的意思。建设工程监理合同专用条件内容一般包括定义与解释，监理人义务，委托人的义务，监理人和委托人违约责任，支付，合同生效、变更、暂停、解除与终止，争议解决，其他等条款。

3. 监理人的义务

(1) 完成在专用条件中约定或另有约定的监理工作内容。

(2) 明确监理与相关服务依据，遵循职业道德准则和行为规范，严格按照法律法规、工程建设有关标准及合同履行职责。

(3) 组建满足工作需要的项目监理机构，主要人员应具有相应的资格条件，配备必要的检测设备。

(4) 按专用条件约定的种类、时间和份数向委托人提交监理与相关服务的报告。

(5) 在合同履行期内，监理人应在现场保留工作所用的图纸、报告及记录监理工作的相关文件。工程竣工后，应当按照档案管理规定将监理有关文件归档。

(6) 监理人无偿使用由委托人派遣的人员和提供的房屋、资料、设备。除专用条件另有约定外，委托人提供的房屋、设备属于委托人的财产，监理人应妥善使用和保管，在合同终止时将这些房屋、设备的清单提交委托人，并按专用条件约定的时间和方式移交。

4. 委托人的义务

(1) 在委托人与承包人签订的合同中明确监理人、总监理工程师和授予项目监理机构的权限。如有变更，应及时通知承包人。

(2) 按照约定，无偿向监理人提供工程有关的资料。在合同履行过程中，委托人应及时向监理人提供最新的与工程有关的资料。

(3) 为监理人完成监理与相关服务提供必要的条件。

(4) 授权一名熟悉工程情况的代表，负责与监理人联系。

(5) 在合同约定的监理与相关服务工作范围内，委托人对承包人的任何意见或要求应通知监理人，由监理人向承包人发出相应指令。

(6) 在专用条件约定的时间内，对监理人以书面形式提交并要求做出决定的事宜，给予书面答复。逾期未答复的，视为委托人认可。

(7) 按合同约定，向监理人支付酬金。

5. 监理人和委托人的违约责任

监理人、委托人未履行合同义务的，应承担相应的责任。

(1) 监理人的违约责任

因监理人违反合同约定给委托人造成损失的，监理人应当赔偿委托人损失。赔偿金额的确定方法在专用条件中约定。监理人承担部分赔偿责任的，其承担赔偿金额由双方协商确定；监理人向委托人的索赔不成立时，监理人应赔偿委托人由此发生的费用。

(2) 委托人的违约责任

委托人违反合同约定造成监理人损失的，委托人应予以赔偿。委托人向监理人的索赔不成立时，应赔偿监理人由此引起的费用。委托人未能按期支付酬金超过28天，应按专用条件约定支付逾期付款利息。

(3) 除外责任

因非监理人的原因，且监理人无过错，发生工程质量事故、安全事故、工期延误等造成的损失，监理人不承担赔偿责任。因不可抗力导致合同全部或部分不能履行时，双方各自承担其因此而造成的损失、损害。

6. 酬金支付

支付的酬金包括正常工作酬金、附加工作酬金、合理化建议奖励金额及费用。除专用条件另有约定外，酬金均以人民币支付。涉及外币支付的，所采用的货币种类、比例和汇率在专用条件中约定。

7. 保密和著作权

(1) 保密。双方不得泄露对方申明的保密资料，亦不得泄露与实施工程有关的第三方所提供的保密资料，保密事项在专用条件中约定。

(2) 著作权。监理人对其编制的文件拥有著作权。监理人可单独或与他人联合出版有关监理与相关服务的资料。除专用条件另有约定外，如果监理人在合同履行期间及合同终止后两年内出版涉及本工程的有关监理与相关服务的资料，应当征得委托人的同意。

10.3.8 建设工程招标代理合同

为加强工程建设项目招标代理市场监管，规范市场行为，根据《合同法》和《招标投标法》的规定，建设部、国家工商行政管理总局于2005年6月6日颁布了《建设工程招标代理合同（示范文本）》(GF—2005—0215)，自2005年10月1日起实施。

1. 建设工程招标代理合同概念

招标代理合同是指委托人将工程建设项目招标工作委托给具有相应招标代理资质的受托人，实施招标活动签订的委托合同。

2. 建设工程招标代理合同的主要内容

建设工程招标代理合同由协议书、通用条款和专用条款组成。协议书包括工程概况、合同价款、组成合同的文件、合同订立与生效等内容；通用条款包括词语定义和适用法律，双方一般权利和义务，委托代理报酬与收取，违约、索赔和争议，合同变更、生效与终止等内容，应全文引用，不得删改；专用条款包括词语定义和适用法律，双方一般权利和义务，委托代理报酬与收取，违约、索赔和争议，合同变更、生效与终止等内容，应根据工程建设项目的实际情况进行修改和补充，但不得违反公正、公平原则。

3. 委托人权利和义务

（1）委托人的义务

1）将委托招标代理工作的具体范围和内容在合同专用条款中约定。

2）按合同专用条款约定的内容和时间完成下列工作：

①向受托人提供本工程招标代理业务应具备的相关工程前期资料（如立项批准手续规划许可、报建证等）及资金落实情况资料。

②向受托人提供完成本工程招标代理业务所需的全部技术资料和图纸，需要交底的须向受托人详细交底，并对提供资料的真实性、完整性、准确性负责。

③向受托人提供保证招标工作顺利完成的条件，提供的条件在合同专用条款内约定。

④指定专人与受托人联系，指定人员的姓名、职务、职称在合同专用条款内约定。

⑤根据需要，做好与第三方的协调工作。

⑥按合同专用条款的约定支付代理报酬。

⑦依法应尽的其他义务，双方在合同专用条款内约定。

3）受托人在履行招标代理业务过程中，提出的超出招标代理范围的合理化建议，经委托人同意并取得经济效益，委托人应向受托人支付一定的经济奖励。

4）委托人负有对受托人为合同提供的技术服务进行知识产权保护的责任。

5）委托人未能履行以上各项义务，给受托人造成损失的，应当赔偿受托人的有关损失。

（2）委托人的权利

①按合同约定，接收招标代理成果。

②向受托人询问合同工程招标工作进展情况和相关内容或提出不违反法律、行政法规的建议。

③审查受托人为合同工程编制的各种文件，并提出修正意见。

④要求受托人提交招标代理业务工作报告。

⑤与受托人协商，建议更换其不称职的招标代理从业人员。

⑥依法选择中标人。

⑦合同履行期间，由于受托人不履行合同约定的内容，给委托人造成损失或影响招标工作正常进行的，委托人有权终止合同，并依法向受托人追索经济赔偿，直至追究法律责任。

⑧依法享有的其他权利，双方在合同专用条款内约定。

4. 受托人权利和义务

（1）受托人的义务

1）根据合同专用条款中约定的委托招标代理业务的工作范围和内容，选择有足够经验的专职技术经济人员担任招标代理项目负责人。招标代理项目负责人的姓名、身份证号码在专用条款内写明。

2）按合同专用条款约定的内容和时间完成下列工作：

①依法按照公开、公平、公正和诚实信用原则，组织招标工作，维护各方的合法权益。

②应用专业技术与技能为委托人提供完成招标工作相关的咨询服务。

③向委托人宣传有关工程招标的法律、行政法规和规章，解释合理的招标程序，以便得到委托人的支持和配合。

④依法应尽的其他义务，双方在合同专用条款内约定。

3）对招标工作中受托人所出具有关数据的计算、技术经济资料等的科学性和准确性负责。

4）不得接受与合同工程建设项目中委托招标范围之内的相关的咨询业务。

5）为合同提供技术服务的知识产权应属受托人专有。任何第三方如果提出侵权指控，受托人须与第三方交涉并承担由此而引起的一切法律责任和费用。

6）未经委托人同意，受托人不得分包或转让合同的任何权利和义务。

7）不得接受所有投标人的礼品、宴请和任何其他好处，不得泄露招标、评标、定标过程中依法需要保密的内容。合同终止后，未经委托人同意，受托人不得泄露与合同工程相关的任何招标资料和情况。

8）未能履行以上各项义务，给委托人造成损失的，应当赔偿委托人的有关损失。

（2）受托人的权利

①按合同约定收取委托代理报酬。

②对招标过程中应由委托人做出的决定，受托人有权提出建议。

③当委托人提供的资料不足或不明确时，有权要求委托人补足材料或作出明确的答复。

④拒绝委托人提出的违反法律、行政法规的要求，并向委托人作出解释。

⑤有权参加委托人组织的涉及招标工作的所有会议和活动。

⑥对于为合同工程编制的所有文件拥有知识产权，委托人使用或复制的权利。

⑦依法享有的其他权利，双方在合同专用条款内约定。

5. 委托代理报酬与收取

双方按照合同约定的招标代理业务范围，在合同专用条款内约定委托代理报酬的计算方法、金额、币种、汇率和支付方式、时间。受托人对所承接的招标代理业务需要外出考察的，其外出人员数量和费用，经委托人同意后，向委托人实报实销。

在招标代理业务范围内所发生的费用（如评标会务费、评标专家的差旅费、劳务费、公证费等)，由委托人与受托人在补充条款中约定。

受托人完成委托人委托的招标代理工作范围以外的工作，为附加服务项目，应收取的报酬由双方协商，签订补充协议。

6. 违约责任

委托人承担违约责任，赔偿因其违约给受托人造成的经济损失，双方在合同专用条款内约定委托人赔偿受托人损失的计算方法或委托人应当支付违约金的数额或计算方法。

受托人承担违约责任，赔偿因其违约给委托人造成的经济损失，双方在合同专用条款内约定受托人赔偿委托人损失的计算方法或受托人应当支付违约金的数额或计算方法。受托人承担违约责任，赔偿金额最高不应超过委托代理报酬的金额（扣除税金）。

如果一方的违约被认定为是与第三方共同造成的，则应由合同双方中有违约的一方先行向另一方承担全部违约责任，再由承担违约责任的一方向第三方追索。

委托人和受托人在履行合同时发生争议，可以和解或者向有关部门或机构申请调解。当事人不愿和解、调解或者和解、调解不成的，双方可以在合同专用条款内约定一种方式解决争议。

10.3.9　建设工程造价咨询合同

为加强建设工程造价咨询市场管理，规范市场行为，进一步明确委托人和咨询人的权利义务，保护建设工程造价咨询过程中各方主体的合法权益，根据《合同法》的规定，建设部、工商总局制定了《建设工程造价咨询合同（示范文本）》GJ—2002—0212，自2002年10月1日起施行。2015年3月，住房和城乡建设部标准定额司对2002年颁布的《建设工程造价咨询合同（示范文本）》进行了修订，形成了《建设工程造价咨询合同（示范文本）》（征求意见稿）。

1. 建设工程造价咨询合同的签订

签订建设工程造价咨询合同的委托人应当是法人或自然人，咨询人必须具有法人资格，并应持有建设行政主管部门颁发的工程造价咨询资质证书和工商行政管理部门核发的企业法人营业执照。

2. 建设工程造价咨询合同的主要内容

建设工程造价咨询合同包括协议书、通用条件和专用条件三部分。协议书内容包括工程概况、词语限定、组成合同的文件、服务范围及工作内容、服务期限、质量标准、服务酬金或计取方式、合同订立等内容；通用条件适用于各类建设工程项目造价咨询委托，委托人和咨询人都应当遵守，应全文引用，不得删改，主要包括词语定义、语言与适用法律，咨询人的义务，委托人的义务，违约责任，支付，合同生效、变更、解除与终止，争议解决等内容；专用条件是根据建设工程项目特点和条件，由委托人和咨询人协商一致后进行填写，应按其条款编号和内容，根据咨询项目的实际情况进行修改和补充，但不得违反公正、公平原则。

3. 咨询人义务和责任

咨询人是指合同中提供造价咨询与其他服务的一方，及其合法的继承人。

（1）咨询人的义务

①组建满足咨询工作需要的项目咨询团队。项目咨询团队的主要人员应具有相应的资格条件。

②以书面形式授权一名负责人，作为咨询人代表全面负责履行合同、主持项目咨询团队工作。采用招标程序签署合同的，咨询人代表应当与投标文件载明的一致。

③合同履行过程中，咨询人员应保持相对稳定，以保证咨询工作正常进行。

④按照专用条件约定的时间等要求向委托人提供与工程造价咨询业务有关的资料，包括工程造价咨询企业的资质证书及承担合同业务的团队人员名单、咨询工作大纲等，并按合同约定的服务范围和内容实施咨询业务。

⑤在专用条件约定的时间内，按照专用条件约定的份数、组成向委托人提供咨询成果

文件。

⑥在专用条件约定的时间内，对委托人以书面形式提出的建议或者异议给予书面答复。

⑦在专用条件内与委托人协商明确履行合同约定的咨询服务需要适用的技术标准、规范、定额等工作依据，但不得违反国家及工程所在地的强制性标准、规范。

（2）咨询人的责任

①从事工程造价咨询活动，应当遵循独立、客观、公正、诚实信用的原则，不得损害社会公共利益和他人的合法权益。

②承诺按照法律规定及合同约定，完成合同范围内的建设工程造价咨询服务，不转包承接的造价咨询服务业务。

③不履行合同义务或者履行义务不符合合同约定的，应承担违约责任。

④因咨询人违反合同约定给委托人造成损失的，咨询人应当赔偿委托人损失。双方可在专用条件中约定赔偿金额的确定方法。咨询人若承担部分赔偿责任的，其承担赔偿金额由双方协商确定。

4. 委托人义务和责任

委托人是指合同中委托造价咨询与其他服务的一方，及其合法的继承人或受让人。

（1）委托人的义务

①在专用条件约定的时间内，按照约定无偿向咨询人提供与合同咨询业务有关的资料。在合同履行过程中，委托人应及时向咨询人提供最新的与合同咨询业务有关的资料。委托人应对所提供资料的真实性、准确性、合法性与完整性负责。

②为咨询人完成造价咨询提供必要的条件。委托人需要咨询人派驻项目现场咨询人员的，委托人应按照约定，提供房屋、设备，供咨询人无偿使用；委托人应负责与本工程造价咨询业务有关的所有外部关系的协调，为咨询人履行合同提供必要的外部条件。

③为咨询人完成其咨询工作，设定合理的工作时限。

④授权一名代表负责合同的履行，将委托人代表的姓名和权限范围书面告知咨询人。

⑤在专用条件约定的时间内就咨询人以书面形式提交并要求做出答复的事宜给予书面答复。

⑥按合同专用条件的约定，向咨询人支付酬金。

（2）委托人的责任

①委托人不履行合同义务或者履行义务不符合合同约定的，应承担违约责任。

②委托人违反合同约定造成咨询人损失的，委托人应予以赔偿。双方可在专用条件中约定赔偿金额的确定方法。

5. 保密和著作权

（1）保密

在合同履行期间或专用条件约定的期限内，双方不得泄露对方申明的保密资料，亦不得泄露与实施工程有关的第三人所提供的保密资料。保密事项在专用条件中约定。

（2）著作权

①委托人提供给咨询人的图纸、委托人为实施工程自行编制或委托编制的技术规范以及反映委托人要求的或其他类似性质文件的著作权属于委托人，咨询人可以为实现合同目

的而复制或者以其他方式使用此类文件，但不能用于与合同无关的其他事项。未经委托人书面同意，咨询人不得为了合同以外的目的而复制或者以其他方式使用上述文件或将之提供给任何第三方。

②咨询人为履行合同约定而编制的成果文件，除署名权以外的著作权属于委托人。咨询人可以为实现合同目的而复制或者以其他方式使用此类文件，但不能用于与合同无关的其他事项。未经委托人书面同意，咨询人不得为了合同以外的目的而复制或者以其他方式使用上述文件或将之提供给任何第三方。

思　考　题

1. 建设工程合同包括哪些主要内容？
2. 建设项目工程总承包合同主要包括哪些内容？
3. 建设项目工程总承包中发包人有哪些权利和义务？
4. 建设工程施工合同主要包括哪些内容？
5. 建设工程专业分包中承包人有哪些义务？
6. 建设工程物资采购合同有哪些特征？
7. 材料采购合同主要包括哪些内容？
8. 建设工程监理中监理人有哪些义务？
9. 建设工程造价咨询合同主要包括哪些内容？

第 11 章　建设工程环境保护法规

11.1　概　　述

11.1.1　环境保护法规的发展历程

环境，是指影响人类生存和发展的各种天然的和经过人工改造的自然因素的总体，包括大气、水、海洋、土地、矿藏、森林、草原、湿地、野生生物、自然遗迹、人文遗迹、自然保护区、风景名胜区、城市和乡村等。

18 世纪末 19 世纪初的产业革命，使社会生产大力发展，也使大气污染和水污染日趋严重。20 世纪后，化学和石油工业的发展对环境的污染更为严重。一些国家先后采取立法措施，以保护人类赖以生存的生态环境。一般先是地区性立法，后发展成全国性立法，其内容最初只限于工业污染，后来发展为全面的环境保护立法。随着全球性的环境污染和破坏的发生，国际环境法应运而生。

我国非常重视环境保护立法工作。《中华人民共和国宪法》明确规定："国家保护和改善生活环境和生态环境，防治污染和其他公害。"《中华人民共和国刑法》将严重危害自然环境、破坏野生动植物资源的行为定为危害公共安全罪和破坏社会主义经济秩序罪。新的《中华人民共和国刑法》增加了"破坏环境资源罪"的条款，使得违反国家环境保护规定的个人或者集体既可能承担行政责任，又可能承担刑事责任。

1979 年，全国人民代表大会常务委员会通过并颁布了《中华人民共和国环境保护法(试行)》。自 1982 年以后，全国人民代表大会常务委员会先后通过了《中华人民共和国海洋环境保护法》、《中华人民共和国水污染防治法》和《中华人民共和国大气污染防治法》。1989 年 12 月 26 日第七届全国人民代表大会常务委员会第十一次会议通过了《中华人民共和国环境保护法》。另外，国务院还颁布了一系列保护环境、防止污染及其他公害的行政法规。最新版《中华人民共和国环境保护法》由中华人民共和国第十二届全国人民代表大会常务委员会第八次会议于 2014 年 4 月 24 日修订通过，自 2015 年 1 月 1 日起施行。草案经历 4 次审议，最终定稿。这部法律增加了政府、企业各方面责任和处罚力度，被专家称为"史上最严的环保法"。修订后的法律对保护和改善环境，保障民众健康，推进生态文明建设，促进经济社会可持续发展具有重要意义。

11.1.2　环境保护法的任务与作用

根据《中华人民共和国宪法》和《中华人民共和国环境保护法》的规定，我国环境保护法的任务主要是：

(1) 保证合理地利用自然环境。

(2) 保证防治环境污染与生态破坏。防治环境污染是指防治废水、废气、废渣、粉尘、垃圾、滥伐森林、破坏草原、破坏植物、乱采乱挖矿产资源、滥捕滥猎鱼类和动物等。

环境保护法是保护人民健康，促进经济发展的法律保障，是推动我国环境法制建设的动力，是提高广大干部、群众环境意识和环境保护法制观念的教材，是维护我国环境权益的有效工具，是促进环境保护的国家交流与合作，开展国际环境保护活动的有效手段。

11.1.3 环境保护法的基本原则

环境法的基本原则是调整因开发利用、保护和改善环境而产生的社会关系的指导思想和基本准则，是环境法本质和特征的集中体现。它贯穿于整个环境法中，具有普遍的指导作用。

我国环境法的基本原则主要有：

（1）经济建设与环境保护协调发展的原则

经济建设与环境资源保护协调发展的原则，是指经济建设、城乡建设与环境保护必须同步规划、同步实施、同步发展，实现经济效益、社会效益、环境效益的统一。经济建设与环境保护二者是对立统一的关系，保护好环境，维护生态平衡，促进生态系统的良性循环，有利于经济的发展；经济发展了又为保护和改善环境提供必要的条件。协调发展要求既不能片面追求经济效益而忽视环境损害的严重后果，也不能超越现实经济的承受能力，提出过高的环境保护要求。应当在发展经济中解决环境问题，在环境问题的解决中求得经济的健康发展。

（2）预防为主、防治结合、综合治理的原则

在环境与资源保护中，采取各种预防性手段和措施，防止环境问题的产生或限制在最小的程度，尽量在生产过程中解决环境问题，而不是在环境污染和资源破坏产生后采取治理措施。确立这样的原则，是由环境污染与危害的特性决定的：环境污染一旦发生，一般在短期内难以消除，不少环境要素遭到破坏后，要恢复正常极为困难，有的甚至是不可恢复的，所以要以预防为主；环境污染引起的某些疾病，潜伏期长，不易被发现，发病以后难以根治；环境受污染和破坏后，治理和恢复的代价很高；要将环境污染控制在最小的程度，光着眼于对新污染的“防”尚不够，还要对已有的污染与破坏采取综合性的措施进行积极治理。

（3）全面规划、合理布局的原则

20 世纪 60 年代末，人们认识到，控制环境污染与破坏，必须从全局和整体上加以考虑，治本的首要办法是“全面规划，合理布局”。很多环境污染问题，是由于缺乏整体规划、布局不合理造成的，布局一旦错了，铸成了事实，要想纠正就很不容易。现有还有一种现象，工业布局中搞地方保护，损人利己，如各地将污染工业安排在自己的下游或者主导风之外，只管自己的发展，不管别人、别的地区的死活（市交接边界、省边界），酿成跨地区污染纠纷，逃避监管，增加了处理难度。《环境保护法》第十二条关于环境保护规划的制定和综合平衡的规定，第十三条关于环境影响评价的规定，第十七条、第十八条关于自然保护区等的管理，第二十二条、第二十三条关于城市规划和城乡建设的规定等条款的内容，都体现了这一原则。

（4）谁污染谁治理、谁开发谁保护的原则

《环境保护法》第二十四条规定：“产生环境污染和其他公害的单位，必须把环境保护工作纳入计划，建立环境保护责任制度；采取有效措施，防治在生产建设或者其他活动中产生的废气、废水、废渣、粉尘、恶臭气体、放射性物质以及噪声、振动、电磁波辐射等

对环境的污染和危害。”第二十八条关于排污单位要“依照国家规定缴纳超标准排污费，并负责治理”的规定，第二十九条“对造成严重污染的企业事业单位，限期治理”的规定，都体现了谁污染谁治理的原则。第十九条关于“开发利用自然资源”等规定，谁污染谁治理、谁开发谁保护的原则，充分体现了生产者、经营者、开发者法律上的权利与义务一致性。实行这样的原则，有利于推动污染者治理污染，有利于筹措污染治理资金，有利于保护资源的合理开采和永续利用。

(5) 政府对环境质量负责的原则

《宪法》第二十六条规定“国家保护和改善生活环境和生态环境，防治污染和其他公害”。《环境保护法》第十六条明确规定“地方各级人民政府，应当对本辖区的环境质量负责，采取措施改善环境质量”。

(6) 依靠群众保护环境的原则

《环境保护法》第六条规定，一切单位和个人都有保护环境的义务，并有权对污染和破坏环境的单位和个人进行检举和控告。这也是我党的群众路线在环境保护工作上的具体体现。环境质量的好坏，关系到所有人的生活和健康。保护环境是公民基本权利的一部分，也是人人应尽的义务。

11.1.4 环境保护法律、法规和标准

环境保护法是国家整个法律体系的重要组成部分，具有一套比较完整的体系，主要由宪法、刑法、环境基本法、环境污染防治专项法、环境保护资源法和相关法、环境保护部门规章、地方性法规规章、环境标准等构成。

(1) 宪法

《中华人民共和国宪法》(简称《宪法》) 为制定环境保护基本法和专项法奠定了基础。《宪法》第九条规定“国家保障自然资源的合理利用，保护珍贵的动物和植物。禁止任何组织或者个人用任何手段侵占或者破坏自然资源。”第二十二条规定：“国家保护名胜古迹、珍贵文物和其他重要历史文化遗产。”第二十六条规定：“国家保护和改善生活环境和生态环境，防治污染和其他公害。国家鼓励植树造林，保护林木。”这些规定是我国环境保护法的法律依据和指导原则。

(2) 刑法

《中华人民共和国刑法》(简称“刑法”) 第六章中“破坏环境资源罪”关于环境保护的规定共有九条，凡违反国家有关环境保护的规定，应负有相应的刑事责任。

(3) 环境保护基本法

环境保护基本法是指由全国人民代表大会常务委员会颁布并实施的《中华人民共和国环境保护法》，它是环境保护领域的基本法律，是环境保护专项法的基本依据。

(4) 环境保护专项法

环境保护专项法是针对特定的污染防治领域和特定的资源保护对象而制定的单项法律。目前已颁布实施的有：《中华人民共和国大气污染防治法》、《中华人民共和国水污染防治法》、《中华人民共和国固体废弃物污染防治法》、《中华人民共和国环境噪声污染防治法》、《中华人民共和国放射性污染防治法》、《海洋环境保护法》、《环境影响评价法》7 项。

(5) 环境保护资源法和相关法

环境保护资源法是指为了合理开发、利用和保护自然资源，专门制定的保护自然资源的相关法律。我国目前已颁布实施的有《森林法》、《草原法》、《煤炭法》、《水土保持法》、《土地管理法》等。相关法是指与环境保护工作密切相关的法律，如《城乡规划法》、《文物保护法》等。

（6）环境保护行政法规

环境保护行政法规是指由国务院组织制定并批准公布的，为实施环境保护法或规范环境监督管理制度及程序而颁布的行政法规，如：《建设项目环境保护管理条例》、《水污染防治法实施细则》等。

（7）环境保护部门规章

环境保护部门规章是指国务院有关部门为加强环境保护工作而颁布的环境保护规范性文件，如：《建设项目竣工环境保护验收管理办法》、《建设项目环境评价文件审批程序规定》等。

（8）环境保护地方性法规和地方性规章

环境保护地方性法规和地方性规章是以解决本地区某一特定的环境问题为目的制定的环境保护规范性文件，是对国家环境保护法律、法规的补充和完善，具有较强的针对性和可操作性。

（9）环境标准

环境标准主要包括环境质量标准、污染物排放标准、基础标准以及法律标准等。它是我国环境法规体系中的重要组成部分，是环境法制管理的基础和重要依据。

（10）国际环境保护公约

国际环境保护公约是指为了保护、改善和合理利用环境资源而制定的国际约定。《环境保护法》第四十六条规定："中华人民共和国缔结或者参加的与环境保护有关的国际条约，同中华人民共和国的法律有不同规定的，适用国际条约的规定，但中华人民共和国声明保留的条款除外。"国际环境保护公约涉及污染防治、臭氧层保护、温室气体排放控制、野生动植物资源保护等方面。

11.2 《环境保护法》的主要内容

目前我国环境保护方面的法律有 30 多部，行政法规有 90 多部，《中华人民共和国环境保护法》被定位为环境领域的基础性、综合性法律，主要规定环境保护的基本原则和基本制度，解决共性问题。

保护环境是国家的基本国策。国家采取有利于节约和循环利用资源、保护和改善环境、促进人与自然和谐的经济、技术政策和措施，使经济社会发展与环境保护相协调。

11.2.1 环境保护总则

保护环境是国家的基本国策。国家采取有利于节约和循环利用资源、保护和改善环境、促进人与自然和谐的经济、技术政策和措施，使经济社会发展与环境保护相协调。

环境保护坚持"保护优先、预防为主、综合治理、公众参与、损害担责"的原则。

一切单位和个人都有保护环境的义务。地方各级人民政府应当对本行政区域的环境质量负责。企业事业单位和其他生产经营者应当防止、减少环境污染和生态破坏，对所造成的损害依法承担责任。公民应当增强环境保护意识，采取低碳、节俭的生活方式，自觉履行环境保护义务。

国家支持环境保护科学技术研究、开发和应用，鼓励环境保护产业发展，促进环境保护信息化建设，提高环境保护科学技术水平。各级人民政府应当加大保护和改善环境、防治污染和其他公害的财政投入，提高财政资金的使用效益。各级人民政府应当加强环境保护宣传和普及工作，鼓励基层群众性自治组织、社会组织、环境保护志愿者开展环境保护法律法规和环境保护知识的宣传，营造保护环境的良好风气。教育行政部门、学校应当将环境保护知识纳入学校教育内容，培养学生的环境保护意识。新闻媒体应当开展环境保护法律法规和环境保护知识的宣传，对环境违法行为进行舆论监督。

11.2.2 环境监督管理的规定

（1）监督管理主体

县级以上人民政府应当将环境保护工作纳入国民经济和社会发展规划。

国务院环境保护主管部门会同有关部门，根据国民经济和社会发展规划编制国家环境保护规划，报国务院批准并公布实施。

县级以上地方人民政府环境保护主管部门会同有关部门，根据国家环境保护规划的要求，编制本行政区域的环境保护规划，报同级人民政府批准并公布实施。

环境保护规划的内容应当包括生态保护和污染防治的目标、任务、保障措施等，并与主体功能区规划、土地利用总体规划和城乡规划等相衔接。

（2）环境质量标准

国务院环境保护主管部门制定国家环境质量标准。

省、自治区、直辖市人民政府对国家环境质量标准中未作规定的项目，可以制定地方环境质量标准；对国家环境质量标准中已作规定的项目，可以制定严于国家环境质量标准的地方环境质量标准。地方环境质量标准应当报国务院环境保护主管部门备案。国家鼓励开展环境基准研究。

国务院环境保护主管部门根据国家环境质量标准和国家经济、技术条件，制定国家污染物排放标准。

省、自治区、直辖市人民政府对国家污染物排放标准中未作规定的项目，可以制定地方污染物排放标准；对国家污染物排放标准中已作规定的项目，可以制定严于国家污染物排放标准的地方污染物排放标准。地方污染物排放标准应当报国务院环境保护主管部门备案。

（3）环境监测制度

国家建立、健全环境监测制度。国务院环境保护主管部门制定监测规范，会同有关部门组织监测网络，统一规划国家环境质量监测站（点）的设置，建立监测数据共享机制，加强对环境监测的管理。

有关行业、专业等各类环境质量监测站（点）的设置应当符合法律法规规定和监测规范的要求。监测机构应当使用符合国家标准的监测设备，遵守监测规范。监测机构及其负责人对监测数据的真实性和准确性负责。

省级以上人民政府应当组织有关部门或者委托专业机构，对环境状况进行调查、评价，建立环境资源承载能力监测预警机制。

(4) 环境影响评价

编制有关开发利用规划，建设对环境有影响的项目，应当依法进行环境影响评价。未依法进行环境影响评价的开发利用规划，不得组织实施；未依法进行环境影响评价的建设项目，不得开工建设。

(5) 环境管理配套政策及措施

国家建立跨行政区域的重点区域、流域环境污染和生态破坏联合防治协调机制，实行统一规划、统一标准、统一监测、统一的防治措施。

国家采取财政、税收、价格、政府采购等方面的政策和措施，鼓励和支持环境保护技术装备、资源综合利用和环境服务等环境保护产业的发展。

企业事业单位和其他生产经营者，在污染物排放符合法定要求的基础上，进一步减少污染物排放的，人民政府应当依法采取财政、税收、价格、政府采购等方面的政策和措施予以鼓励和支持。

企业事业单位和其他生产经营者，为改善环境，依照有关规定转产、搬迁、关闭的，人民政府应当予以支持。

(6) 现场监督管理职责

县级以上人民政府环境保护主管部门及其委托的环境监察机构和其他负有环境保护监督管理职责的部门，有权对排放污染物的企业事业单位和其他生产经营者进行现场检查。被检查者应当如实反映情况，提供必要的资料。实施现场检查的部门、机构及其工作人员应当为被检查者保守商业秘密。

企业事业单位和其他生产经营者违反法律法规规定排放污染物，造成或者可能造成严重污染的，县级以上人民政府环境保护主管部门和其他负有环境保护监督管理职责的部门，可以查封、扣押造成污染物排放的设施、设备。

(7) 环境保护目标责任制和考核评价制度

国家实行环境保护目标责任制和考核评价制度。县级以上人民政府应当将环境保护目标完成情况纳入对本级人民政府负有环境保护监督管理职责的部门及其负责人和下级人民政府及其负责人的考核内容，作为对其考核评价的重要依据。考核结果应当向社会公开。

11.2.3 保护和改善环境的规定

(1) 重点区域保护

地方各级人民政府应当根据环境保护目标和治理任务，采取有效措施，改善环境质量。未达到国家环境质量标准的重点区域、流域的有关地方人民政府，应当制定限期达标规划，并采取措施按期达标。

国家在重点生态功能区、生态环境敏感区和脆弱区等区域划定生态保护红线，实行严格保护。各级人民政府对具有代表性的各种类型的自然生态系统区域，珍稀、濒危的野生动植物自然分布区域，重要的水源涵养区域，具有重大科学文化价值的地质构造、著名溶洞和化石分布区、冰川、火山、温泉等自然遗迹，以及人文遗迹、古树名木，应当采取措施予以保护，严禁破坏。

(2) 生态保护补偿制度

国家建立、健全生态保护补偿制度。

国家加大对生态保护地区的财政转移支付力度。有关地方人民政府应当落实生态保护补偿资金，确保其用于生态保护补偿。国家指导受益地区和生态保护地区人民政府通过协商或者按照市场规则进行生态保护补偿。

(3) 大气、水、土壤的调查、监测、评估和修复制度

国家加强对大气、水、土壤等的保护，建立和完善相应的调查、监测、评估和修复制度。

各级人民政府应当加强对农业环境的保护，促进农业环境保护新技术的使用，加强对农业污染源的监测预警，统筹有关部门采取措施，防治土壤污染和土地沙化、盐渍化、贫瘠化、石漠化、地面沉降以及防治植被破坏、水土流失、水体富营养化、水源枯竭、种源灭绝等生态失调现象，推广植物病虫害的综合防治。县级、乡级人民政府应当提高农村环境保护公共服务水平，推动农村环境综合整治。

(4) 其他相关规定

国家鼓励和引导公民、法人和其他组织使用有利于保护环境的产品和再生产品，减少废弃物的产生。

国家机关和使用财政资金的其他组织应当优先采购和使用节能、节水、节材等有利于保护环境的产品、设备和设施。

地方各级人民政府应当采取措施，组织对生活废弃物的分类处置、回收利用。

公民应当遵守环境保护法律法规，配合实施环境保护措施，按照规定对生活废弃物进行分类放置，减少日常生活对环境造成的损害。

国家建立、健全环境与健康监测、调查和风险评估制度；鼓励和组织开展环境质量对公众健康影响的研究，采取措施预防和控制与环境污染有关的疾病。

11.2.4 防治污染和其他公害的规定

(1) 清洁生产和资源循环利用

国家促进清洁生产和资源循环利用。

国务院有关部门和地方各级人民政府应当采取措施，推广清洁能源的生产和使用。企业应当优先使用清洁能源，采用资源利用率高、污染物排放量少的工艺、设备以及废弃物综合利用技术和污染物无害化处理技术，减少污染物的产生。

(2) 防治污染的设施

建设项目中防治污染的设施，应当与主体工程同时设计、同时施工、同时投产使用。防治污染的设施应当符合经批准的环境影响评价文件的要求，不得擅自拆除或者闲置。

(3) 排放污染管理的规定

排放污染物的企业事业单位和其他生产经营者，应当采取措施，防治在生产建设或者其他活动中产生的废气、废水、废渣、医疗废物、粉尘、恶臭气体、放射性物质以及噪声、振动、光辐射、电磁辐射等对环境的污染和危害。排放污染物的企业事业单位，应当建立环境保护责任制度，明确单位负责人和相关人员的责任。重点排污单位应当按照国家有关规定和监测规范安装使用监测设备，保证监测设备正常运行，保存原始监测记录。严禁通过暗管、渗井、渗坑、灌注或者篡改、伪造监测数据，或者不正常运行防治污染设施等逃避监管的方式违法排放污染物。

排放污染物的企业事业单位和其他生产经营者，应当按照国家有关规定缴纳排污费。排污费应当全部专项用于环境污染防治，任何单位和个人不得截留、挤占或者挪作他用。

依照法律规定征收环境保护税的，不再征收排污费。

国家实行重点污染物排放总量控制制度。重点污染物排放总量控制指标由国务院下达，省、自治区、直辖市人民政府分解落实。企业事业单位在执行国家和地方污染物排放标准的同时，应当遵守分解落实到本单位的重点污染物排放总量控制指标。

对超过国家重点污染物排放总量控制指标或者未完成国家确定的环境质量目标的地区，省级以上人民政府环境保护主管部门应当暂停审批其新增重点污染物排放总量的建设项目环境影响评价文件。

国家依照法律规定实行排污许可管理制度。实行排污许可管理的企业事业单位和其他生产经营者应当按照排污许可证的要求排放污染物；未取得排污许可证的，不得排放污染物。

国家对严重污染环境的工艺、设备和产品实行淘汰制度。任何单位和个人不得生产、销售或者转移、使用严重污染环境的工艺、设备和产品。

禁止引进不符合我国环境保护规定的技术、设备、材料和产品。

（4）环境突发事件相关规定

各级人民政府及其有关部门和企业事业单位，应当依照《中华人民共和国突发事件应对法》的规定，做好突发环境事件的风险控制、应急准备、应急处置和事后恢复等工作。

县级以上人民政府应当建立环境污染公共监测预警机制，组织制定预警方案；环境受到污染，可能影响公众健康和环境安全时，依法及时公布预警信息，启动应急措施。

企业事业单位应当按照国家有关规定制定突发环境事件应急预案，报环境保护主管部门和有关部门备案。在发生或者可能发生突发环境事件时，企业事业单位应当立即采取措施处理，及时通报可能受到危害的单位和居民，并向环境保护主管部门和有关部门报告。

突发环境事件应急处置工作结束后，有关人民政府应当立即组织评估事件造成的环境影响和损失，并及时将评估结果向社会公布。

11.2.5 信息公开和公众参与

（1）信息公开

公民、法人和其他组织依法享有获取环境信息、参与和监督环境保护的权利。各级人民政府环境保护主管部门和其他负有环境保护监督管理职责的部门，应当依法公开环境信息，完善公众参与程序，为公民、法人和其他组织参与和监督环境保护提供便利。

国务院环境保护主管部门统一发布国家环境质量、重点污染源监测信息及其他重大环境信息。省级以上人民政府环境保护主管部门定期发布环境状况公报。县级以上人民政府环境保护主管部门和其他负有环境保护监督管理职责的部门，应当依法公开环境质量、环境监测、突发环境事件以及环境行政许可、行政处罚、排污费的征收和使用情况等信息。

（2）公众参与

公民、法人和其他组织发现任何单位和个人有污染环境和破坏生态行为的，有权向环境保护主管部门或者其他负有环境保护监督管理职责的部门举报。

公民、法人和其他组织发现地方各级人民政府、县级以上人民政府环境保护主管部门和其他负有环境保护监督管理职责的部门不依法履行职责的，有权向其上级机关或者监察机关举报。

对污染环境、破坏生态，损害社会公共利益的行为，符合下列条件的社会组织可以向人民法院提起诉讼：

①依法在设区的市级以上人民政府民政部门登记；

②专门从事环境保护公益活动连续五年以上且无违法记录。

11.2.6 环境保护法律责任

（1）排放污染物有关的法律责任

企业事业单位和其他生产经营者违法排放污染物，受到罚款处罚，被责令改正，拒不改正的，依法作出处罚决定的行政机关可以自责令改正之日的次日起，按照原处罚数额按日连续处罚。

企业事业单位和其他生产经营者超过污染物排放标准或者超过重点污染物排放总量控制指标排放污染物的，县级以上人民政府环境保护主管部门可以责令其采取限制生产、停产整治等措施；情节严重的，报经有批准权的人民政府批准，责令停业、关闭。

（2）建设项目环境影响评价有关的法律责任

建设单位未依法提交建设项目环境影响评价文件或者环境影响评价文件未经批准，擅自开工建设的，由负有环境保护监督管理职责的部门责令停止建设，处以罚款，并可以责令恢复原状。

（3）环境保护监督管理有关法律责任

上级人民政府及其环境保护主管部门应当加强对下级人民政府及其有关部门环境保护工作的监督。发现有关工作人员有违法行为，依法应当给予处分的，应当向其任免机关或者监察机关提出处分建议。

依法应当给予行政处罚，而有关环境保护主管部门不给予行政处罚的，上级人民政府环境保护主管部门可以直接作出行政处罚的决定。

地方各级人民政府、县级以上人民政府环境保护主管部门和其他负有环境保护监督管理职责的部门有下列行为之一的，对直接负责的主管人员和其他直接责任人员给予记过、记大过或者降级处分；造成严重后果的，给予撤职或者开除处分，其主要负责人应当引咎辞职：

①不符合行政许可条件准予行政许可的；

②对环境违法行为进行包庇的；

③依法应当作出责令停业、关闭的决定而未作出的；

④对超标排放污染物、采用逃避监管的方式排放污染物、造成环境事故以及不落实生态保护措施造成生态破坏等行为，发现或者接到举报未及时查处的；

⑤违反本法规定，查封、扣押企业事业单位和其他生产经营者的设施、设备的；

⑥篡改、伪造或者指使篡改、伪造监测数据的；

⑦应当依法公开环境信息而未公开的；

⑧将征收的排污费截留、挤占或者挪作他用的；

⑨法律法规规定的其他违法行为。

11.3 建设工程环境保护制度

《建筑法》规定，建筑施工企业应当遵守有关环境保护和安全生产的法律、法规的规定，采取控制和处理施工现场的各种粉尘、废气、废水、固体废物以及噪声、振动对环境的污染和危害的措施。

《建设工程安全生产管理条例》进一步规定，施工单位应当遵守有关环境保护法律、法规的规定，在施工现场采取措施，防止或者减少粉尘、废气、废水、固体废物、噪声、振动和施工照明对人和环境的危害和污染。

11.3.1 建筑工程环境噪声污染防治

环境噪声是指在工业生产、建筑施工、交通运输和社会生活中所产生的干扰周围生活环境的声音。环境噪声污染，则是指产生的环境噪声超过国家规定的环境噪声排放标准，并干扰他人正常生活、工作和学习的现象。

1. 施工现场环境噪声污染的防治

施工噪声是指在建设工程施工过程中产生的干扰周围生活环境的声音。随着城市化进程的不断加快及工程建设的大规模开展，施工噪声污染问题日益突出，尤其是在城市人口稠密地区的建设工程施工中产生的噪声污染，不仅影响周围居民的正常生活，而且损害城市的环境形象。施工单位与周围居民因噪声而引发的纠纷也时有发生，群众投诉日渐增多。因此，应当依法加强施工现场噪声管理，采取有效措施防治施工噪声污染。

（1）噪声排放规定

《中华人民共和国环境噪声污染防治法》规定，在城市市区范围内向周围生活环境排放建筑施工噪声的，应当符合国家规定的建筑施工场界环境噪声排放标准。

所谓噪声排放，是指噪声源向周围生活环境辐射噪声。2011 年 12 月经修改后颁布的《建筑施工场界环境噪声排放标准》GB 12523—2011 中规定，建筑施工过程中场界环境噪声不得超过规定的排放限值。

（2）机械设备可能产生环境噪声污染

使用机械设备可能产生环境噪声污染的申报《环境噪声污染防治法》规定，在城市市区范围内，建筑施工过程中使用机械设备，可能产生环境噪声污染的，施工单位必须在工程开工 15 日以前向工程所在地县级以上地方人民政府环境保护行政主管部门申报该工程的项目名称、施工场所和期限、可能产生的环境噪声值以及所采取的环境噪声污染防治措施的情况。

国家对环境噪声污染严重的落后设备实行淘汰制度。国务院经济综合主管部门应当会同国务院有关部门公布限期禁止生产、禁止销售、禁止进口的环境噪声污染严重的设备名录。

（3）禁止夜间进行产生环境噪声污染施工作业的规定

《环境噪声污染防治法》规定，在城市市区噪声敏感建筑物集中区域内，禁止夜间进行产生环境噪声污染的建筑施工作业，但抢修、抢险作业和因生产工艺上要求或者特殊需要必须连续作业的除外。因特殊需要必须连续作业的，必须有县级以上人民政府或者其有关主管部门的证明。以上规定的夜间作业，必须公告附近居民。

所谓噪声敏感建筑物集中区域，是指医疗区、文教科研区和以机关或者居民住宅为主的区域。所谓噪声敏感建筑物，是指医院、学校、机关、科研单位、住宅等需要保持安静的建筑物。

（4）政府监管部门的现场检查

《环境噪声污染防治法》规定，县级以上人民政府环境保护行政主管部门和其他环境噪声污染防治工作的监督管理部门、机构，有权依据各自的职责对管辖范围内排放环境噪声的单位进行现场检查。

被检查的单位必须如实反映情况，并提供必要的资料。检查部门、机构应当为被检查的单位保守技术秘密和业务秘密。检查人员进行现场检查，应当出示证件。

2. 建设项目环境噪声污染的防治

城市道桥、铁路（包括轻轨）、工业厂房等，其建成后的使用可能会对周围环境产生噪声污染。因此，建设单位必须在建设前期就规定环境噪声污染的防治措施，并在建设过程中同步建设环境噪声污染防治设施。

《环境噪声污染防治法》规定，新建、改建、扩建的建设项目，必须遵守国家有关建设项目环境保护管理的规定。

建设项目可能产生环境噪声污染的，建设单位必须提出环境影响报告书，规定环境噪声污染的防治措施，并按照国家规定的程序报环境保护行政主管部门批准。环境影响报告书中，应当有该建设项目所在地单位和居民的意见。

建设项目的环境噪声污染防治设施必须与主体工程同时设计、同时施工、同时投产使用。例如，建设经过已有的噪声敏感建筑物集中区域的高速公路和城市高架、轻轨道路，有可能造成环境噪声污染的，应当设置声屏障或者采取其他有效的控制环境噪声污染的措施；在已有的城市交通干线的两侧建设噪声敏感建筑物的，建设单位应当按照国家规定间隔一定距离，并采取减轻、避免交通噪声影响的措施等。建设项目在投入生产或者使用之前，其环境噪声污染防治设施必须经原审批环境影响报告书的环境保护行政主管部门验收；达不到国家规定要求的，该建设项目不得投入生产或者使用。

3. 对产生环境噪声污染企业事业单位的规定

《环境噪声污染防治法》规定，产生环境噪声污染的企业事业单位，必须保持防治环境噪声污染设施的正常使用；拆除或者闲置环境噪声污染防治设施的，必须事先报经所在地的县级以上地方人民政府环境保护行政主管部门批准。

产生环境噪声污染的单位，应当采取措施进行治理，并按照国家规定缴纳超标准排污费。征收的超标准排污费必须用于污染的防治，不得挪作他用。

对于在噪声敏感建筑物集中区域内造成严重环境噪声污染的企业事业单位，限期治理。被限期治理的单位必须按期完成治理任务。

11.3.2 建筑工程现场废气、废水污染防治

在工程建设领域对于废气、废水污染的防治，也包括建设项目和施工现场两大方面。

（一）大气污染的防治

大气污染通常是指由于人类活动或自然过程引起某些物质进入大气中，呈现出足够的浓度，达到足够的时间，并因此危害了人体的舒适、健康和福利或环境污染的现象。如果不对大气污染物的排放总量加以控制和防治，将会严重破坏生态系统和人类生存条件。

1. 大气污染的防治规定

《中华人民共和国大气污染防治法》规定，城市人民政府应当采取绿化责任制、加强建设施工管理、扩大地面铺装面积、控制渣土堆放和清洁运输等措施，提高人均占有绿地面积，减少市区裸露地面和地面尘土，防治城市扬尘污染。在城市市区进行建设施工或者

从事其他产生扬尘污染活动的单位，必须按照当地环境保护的规定，采取防治扬尘污染的措施。运输、装卸、贮存能够散发有毒有害气体或者粉尘物质的，必须采取密闭措施或者其他防护措施。在人口集中地区存放煤炭、煤矸石、煤渣、煤灰、石、灰土等物料，必须采取防燃、防尘措施，防止污染大气。严格限制向大气排放含有毒物质的废气和粉尘；确需排放的，必须经过净化处理，不超过规定的排放标准。

施工现场大气污染的防治，重点是防治扬尘污染。《绿色施工导则》中规定：

（1）运送土方、垃圾、设备及建筑材料等，不得污损场外道路。运输容易散落、飞扬、流漏物料的车辆，必须采取措施封闭严密，保证车辆清洁。施工现场出口应设置洗车槽。

（2）土方作业时，采取洒水、覆盖等措施，达到作业区目测扬尘高度小于1.5m，不扩散到场区外。

（3）结构施工、安装装饰装修阶段，作业区目测扬尘高度小于0.5m。对易产生扬尘的堆放材料应采取覆盖措施；对粉末状材料应封闭存放；场区内可能引起扬尘的材料及建筑垃圾搬运应有降尘措施，如覆盖、洒水等；浇筑混凝土前清理灰尘和垃圾时尽量使用吸尘器，避免使用吹风器等易产生扬尘的设备；机械剔凿作业时可用局部遮挡、掩盖、水淋等防护措施；高层或多层建筑清理垃圾应搭设封闭性临时专用道或采用容器吊运。

（4）施工现场非作业区达到目测元扬尘的要求。对现场易飞扬物质采取有效措施，如洒水、地面硬化、围挡、密网覆盖、封闭等，防止扬尘产生。

（5）构筑物机械拆除前，做好扬尘控制计划。可采取清理积尘、拆除体洒水、设置隔挡等措施。

（6）构筑物爆破拆除前，做好扬尘控制计划。可采用清理积尘、淋湿地面、预湿墙体、屋面敷水袋、楼面蓄水、建筑外设高压喷雾状水系统、搭设防尘排栅和直升机投水弹等综合降尘措施。选择风力小的天气进行爆破作业。

（7）在场界四周隔挡高度位置测得的大气总悬浮颗粒物月平均浓度与城市背景值的差值不大于0.08mg/m^3。

2. 建设项目大气污染的防治

《大气污染防治法》规定，新建、扩建、改建向大气排放污染物的项目，必须遵守国家有关建设项目环境保护管理的规定。

建设项目的环境影响报告书，必须对建设项目可能产生的大气污染和对生态环境的影响作出评价，规定防治措施，并按照规定的程序报环境保护行政主管部门审查批准。

建设项目投入生产或者使用之前，其大气污染防治设施必须经过环境保护行政主管部门验收，达不到国家有关建设项目环境保护管理规定的要求的建设项目，不得投入生产或者使用。

3. 对向大气排放污染物单位的监管

《大气污染防治法》规定，向大气排放污染物的单位，必须按照国务院环境保护行政主管部门的规定向所在地的环境保护行政主管部门申报拥有的污染物排放设施、处理设施和在正常作业条件下排放污染物的种类、数量、浓度，并提供防治大气污染方面的有关技术资料。

排污单位排放大气污染物的种类、数量、浓度有重大改变的，应当及时申报；其大气污染物处理设施必须保持正常使用，拆除或者闲置大气污染物处理设施的，必须事先报经所在地的县级以上地方人民政府环境保护行政主管部门批准。

向大气排放污染物的，其污染物排放浓度不得超过国家和地方规定的排放标准。在人口集中地区和其他依法需要特殊保护的区域内，禁止焚烧沥青、油毡、橡胶、塑料、皮革、垃圾以及其他产生有毒有害烟尘和恶臭气体的物质。

（二）水污染的防治

水污染，是指水体因某种物质的介入，而导致其化学、物理、生物或者放射性等方面特性的改变，从而影响水的有效利用，危害人体健康或者破坏生态环境，造成水质恶化的现象。水污染防治包括江河、湖泊、运河、渠道、水库等地表水体以及地下水体的污染防治。

1. 水污染的防治规定

《中华人民共和国水污染防治法》规定，水污染防治应当坚持预防为主、防治结合、综合治理的原则，优先保护饮用水水源，严格控制工业污染、城镇生活污染，防治农业面源污染，积极推进生态治理工程建设，预防、控制和减少水环境污染和生态破坏。

2. 施工现场水污染的防治

《水污染防治法》规定，排放水污染物，不得超过国家或者地方规定的水污染物排放标准和重点水污染物排放总量控制指标。

直接或者间接向水体排放污染物的企业事业单位和个体工商户，应当按照国务院环境保护主管部门的规定，向县级以上地方人民政府环境保护主管部门申报登记拥有的水污染物排放设施、处理设施和在正常作业条件下排放水污染物的种类、数量和浓度，并提供防治水污染方面的有关技术资料。

禁止向水体排放油类、酸液、碱液或者剧毒废液。禁止在水体清洗装贮过油类或者有毒污染物的车辆和容器。禁止向水体排放、倾倒放射性固体废物或者含有高放射性和中放射性物质的废水。向水体排放含低放射性物质的废水，应当符合国家有关放射性污染防治的规定和标准。

禁止向水体排放、倾倒工业废渣、城镇垃圾和其他废弃物。存放可溶性剧毒废渣的场所，应当采取防水、防渗漏、防流失的措施。禁止在江河、湖泊、运河、渠道、水库最高水位线以下的滩地和岸坡堆放、存贮固体废弃物和其他污染物。

在饮用水水源保护区内，禁止设置排污口。在风景名胜区水体、重要渔业水体和其他具有特殊经济文化价值的水体的保护区内，不得新建排污口。在保护区附近新建排污口，应当保证保护区水体不受污染。

禁止利用渗井、渗坑、裂隙和溶洞排放、倾倒含有毒污染物的废水、含病原体的污水和其他废弃物。禁止利用无防渗漏措施的沟渠、坑塘等输送或者存贮含有毒污染物的废水、含病原体的污水和其他废弃物。

兴建地下工程设施或者进行地下勘探、采矿等活动，应当采取防护性措施，防止地下水污染。人工回灌补给地下水，不得恶化地下水质。

《城镇排水与污水处理条例》规定，城镇排水主管部门应当会同有关部门，按照国家有关规定划定城镇排水与污水处理设施保护范围，并向社会公布。在保护范围内，有关单位从事爆破、钻探、打桩、顶进、挖掘、取土等可能影响城镇排水与污水处理设施安全的活动的，应当与设施维护运营单位等共同制定设施保护方案，并采取相应的安全防护措施。

建设工程开工前，建设单位应当查明工程建设范围内地下城镇排水与污水处理设施的相关情况。城镇排水主管部门及其他相关部门和单位应当及时提供相关资料。建设工程施工范围内有排水管网等城镇排水与污水处理设施的，建设单位应当与施工单位、设施维护运营单位共同制定设施保护方案，并采取相应的安全保护措施。因工程建设需要拆除、改动城镇排水与污水处理设施的，建设单位应当制定拆除、改动方案，报城镇排水主管部门审核，并承担重建、改建和采取临时措施的费用。

《绿色施工导则》进一步规定，①施工现场污水排放应达到国家标准《污水综合排放标准》的要求。②在施工现场应针对不同的污水，设置相应的处理设施，如沉淀池、隔油池、化粪池等。③污水排放应委托有资质的单位进行废水水质检测，提供相应的污水检测报告。④保护地下水环境。采用隔水性能好的边坡支护技术。在缺水地区或地下水位持续下降的地区，基坑降水尽可能少地抽取地下水；当基坑开挖抽水量大于 50 万 m^3 时，应进行地下水回灌，并避免地下水被污染。⑤对于化学品等有毒材料、油料的储存地，应有严格的隔水层设计，做好渗漏液收集和处理。

3. 建设项目水污染的防治

《水污染防治法》规定，新建、改建、扩建直接或者间接向水体排放污染物的建设项目和其他水上设施，应当依法进行环境影响评价。

建设单位在江河、湖泊新建、改建、扩建排污口的，应当取得水行政主管部门或者流域管理机构同意；涉及通航、渔业水域的，环境保护主管部门在审批环境影响评价文件时，应当征求交通、渔业主管部门的意见。

建设项目的水污染防治设施，应当与主体工程同时设计、同时施工、同时投入使用。水污染防治设施应当经过环境保护主管部门验收，验收不合格的，该建设项目不得投入生产或者使用。

禁止在饮用水水源一级保护区内新建、改建、扩建与供水设施和保护水源无关的建设项目；已建成的与供水设施和保护水源无关的建设项目，由县级以上人民政府责令拆除或者关闭。禁止在饮用水水源二级保护区内新建、改建、扩建排放污染物的建设项目；已建成的排放污染物的建设项目，由县级以上人民政府责令拆除或者关闭。

禁止在饮用水水源准保护区内新建、扩建对水体污染严重的建设项目；改建项目，不得增加排污量。

4. 发生事故或者其他突发性事件的规定

《水污染防治法》规定，企业事业单位发生事故或者其他突发性事件，造成或者可能造成水污染事故的，应当立即启动本单位的应急方案，采取应急措施，并向事故发生地的县级以上地方人民政府或者环境保护主管部门报告。

11.3.3 建筑工程现场固体废物污染防治

固体废物，是指在生产、生活和其他活动中产生的丧失原有利用价值或者虽未丧失利用价值但被抛弃或者放弃的固态、半固态和置于容器中的气态的物品、物质以及法律、行政法规规定纳入固体废物管理的物品、物质。固体废物污染环境，是指固体废物在产生、收集、贮存、运输、利用、处置的过程中产生的危害环境的现象。

《中华人民共和国固体废物污染环境防治法》规定，国家对固体废物污染环境的防治，实行减少固体废物的产生量和危害性、充分合理利用固体废物和无害化处置固体废物的原则，促进清洁生产和循环经济发展。

1. 施工现场固体废物污染环境的防治

施工现场的固体废物主要是建筑垃圾和生活垃圾。固体废物又分为一般固体废物和危险废物。所谓危险废物，是指列入国家危险废物名录或者根据国家规定的危险废物鉴别标准和鉴别方法认定的具有危险特性的固体废物。

（1）一般固体废物污染环境的防治

《固体废物污染环境防治法》规定，产生固体废物的单位和个人，应当采取措施，防止或者减少固体废物对环境的污染。收集、贮存、运输、利用、处置固体废物的单位和个人，必须采取防扬散、防流失、防渗漏或者其他防止污染环境的措施；不得擅自倾倒、堆放、丢弃、遗撒固体废物。禁止任何单位或者个人向江河、湖泊、运河、渠道、水库及其最高水位线以下的滩地和岸坡等法律、法规规定禁止倾倒、堆放废弃物的地点倾倒、堆放固体废物。

转移固体废物出省、自治区、直辖市行政区域贮存、处置的，应当向固体废物移出地的省、自治区、直辖市人民政府环境保护行政主管部门提出申请。移出地的省、自治区、直辖市人民政府环境保护行政主管部门应当商经接受地的省、自治区、直辖市人民政府环境保护行政主管部门同意后，方可批准转移该固体废物出省、自治区、直辖市行政区域。未经批准的，不得转移。

工程施工单位应当及时清运工程施工过程中产生的固体废物，并按照环境卫生行政主管部门的规定进行利用或者处置。

（2）危险废物污染环境防治的特别规定

对危险废物的容器和包装物以及收集、贮存、运输、处置危险废物的设施、场所，必须设置危险废物识别标志。以填埋方式处置危险废物不符合国务院环境保护行政主管部门规定的，应当缴纳危险废物排污费。危险废物排污费用于污染环境的防治，不得挪作他用。

禁止将危险废物提供或者委托给元经营许可证的单位从事收集、贮存、利用、处置的经营活动。运输危险废物，必须采取防止污染环境的措施，并遵守国家有关危险货物运输管理的规定。禁止将危险废物与旅客在同一运输工具上载运。

收集、贮存、运输、处置危险废物的场所、设施、设备和容器、包装物及其他物品转作他用时，必须经过消除污染的处理，方可使用。

产生、收集、贮存、运输、利用、处置危险废物的单位，应当制定意外事故的防范措施和应急预案，并向所在地县级以上地方人民政府环境保护行政主管部门备案；环境保护行政主管部门应当进行检查。因发生事故或者其他突发性事件，造成危险废物严重污染环境的单位，必须立即采取措施消除或者减轻对环境的污染危害，及时通报可能受到污染危害的单位和居民，并向所在地县级以上地方人民政府环境保护行政主管部门和有关部门报告，接受调查处理。

（3）施工现场固体废物的减量化和回收再利用

《绿色施工导则》规定，制定建筑垃圾减量化计划，如住宅建筑，每万平方米的建筑垃圾不宜超过400t。

加强建筑垃坡的回收再利用，力争建筑垃圾的再利用和回收率达到30%，建筑物拆除产生的废弃物的再利用和回收率大于40%。对于碎石类、土石方类建筑垃圾，可采用地基填埋、铺路等方式提高再利用率，力争再利用率大于50%。

施工现场生活区设置封闭式垃圾容器，施工场地生活垃圾实行袋装化，及时清运。对建筑垃圾进行分类，并收集到现场封闭式垃圾站，集中运出。

2. 建设项目固体废物污染环境的防治

《固体废物污染环境防治法》规定，建设产生固体废物的项目以及建设贮存、利用、处置固体废物的项目，必须依法进行环境影响评价，并遵守国家有关建设项目环境保护管理的规定。

建设项目的环境影响评价文件确定需要配套建设的固体废物污染环境防治设施，必须与主体工程同时设计、同时施工、同时投入使用。固体废物污染环境防治设施必须经原审批环境影响评价文件的环境保护行政主管部门验收合格后，该建设项目方可投入生产或者使用。对固体废物污染环境防治设施的验收应当与对主体工程的验收同时进行。

在国务院和国务院有关主管部门及省、自治区、直辖市人民政府划定的自然保护区、风景名胜区、饮用水水源保护区、基本农田保护区和其他需要特别保护的区域内，禁止建设工业固体废物集中贮存、处置的设施、场所和生活垃圾填埋场。

11.3.4 违法行为应承担的法律责任

1. 施工现场噪声污染防治违法行为应承担的法律责任

《环境噪声污染防治法》规定，未经环境保护行政主管部门批准，擅自拆除或者闲置环境噪声污染防治设施，致使环境噪声排放超过规定标准的，由县级以上地方人民政府环境保护行政主管部门责令改正，并处罚款。

排放环境噪声的单位违反规定，拒绝环境保护行政主管部门或者其他依照本法规定行使环境噪声监督管理权的部门、机构现场检查或者在被检查时弄虚作假的，环境保护行政主管部门或者其他依照本法规定行使环境噪声监督管理权的监督管理部门、机构可以根据不同情节，给予警告或者处以罚款。

建筑施工单位违反规定，在城市市区噪声敏感建筑物集中区域内，夜间进行产生环境噪声污染的建筑施工作业的，由工程所在地县级以上地方人民政府环境保护行政主管部门责令改正，可以并处罚款。

受到环境噪声污染危害的单位和个人，有权要求加害人排除危害；造成损失的，依法赔偿损失。

赔偿责任和赔偿金额的纠纷，可以根据当事人的请求，由环境保护行政主管部门或者其他环境噪声污染防治工作的监督管理部门、机构调解处理；调解不成的，当事人可以向人民法院起诉。当事人也可以直接向人民法院起诉。

2. 施工现场大气污染防治违法行为应承担的法律责任

《大气污染防治法》规定，违反本法规定，有下列行为之一的，环境保护行政主管部门或者规定的监督管理部门可以根据不同情节，责令停止违法行为，限期改正，给予警告或者处以5万元以下罚款：

(1) 拒报或者谎报国务院环境保护行政主管部门规定的有关污染物排放申报事项的；

(2) 拒绝环境保护行政主管部门或者其他监督管理部门现场检查或者在被检查时弄虚作假的；

(3) 排污单位不正常使用大气污染物处理设施，或者未经环境保护行政主管部门批准，擅自拆除、闲置大气污染物处理设施的；

(4) 未采取防燃、防尘措施，在人口集中地区存放煤炭、煤矸石、煤渣、煤灰、砂石、灰土等物料的。

向大气排放污染物超过国家和地方规定排放标准的，应当限期治理，并由所在地县级以上地方人民政府环境保护行政主管部门处1万元以上10万元以下罚款。

在人口集中地区和其他依法需要特殊保护的区域内，焚烧沥青、油毡、橡胶、塑料、皮革、垃圾以及其他产生有毒有害烟尘和恶臭气体的物质的，由所在地县级以上地方人民政府环境保护行政主管部门责令停止违法行为，处2万元以下罚款。

在城市市区进行建设施工或者从事其他产生扬尘污染的活动，未采取有效扬尘防治措施，致使大气环境受到污染的，限期改正，处2万元以下罚款；对逾期仍未达到当地环境保护规定要求的，可以责令其停工整顿。对因建设施工造成扬尘污染的处罚，由县级以上地方人民政府建设行政主管部门决定；对其他造成扬尘污染的处罚，由县级以上地方人民政府指定的有关主管部门决定。

造成大气污染事故的企业事业单位，由所在地县级以上地方人民政府环境保护行政主管部门根据所造成的危害后果处直接经济损失50%以下罚款，但最高不超过50万元；情节较重的，对直接负责的主管人员和其他直接责任人员，由所在单位或者上级主管机关依法给予行政处分或者纪律处分；造成重大大气污染事故，导致公私财产重大损失或者人身伤亡的严重后果，构成犯罪的，依法追究刑事责任。

3. 施工现场水污染防治违法行为应承担的法律责任

《水污染防治法》规定，排放水污染物超过国家或者地方规定的水污染物排放标准，或者超过重点水污染物排放总量控制指标的，由县级以上人民政府环境保护主管部门按照权限责令限期治理，处应缴纳排污费数额2倍以上5倍以下的罚款。限期治理期间，由环境保护主管部门责令限制生产、限制排放或者停产整治。限期治理的期限最长不超过1年；逾期未完成治理任务的，报经有批准权的人民政府批准，责令关闭。

在饮用水水源保护区内设置排污口的，由县级以上地方人民政府责令限期拆除，处10万元以上50万元以下的罚款；逾期不拆除的，强制拆除，所需费用由违法者承担，处50万元以上100万元以下的罚款，并可以责令停产整顿。

除上述规定外，违反法律、行政法规和国务院环境保护主管部门的规定设置排污口或者私设暗管的，由县级以上地方人民政府环境保护主管部门责令限期拆除，处2万元以上10万元以下的罚款；逾期不拆除的，强制拆除，所需费用由违法者承担，处10万元以上50万元以下的罚款；私设暗管或者有其他严重情节的，县级以上地方人民政府环境保护主管部门可以提请县级以上地方人民政府责令停产整顿。未经水行政主管部门或者流域管理机构同意，在江河、湖泊新建、改建、扩建排污口的，由县级以上人民政府水行政主管部门或者流域管理机构依据职权，依照以上规定采取措施、给予处罚。

4. 施工现场固体废物污染环境防治违法行为应承担的法律责任

《固体废物污染环境防治法》规定，违反有关城市生活垃圾污染环境防治的规定，有下列行为之一的，由县级以上地方人民政府环境卫生行政主管部门责令停止违法行为，限期改正，处以罚款：

（1）随意倾倒、抛撒或者堆放生活垃圾的；

（2）擅自关闭、闲置或者拆除生活垃圾处置设施、场所的；

（3）工程施工单位不及时清运施工过程中产生的固体废物，造成环境污染的；

（4）工程施工单位不按照环境卫生行政主管部门的规定对施工过程中产生的固体废物进行利用或者处置的；

（5）在运输过程中沿途丢弃、遗撒生活垃圾的。

违反有关危险废物污染环境防治的规定，有下列行为之一的，由县级以上人民政府环境保护行政主管部门责令停止违法行为，限期改正，处以罚款：

（1）不设置危险废物识别标志的；

（2）不按照国家规定申报登记危险废物，或者在申报登记时弄虚作假的；

（3）擅自关闭、闲置或者拆除危险废物集中处置设施、场所的；

（4）不按照国家规定缴纳危险废物排污费的；

（5）将危险废物提供或者委托给无经营许可证的单位从事经营活动的；

（6）不按照国家规定填写危险废物转移联单或者未经批准擅自转移危险废物的；

（7）将危险废物放入非危险废物容器中贮存的；

（8）未经安全性处置混合收集、贮存、运输、处置具有不相容性质的危险废物的；

（9）将危险废物与旅客在同一运输工具上载运的；

（10）未经消除污染的处理将收集、贮存、运输、处置危险废物的场所、设施、设备和容器、包装物及其他物品转作他用的；

（11）未采取相应防范措施，造成危险废物扬散、流失、渗漏或者造成其他环境污染的；

（12）在运输过程中沿途丢弃、遗撒危险废物的；

（13）未制定危险废物意外事故防范措施和应急预案的。

危险废物产生者不处置其产生的危险废物又不承担依法应当承担的处置费用的，由县级以上地方人民政府环境保护行政主管部门责令限期改正，处代为处置费用 1 倍以上 3 倍以下的罚款。

造成固体废物严重污染环境的，由县级以上人民政府环境保护行政主管部门按照国务院规定的权限决定限期治理；逾期未完成治理任务的，由本级人民政府决定停业或者关闭。

造成固体废物污染环境事故的，由县级以上人民政府环境保护行政主管部门处 2 万元以上 20 万元以下的罚款；造成重大损失的，按照直接损失的 30％计算罚款，但是最高不超过 100 万元，对负有责任的主管人员和其他直接责任人员，依法给予行政处分；造成固体废物污染环境重大事故的，并由县级以上人民政府按照国务院规定的权限决定停业或者关闭。

收集、贮存、利用、处置危险废物，造成重大环境污染事故，构成犯罪的，依法追究刑事责任。

拒绝县级以上人民政府环境保护行政主管部门或者其他固体废物污染环境防治工作的

监督管理部门现场检查的，由执行现场检查的部门责令限期改正；拒不改正或者在检查时弄虚作假的，处2000元以上2万元以下的罚款。

思考题

1. 我国环境保护法的基本原则有哪些？
2. 简述《中华人民共和国环境保护法》规定的环境保护监督管理体制。
3. 我国的环境质量标准由哪些部门制定？
4. 建设工程施工噪声的排放有哪些规定？
5. 建设工程施工现场应如何进行扬尘污染的防治？
6. 施工现场大气污染防治中的违法行为应承担的法律责任？
7. 造成固体废物污染环境事故将会如何处罚？

参 考 文 献

［1］ 周国恩主编．建设法规概论．北京：化学工业出版社，2013.

［2］ 张健为，朱敏捷主编．建设法规．北京：化学工业出版社，2013.

［3］ 廖征军主编．工程建设法规．北京：北京理工大学出版社，2012.

［4］ 陈会玲，郭海虹主编．《建设工程法规》．北京：北京理工大学出版社，2014.

［5］ 江峰主编．建设法规．天津：天津大学出版社，2010.

［6］ 洪琳主编．建设法规．北京：中国建筑工业出版社，2013.

［7］ 徐雷主编．建设法规．北京：科学出版社，2009.

［8］ 北大法律信息网．http：//www. chinalawinfo. com/

［9］ 中华人民共和国住房和城乡建设部网．http://www. cin. gov. cn/

［10］ 建设工程法律网. http://www. jsgcfl. com/

［11］ 法制网. http://www. legaldaily. com. cn/

［12］ 中国政府法制信息网．http://www. chinalaw. gov. cn/

［13］ 中华人民共和国最高人民法院网．http://www. court. gov. cn/